外滩金融创新试验区法律研究

（2021年版）

—— 主编 李昌道 ——

中国金融出版社

责任编辑：贾　真
责任校对：潘　洁
责任印制：程　颖

图书在版编目（CIP）数据

外滩金融创新试验区法律研究：2021年版 / 李昌道主编. —北京：中国金融
出版社，2021.5

ISBN 978 – 7 – 5220 – 1108 – 0

Ⅰ.①外…　Ⅱ.①李…　Ⅲ.①金融法 — 研究 — 中国　Ⅳ.①D922.280.4

中国版本图书馆CIP数据核字（2021）第 083427 号

外滩金融创新试验区法律研究（2021年版）
WAITAN JINRONG CHUANGXIN SHIYANQU FALÜ YANJIU（2021 NIAN BAN）

出版
发行　　**中国金融出版社**

社址　北京市丰台区益泽路2号
市场开发部　　（010）66024766，63805472，63439533（传真）
网 上 书 店　www.cfph.cn
　　　　　　　（010）66024766，63372837（传真）
读者服务部　　（010）66070833，62568380
邮编　100071
经销　新华书店
印刷　保利达印务有限公司
尺寸　169毫米×239毫米
印张　23.5
插页　16
字数　370千
版次　2021年5月第1版
印次　2021年5月第1次印刷
定价　80.00元
ISBN 978 – 7 – 5220 – 1108 – 0
如出现印装错误本社负责调换　联系电话（010）63263947

外灘金融創新試驗區法律研究

覺醒題

中华人民共和国司法部部长唐一军先生在环太平洋律师协会第30届年会开幕式上致辞

全国人民代表大会宪法和法律委员会主任委员李飞先生在环太平洋律师协会第30届年会开幕式上致辞

上海市市长龚正先生在环太平洋律师协会第30届年会开幕式上致辞

中华人民共和国司法部副部长熊选国先生在环太平洋律师协会第30届年会主论坛上以"坚持高质量发展高水平开放 努力打造国际一流仲裁机构"为题发表主题演讲

联合国原秘书长、博鳌亚洲论坛理事长潘基文先生在环太平洋律师协会第30届年会上以视频方式发表致辞

中国人民政治协商会议上海市委员会副主席周汉民先生在环太平洋律师协会第30届年会主论坛上发表主题演讲

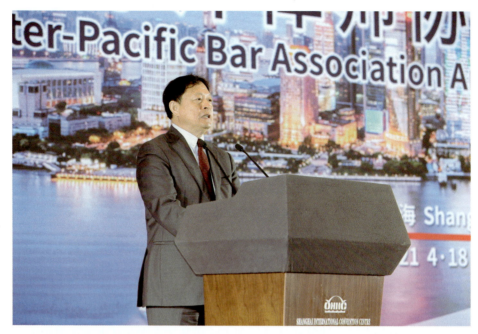

中华全国律师协会会长王俊峰先生在环太平洋律师协会第30届年会开幕式上致辞

2020年9月29日，出席上海国际金融中心建设与法治保障国际研讨会的部分中外专家合影，前排中为上海市政协副主席徐逸波

中华人民共和国司法部律师工作局局长周院生博士与环太平洋律师协会会长李志强律师合影

中华全国律师协会秘书长田歆与环太平洋律师协会会长李志强律师合影

环太平洋律师协会第30任会长李志强于2021年4月19日上午主持环太平洋律师协会第30届年会开幕式和主论坛

著名法学家李昌道和环太平洋律师协会部分中外律师合影

参加上海国际金融中心建设与法治保障国际研讨会闭幕式的专家合影

出席环太平洋律师协会第30届年会金融论坛的演讲人、主持人等合影留念

上海市政协副主席徐逸波在上海国际金融中心建设与法治保障国际研讨会上致辞

上海市司法局党委书记、局长陆卫东为首批获准执业的临港新片区律师机构颁发执业许可证

上海市司法局党委副书记、一级巡视员刘卫萍和参加2020年北京国际服务贸易交易会的上海代表团律师代表合影

上海市国有资产监督管理委员会党委书记、主任白廷辉莅临外滩金融创新试验区法律研究中心和金茂凯德律师事务所调研指导

　　上海浦东发展银行股份有限公司党委书记、董事长郑杨和迪士尼特大型银团唯一法律顾问金茂凯德律师事务所李志强律师合影

本书题字人、中国佛教协会副会长觉醒和李志强律师合影

著名法学家李昌道教授和时任上海市黄浦区司法局局长潘鹰芳亲切握手

时任上海市黄浦区人民政府区长、现任中国人民银行反洗钱局局长巢克俭博士在上海国际金融中心建设与法治保障国际研讨会上演讲

　　著名金融专家、中国证监会上海监管局原党委书记及局长、上海证券交易所原党委副书记及监事长张宁做2020年金融市场经典案例点评

　　上海国际仲裁中心副主任兼秘书长马屹在上海国际金融中心建设与法治保障国际研讨会上演讲

上海市法学会国际法研究会会长、复旦大学教授龚柏华在上海国际金融中心建设与法治保障国际研讨会上演讲

环太平洋律师协会会长、一级律师李志强在上海国际金融中心建设与法治保障国际研讨会上演讲

　　出席上海国际金融中心建设与法治保障国际研讨会的部分中外专家合影，从左至右为潘鹰芳、李志强、左燕、张宁、黄柏兴（马来西亚籍）、巢克俭、桂水发

　　专家学者聆听著名法学家李昌道教授在上海国际金融中心建设与法治保障国际研讨会上的视频致辞

　　青岛市司法局党委书记、局长万振东，崂山区委常委、政法委书记王春，金家岭金融聚集区管委会主任王孝芝，山东省律师协会副会长刘学信及崂山区司法局党委书记、局长矫双庆等出席相约崂山金融法治研讨会

青岛市司法局党委书记、局长万振东在相约崂山金融法治研讨会上致辞

万振东局长和王春书记为金茂凯德（青岛）律师事务所揭牌

出席相约崂山金融法治研讨会的专家学者和律师合影

中外法律专家龚达夫、孔宏德切磋金融法律问题

金融专家、企业家和法学法律专家亲切交流

京沪企业家、金融专家和法律专家肖冰、张宁和李志强合影

外滩金融创新试验区法律研究中心青岛分中心部分研究员调研青岛蓝海股权交易中心

"一带一路"律师联盟、环太平洋律师协会、上海市律师协会等律师组织负责人和成员合影

外滩金融创新试验区法律研究中心芜湖分中心成立

环太平洋律师协会会长李志强参加"一带一路"律师联盟成立一周年广州研讨会

沪青律师交流合作

资本市场金融和法律服务团队合影

青岛市崂山区金融局局长张树人和李志强律师合影

外滩金融创新试验区法律研究中心部分研究员合影

环太平洋律师协会会长、金茂凯德律师事务所创始合伙人李志强律师参加西上海上市仪式

环太平洋律师协会2020
年举办7场视频研讨会

　　时任上海国际仲裁中心副主任兼秘书长、现任上海市国际服务贸易促进委员会副会长马屹在上海国际金融中心建设与法治保障国际研讨会上向金融市场经典案例得主颁奖

上海市人民政府参事徐静琳教授向首批临港新片区同城分所金茂凯德（临港新片区）律师事务所主任李俊律师赠送著名法学家李昌道教授的著作

环太平洋律师协会第30届年会女律师的职业路径论坛结束后与会嘉宾合影

编委会

黄金纶	曹抗美	龚柏华	梁嘉玮	矫双庆	董 颖
董玉福	储琴华	管 蔚	潘鹰芳		

撰稿人

李志强	李 本	李 虎	李 胜	李伟涛	郑 杨
张 宁	巢克俭	冯鹤年	龚柏华	万振东	王孝芝
尹 红	王如富	刘晓春	刘静坤	姜诚君	张 铮
蔡 勇	黄洁卉	袁 航	舒 笑	朱燕阳	田小雨
韩逸畴	黄金纶	潘金涛	王晓春	陈 说	欧 龙
李 建	游 广	张博文	张承宜	龚嘉驰	孙晨怡
裴康娓	杨子安				

Editorial Committee

Preface	Li Fei
General Directors	Tang Zhiping Zhou Hanmin Xu Yibo
Preface Title	Jue Xing

Director　(in order of surname strokes)

Ding Wei	Wan Zhendong	Wang Xiaozhi	Wang Chenghe
Zuo Yan	Bai Tinghui	Ye Qing	Shen Weihua
Guo Jianfei	Feng Henian	Liu Weiping	L ü Nanting
Zhu Jian	Li Hu	Li Anmin	Wu Meng
Shen Shanzhou	Yang Guoping	Xiao Xing	Wu Xielin
Wang Jian	Zhang Xiaosong	Zhang Ning	Chen Fei
Chen Xuejun	Chen Zhuofu	Chen Kai	Mao Ronghua
Fan Yongjin	Lin Wei	Gao Yun	Luo Peixin
Zhou Yuansheng	Zheng Yang	Zhao Qi	Shi Mingfang
Shi Weidong	Fei Zhengxiang	Xu Li	Xu Zheng
Xu Ming	Xu Jinglin	Guo Weiqing	Guo Lijuan
Huang Baixing	Cao Jinxi	Sheng Yongqiang	Chao Kejian
Ge Dawei	Jiang Shujie	Han Shaoping	Tong Jisheng
Cai Jianchun	Pan Xinjun		

Acknowledgement	Li Fei	Tang Yijun	Yi Huiman
	Xiong Xuanguo	Shen Deyong	Yan Qingmin
General Planning	Lu Weidong		

Planning

Ye Bin	Wang Jianzhong	Zhu Lixin

Editor-in-Chief	Li Changdao

序

　　金融是现代经济的核心。2020年上海建成与我国经济实力和人民币国际地位相适应的国际金融中心，是党中央和国务院的战略决策。2009年8月1日施行的《上海市推进国际金融中心建设条例》提出了上海国际金融中心建设的重要区域"陆家嘴金融城""外滩金融集聚带"等，还提出支持金融法律服务机构发展，鼓励法律服务机构拓展金融法律服务领域，为金融机构和相关企业、个人提供金融法律服务。

　　为了贯彻落实《国务院办公厅关于金融支持经济结构调整和转型升级的指导意见》，主动服务上海国际金融中心建设，强化外滩金融集聚带服务金融创新的功能，2013年7月，上海市黄浦区启动建设外滩金融创新试验区，首次提出试验区将以互联网金融和民营金融为主体进行创新。外滩金融创新试验区支持网上银行、网上保险、网上证券等互联网金融落户外滩金融集聚带，支持各类信息技术公司和互联网企业发起或参与设立创新型互联网金融服务企业，支持互联网企业和银行、保险、证券等机构的融合与嫁接，不断创新金融服务产品，支持利用云计算、大数据等资源和平台，改变传统依靠物理网点提供金融服务和产品销售的方式。同时，打造民营金融集聚区也是外滩金融创新试验区的重点，主要包括支持有实力的民营企业加快产融结合，设立金融控股公司、财务公司或其他新型金融机构；积极争取金融监管部门支持，协助民营资本发起设立自担风险的民营银行、金融租赁公司、消费金融公司等金融机构；积极支持符合条件的民营企业设立小额贷款公司、融资性担保公司等机构，鼓励通过发行中小企业私募债、资产证券化等方式拓宽融资渠道和规模。此外，外滩金融创新试验区的举措还包括创新小微企业融资机制与平台、加快外滩金融载体建设、支持外滩金融创新、提升服务金融创新人才的水平、优化多层次金融配套服务功能等，打造外滩新金融高地，将其建设为资产管理中心、资本运作中心和金融专业服务中心。

在2013年11月11日召开的第三届外滩金融法律论坛上，上海金茂凯德律师事务所成立了外滩金融创新试验区法律研究中心、港澳投资金融法律研究中心和两岸投资金融法律研究中心，2016年2月18日又成立"一带一路"法律研究与服务中心。蜚声海内外的著名法学家、九三学社原中央法制委员会顾问、曾参与《中华人民共和国香港特别行政区基本法》制定工作的李昌道教授出任该中心主任，环太平洋律师协会主席李志强一级律师担任该中心秘书长和执行主任。在李老人格魅力的引领下，一批年富力强的金融专家和法学法律专家多年来积极推动中心对外滩金融创新试验区开展法律研究，一批朝气蓬勃的金融律师扎实开展金融法律服务工作，他们取得了丰硕的研究和服务成果。

《外滩金融创新试验区法律研究（2021年版）》一书精心点评2020年金融市场经典案例，在习近平法治思想、金融监管和创新发展、上海国际金融中心建设、企业融资与投资贸易、并购重组与争端解决、"一带一路"研究等多领域理论联系实际，提出了不少真知灼见，还对中央和地方相关立法进行了颇有价值的研究和建言，其中多篇中外文论著宣传和传播了中国法律制度和法律文化，有利于金融市场监管者和立法者借鉴总结，有利于金融法律研究和服务者从鲜活的市场元素中提炼升华，有利于中外金融家和法学家切磋交流，为推进上海国际金融中心建设的国家战略添砖加瓦。

党的十九大报告中明确提出加快完善社会主义市场经济体制，深化投融资体制改革，发挥投资对优化供给结构的关键性作用。深化金融体制改革，增强金融服务实体经济能力，提高直接融资比重，促进多层次资本市场健康发展。健全货币政策和宏观审慎政策双支柱调控框架，深化利率和汇率市场化改革。健全金融监管体系，守住不发生系统性金融风险的底线。

金融和法治就像一对孪生兄弟，紧密相连。祝愿有更多的法学家和律师潜心研究，在习近平新时代中国特色社会主义思想指引下，为完善社会主义市场经济的法律体系和金融法治建设出谋划策，为国效力，为实现中华民族伟大复兴的中国梦和社会主义法治国家的目标而竭尽所能。

李飞

全国人大宪法和法律委员会主任委员

2021年1月27日

Preface

Finance is the heart of the modern economy. In 2020, Shanghai's establishment of an international financial center that is compatible with China's economic strength and the international status of the renminbi is a strategic decision of the Party Central Committee and the State Council. The Regulations on the Construction of Shanghai's Promotion of International Financial Centers, implemented on August 1st, 2009, proposed the important areas of Shanghai International Financial Center, Lujiazui Financial Center and Bund Financial Cluster, and also proposed to support the development of financial legal service institutions. Encourage legal service organizations to expand financial legal services and provide financial legal services to financial institutions and related enterprises and individuals.

In order to implement the *Guiding Opinions of the General Office of the State Council on Financial Support for Economic Structural Adjustment and Transformation and Upgrading*, we will actively serve the construction of Shanghai International Financial Center and strengthen the function of financial innovation in the Bund financial agglomeration. In July 2013, Shanghai Huangpu District launched the construction of the Bund financial innovation pilot zone, for the first time proposed that the pilot zone will be based on Internet finance and private finance as the main innovation. The Bund Financial Innovation Pilot Area supports online banking, online insurance, online securities and other Internet finance to fall into the outdoor beach financial gathering belt, supporting various information technology companies and Internet companies to initiate or participate in the establishment of innovative Internet financial service enterprises, supporting Internet companies, banks and insurance. The integration and grafting of securities and other institutions, constantly innovating financial service products, supporting the use of resources and platforms such as cloud computing and big data, and changing the way traditional businesses rely on physical outlets to provide financial services and product sales. At the same time, the creation of private financial agglomeration areas is also the focus of the Bund financial innovation pilot zone, which mainly includes supporting powerful private enterprises to accelerate the integration of industry and finance, and establish financial holding companies, financial companies or other new financial institutions. Actively strive for financial regulatory support, and assist private capital to initiate the establishment of financial institutions such as private banks, financial leasing companies and consumer finance companies at their own risk. Actively support qualified private enterprises to set up microfinance companies, financing guarantee companies and other institutions, and encourage the expansion of financing channels and scale through the issuance of private equity bonds and asset securitization of small and medium-sized enterprises. In addition, the Bund Financial Innovation Pilot Zone's initiatives include innovative financing mechanisms and platforms for small and micro enterprises, speeding up the construction of financial assets on the Bund, supporting financial innovation on the Bund, improving the level of service finance innovative talents, and optimizing multi-level financial support services to create the Bund. The new financial highland will be built into an asset management center, a capital operation center and a financial professional service center.

At the 3rd Bund Financial Law Forum held on November 11, 2013, Jin Mao Partners established the Bund Financial Innovation Pilot Zone Law Research Center, Hong Kong and Macao Investment Finance Law Research Center and Cross-Strait Investment Finance Law Research Center, On January 18, 2016, the "Belt and Road" legal research and service center was established. A well-known jurist at home and abroad, an adviser to the Central Judicial Committee of the former Jiu San Society, and Professor Li Changdao who participated in the formulation of the *Basic Law of the Hong Kong Special Administrative Region of the People's Republic of China*, served as the director of the center, and Li Zhiqiang, President of the Inter-Pacific Bar Association, served as Secretary-General and Executive Director of the center. Under the guidance of Li Changdao, a group of young and powerful financiers and legal experts have actively promoted the Center's Bund

Financial Innovation Pilot Area to conduct legal research for many years. A group of energetic financial lawyers have carried out financial legal services in a solid manner. A fruitful research and service results were achieved.

Legal Research on Financial Innovation in the Bund Pilot Zone (*2021 edition*) carefully review classic cases of 2020 financial market in the Xi Jinping thought on rule of law, the financial supervision and innovative development, the Shanghai International Finance Hub development, corporate finance and investment trade, mergers and acquisitions and dispute resolution, the "Belt and Road" Research and other fields of theory and practice, have put forward a lot of insights, and also carried out valuable research and suggestions on relevant central and local legislation. Several papers written by Chinese and foreign experts in this book aimed to publicize and disseminate the Chinese legal system and legal culture, which is conducive to Financial market regulators and legislators draw lessons from it, which is conducive to financial law research and service providers to refine and sublimate from the fresh market elements, which is conducive to exchanges between Chinese and foreign financiers and jurists, and contributes to the national strategy of promoting the construction of Shanghai's international financial center.

The report of the 19th National Congress of the Communist Party of China clearly stated that speeding up the improvement of the socialist market economic system, deepening the reform of the investment and financing system, and exerting the key role of investment in optimizing supply institutions. Deepen the reform of the financial system, enhance the financial services of the financial services, increase the proportion of direct financing, and promote the healthy development of multi-level capital markets. We will improve the dual-pillar regulation framework of monetary policy and macro-prudential policy, and deepen the reform of interest rate and exchange rate marketization. Improve the financial supervision system and hold the bottom line where systemic financial risks do not occur.

Finance and the rule of law are like a pair of twin brothers, closely linked. I wish more jurists and lawyers to study hard, under the guidance of Xi Jinping's new era of socialism with Chinese characteristics, to make suggestions for the improvement of the legal system of the socialist market economy and the construction of the financial legal system, to serve the country, and to realize the great rejuvenation of the Chinese nation. The Chinese dream and the goal of a socialist country ruled by law are doing their best.

Li Fei

Director Member of the

Constitution and Law Committee of NPC

January 27, 2021

目　录

◆ 立法研究与建议篇

◆ 媒体报道篇

Contents

♦ Xi Jinping's Thought on the Rule of Law Leading Chapter

♦ Financial Supervision and Innovation Development Chapter

◆ Shanghai International Financial Hub Development Chapter

◆ The "Belt and Road" Research Chapter

◆ Corporate Finance and Investment Trade Chapter

◆ M&A and Dispute Resolution Chapter

◆ Legislative Research and Recommendations Chapter

◆ Media Reports Chapter

经典案例篇

2020年金融市场经典案例点评

张宁

2020年是我国全面建成小康社会及"十三五"规划的收官之年。在人民生活质量稳步提升的同时，我国金融市场在以习近平同志为核心的党中央领导下也取得了喜人成绩，结出了累累硕果，涌现出了一批经典案例。在风云变幻的资本市场中，以宝贵经验为基础拓展创新思维，以创新思维为土壤培育进取精神，正是这些案例中蕴藏的重要启示，值得我们共同研究、借鉴、推广。

一、携手推进"一带一路"建设，金融服务国家战略

习近平主席提出的"一带一路"倡议已成为国际区域经济合作的重要纲领。广大中国企业在这一倡议的引领下，积极开拓海外市场。

2020年6月8日，上海建工集团股份有限公司（以下简称上海建工）境外全资子公司永达投资有限公司发行5年期6亿美元境外美元债，在香港联合交易所交易并进行路演。本次发行的收益率为2.366%，票面利率为2.25%（半年支付一次），创造了两个"最低"——建筑施工类企业同年期美元债券最低发行收益率和最低票息，以及上海市国企同年期美元债券最低票息。

作为长期践行"一带一路"倡议的上海建筑业龙头国企，上海建工海外业务范围已涵盖全球60多个国家和地区，在柬埔寨、尼泊尔、印度尼西亚、马来西亚、东帝汶、蒙古国、哈萨克斯坦等18个"一带一路"沿线国家已完成或在建工程数十个。在此过程中，上海建工打造了柬埔寨金边二环公路项目、尼泊尔加德满都内环路改造、印尼万隆高速公路、东帝汶国家一号公路改扩建、瓦努阿图卢甘维尔码头改扩建、萨摩亚法莱奥洛国际机场升级改造等一批优质重大项目。

在全球经济整体面临严峻挑战的背景下，担保低息美元债发行，展现出企业逆势向上的强大决心与魄力。本次美元债的发行，充分发挥了我国金融市场的融资保障活力，通过引进境外资金，提升了上海建工自身经济实力，增强对海外市场的开拓运营能力，将"引进来"与"走出去"相结合，助力企业进一步践行"一带一路"倡议。

二、深化国资国企改革，探索金融运作新路径

民生证券股份有限公司（以下简称民生证券）成立于1986年，注册资本为114.56亿元，注册地为上海。作为中国成立最早的证券公司之一，公司具备中国证监会批准的证券经纪、证券承销与保荐等全牌照业务资格。原控股股东为泛海控股，持有民生证券87.65%的股份。

2020年8月31日，民生证券从北京搬迁入驻上海浦东陆家嘴。本次落户的一大背景，是由东方国际、申能集团、华谊集团、上港集团、华建集团、久事集团、张江集团、张江高科、浦东投控等多家上海市属、区属国企与泛海控股、民生证券达成的战略入股合作安排。

至此，民生证券共计67亿余元的增资工作正式收官。原控股股东泛海控股持有的公司股份比例由87.65%降为44.52%，上海及其他地方国资持股比例达30.58%，民生证券上市公司战略客户及其他社会股东持股比例为22.95%，民生证券员工持股计划合计持股比例为1.95%。

上海国资单位战略入股后，民生证券进一步强化了自身资本实力。同时，国资股东的加入也有利于公司资本运作持续规范优化。更为重要的是，民生证券首开资本市场中证券公司引入国资进行"反向混改"的先行范例，为今后国资改革开创了一条新路径。

三、开启科创板热潮，助推科技企业创新发展

在2018年11月首次在上海举办的中国国际进口博览会上，习近平主席宣布在上海证券交易所设立科创板，并试点注册制。

2020年是科创板蓬勃发展的一年，一批在创新领域有实力、有决心的企

业借力资本市场，在科创板上市成功，使自身迎来了发展的"第二春"。

2020年4月20日，上海硅产业集团股份有限公司（以下简称沪硅产业）成功登陆上海证券交易所科创板，发行价格为3.89元/股，发行规模为24.12亿元。沪硅产业主要从事半导体硅片的研发、生产和销售，是中国大陆规模最大的半导体硅片企业之一，是中国大陆率先实现300mm半导体硅片规模化销售的企业。公司上市将助推我国半导体关键材料生产技术自主可控的进程。

2020年6月19日，上海复旦张江生物医药股份有限公司（以下简称复旦张江）成功登陆上海证券交易所科创板。复旦张江本次公开发行股票为12000万股，发行价格为8.95元/股，新股募集资金总额为107400万元，发行后总股本为104300万股。复旦张江A股股票上市后，公司股票将同时在香港联合交易所及上海证券交易所挂牌上市，实现了"A+H"股双平台运作。

2020年9月2日，西安瑞联新材料股份有限公司正式登陆上海证券交易所科创板，成为继西部超导、铂力特、三达膜之后陕西第四家科创板上市企业。该公司成立于1999年，目前已是国内OLED前端材料领域的主要企业之一。公司上市将有利于其成为国际领先的综合性有机新材料企业。

2020年10月23日，东来涂料技术（上海）股份有限公司（以下简称东来技术）在科创板上市。东来技术成立于1999年，主营的汽车修补漆产销量位居全国行业前列。上市后公司巩固了总高端品牌地位，已成为全球汽车涂料行业中国力量的代表。

2020年10月16日，江苏泛亚微透科技股份有限公司（以下简称泛亚微透）在科创板上市，募集资金为2.849亿元。泛亚微透成立于1995年，是一家拥有自主研发及创新能力的新材料供应商和解决方案提供商，成功进入华域视觉、法雷奥等多家行业领军企业的供应商体系，成功打破行业垄断，实现进口替代。

2020年11月9日，大连豪森设备制造股份有限公司公开发行股票并在上海证券交易所科创板上市交易，成为大连市首家科创板上市企业。该公司于2002年9月设立，注册资本为9600万元，是一家智能生产线和智能装备集成供应商，主要客户涵盖上汽通用、特斯拉、采埃孚、北京奔驰、上汽集团、一汽大众和盛瑞传动等国内外知名品牌企业。

四、借力自贸区发展国家战略，助力打好疫情阻击战

注册在上海自贸区的上海大众融资租赁股份有限公司（以下简称大众租赁）是一家由上市公司全资控股的融资租赁公司。2020年5月12日，在全国新冠肺炎疫情防控的关键时期，大众租赁在上海证券交易所成功试水8.06亿元疫情防控ABS。受疫情冲击影响，部分企业正经受生产运营中的重大挑战或困难，该ABS产品瞄准服务疫情防控企业，减轻其资产运作负担，提高融资活力，这是大众租赁继2019年12月成功发行全国首单运营商租赁分期储架证券化产品后又一创新金融范例。

五、绿色金融添活力，经济发展可持续

2020年11月24日，瑞安房地产有限公司（以下简称瑞安房地产）及Shui On Development就有关Shui On Development发行新票据，本金总额为2亿美元，利率为5.75%，是2023年到期的优先票据。新票据在新加坡证券交易所上市已获得批准。新票据的特色在于其作为绿色融资框架下的绿色债券。

绿色债券的发行由开发性金融机构发行，通过委托一家或多家债券经理人向社会公众和机构投资者（债券持有者）发售，所筹集的资金形成一个绿色债券基金，向特定的扶持对象（借款人）发放，用于新能源开发和节能减排等低碳项目。

瑞安房地产通过绿色债券开展融资，一方面进行了有效的企业融资，增强了自身的资本实力；另一方面也能保障募集资金专款专用，切实推进环保工程项目，进一步促使企业向高科技、低污染的目标进发，贯彻落实可持续发展观。

六、坚持探索激发金融活力，积极合理拓宽融资渠道

西上海汽车服务股份有限公司（以下简称西上海或公司）成立于2002年7月，位于江苏、浙江、上海三地交界的上海国际汽车城（安亭），注册资金为1.3334亿元，主营汽车零部件仓储服务、汽车零部件运输服务、汽车零部件

生产配套服务、整车仓储服务。西上海自2008年进行股份制改造以来，上市之路几经曲折，但公司坚持不懈地规范自身运营，练好企业"内功"，最终在2020年12月15日上海证券交易所成立30周年前夕登陆沪市主板市场，取得融资重大成果，为公司持续发展提供了强大动力。

海尔智家股份有限公司（以下简称海尔智家）于1994年在青岛成立，致力于打造智慧家庭生活，是一家在传统工业生产模式百花齐放的年代就负有盛名的家电生产商。在工业智能化、制造高端化、产业集群化的新工业潮流中，海尔智家积极寻求资本活力新起点。2020年12月23日，海尔智家H股在香港联合交易所主板上市，由此成为首家在上海、香港、法兰克福三地上市的公司，构建起"A+D+H"全球资本市场布局。

七、争议解决机制多样，定分止争作用凸显

随着金融经济活动的频繁和复杂化，人们对金融纠纷的解决需求、要求也日益增长。诉讼与仲裁作为最常见的金融法律纠纷解决渠道，其定分止争的作用正日渐凸显。

某上市公司因涉嫌虚假陈述被中国证券监督管理委员会进行行政处罚后，其股民就公司行为所导致的相关损失，向上海金融法院提起诉讼，要求公司赔偿其因虚假陈述所遭受的经济损失。2020年4月，上海金融法院一审判决该公司存在证券虚假陈述行为，判其承担相关民事责任。2020年6月，经上海市高级人民法院二审，该案最终驳回上诉，维持原判。在该案件中，上海金融法院与科研院校合作，创造性地构建损害赔偿模型，针对股民损失计算这一典型金融纠纷难题进行了有效的量化计算，充分保障案件审理的实体公正。

某中央企业资产管理公司与某融资方及担保方签订了某危改项目不动产债权投资计划投资合同，由融资方申请融资并由其母公司进行担保。因流动性资金紧张，融资方未能按时支付应付利息，以后各期利息、到期本金及被宣布提前到期本金均未能按照投资合同的约定偿还。之后，该中央企业资产管理公司向上海仲裁委员会提起仲裁并获得支持。本案仲裁请求总额超过30亿元，为上海仲裁委该年度受理的标的额最大的仲裁案件。

金融诉讼作为传统手段，正加强内部审理方式方法创新；金融仲裁作为新兴渠道，正发挥更灵活的定分止争作用；两者互补，形成了金融争议解决机制多样化的良好局面。金融企业应当树立法治意识，善于选择、运用金融纠纷解决工具为企业发展保驾护航。

（张宁，著名金融专家，曾担任中国证券监督管理委员会上海监管局党委书记、局长，上海证券交易所党委副书记、监事长，中国人民政治协商会议上海市委员会常委及经济委员会副主任、上海仲裁委员会委员等职务）

海尔智家H股上市成为三地上市第一股

金凯德

一、背景介绍

海尔智家股份有限公司（以下简称海尔智家）1994年在青岛成立，致力于打造智慧家庭生活。在传统工业时代，海尔智家便以优异的质量和服务产品品牌，成为中国家电知名品牌，其主营业务范围包括电器、电子产品、机械产品、通信设备及相关配件和工业自动化控制设备等。得益于海尔全球化品牌战略的实施，海尔智家连续10次蝉联"全球大型家用电器品牌零售量第一"殊荣。

2020年12月23日，海尔智家H股在香港联合交易所有限公司（以下简称香港联交所）主板成功上市。海尔智家成为首家在上海、香港、法兰克福三地上市的公司，构建起"A+D+H"全球资本市场布局。

二、案例分析

（一）本次发行的背景

海尔智家和海尔电器此前是海尔集团旗下两大独立平台，分别于1993年和1997年在上海证券交易所和香港联交所上市。其中，海尔电器来源于海尔智家的业务拆分，而海尔智家则是其与海尔电器合体后的法人主体。

2020年前三个季度，海尔智家、格力电器和美的集团的营业收入分别为1544.12亿元、1258.89亿元和2167.61亿元，海尔智家的营业收入高于格力电器，低于美的集团，营业收入差距远没有市值差距悬殊。海尔智家手握海尔电器的控制权，但仅持有其45.9%的股份，这直接带来的后果就是公司利润被多方分割。以2019年数据计算，合体将为海尔智家直接减少利润漏损、增加归属母公司净利润22.3亿元，较此前大幅增长27.1%。

（二）合体前海尔智家营业收入较低的原因分析

各个投资者和管理层的利益诉求导致海尔智家和海尔电器各自为战，冗杂的股权分配增大了创收与决策层的压力。从年度披露的报表中得知，此前双方在制造、销售、管理等多环节割裂，各渠道间产生了重复营销、人员冗余的情况。这让海尔智家的营销费用和管理费用长期居高不下，被市场诟病。

另外，海尔智家和海尔电器此前在物流网、互联网通讯适配及连接用户能力等方面存在极大的沟通不力。尽管之前已做数次调整，但其内部规章制度因上述股权决策原因而未能完全履行到位，这极大地限制了二者的发展。

此后，海尔智家于2020年11月6日召开董事会，以同意5票、反对0票、弃权0票，关联董事回避表决通过了《关于公司H股在香港联合交易所有限公司以介绍方式上市的议案》（以下简称《议案》）。《议案》作出了关于海尔智家拟通过发行H股方式，作为注销海尔电器集团有限公司除公司及公司全资子公司以外的股东持有的海尔电器发行在外的全部股份的对价，以完成对海尔电器进行私有化并同步实现公司H股以介绍方式在香港联交所主板上市（以下简称本次交易）事宜。

因此，海尔智家希望通过合体上市的方式消灭多方掣肘，进一步增强海尔智家的盈利能力，重塑增长优势。一方面，从内部整合来看，合体上市有利于解决因重复营销、人员冗余而产生的费用难题；股东利益的统一，有望带来支出费用的优化，直接提升公司净利润。根据相关机构预测，参考美的集团与格力电器的费用占比，仅管理费用和销售费用两项，海尔智家就存在约占总营业收入8%的提升空间；以重组后海尔智家2000多亿元的总营业收入为参考，来自费用优化的利润提升空间预计将达到160亿元。另一方面，从外部运营来看，这也有利于改善资金效率低下的局面。在拓展全球市场的进程中，海尔智家进行了大规模的并购，导致有息负债快速增长，商誉高企。合体上市后，海尔智家将完全拥有海尔电器账面现金资产的支配权，现金流状况可能得到极大改善。

（三）发行的创新点

本次H股介绍上市（Way of Introduction）的同时也构成A股上市公司重大资产重组，并涉及海尔智家可交换债券标的股份被私有化后债券持有人利益如何保障等问题。由此看出，本次交易将会涉及介绍上市及重大资产重组的信息披露问题、私有化港股上市后向计划股东支付现金对价和以协议安排方式私有化公司等问题。

根据香港联交所《主板上市规则》第7.13条关于介绍的规定，介绍（Introduction）是已发行证券申请上市所采用的方式，该方式无须做任何销售安排，因为寻求上市的证券已有相当数量，且被广泛持有，因此可推断其在上市后会有足够市场流通量。这意味着以介绍方式在香港联交所上市，海尔智家发行的股份不再做任何销售及集资的安排，不再发行新股。

同时，《主板上市规则》第7.14条规定可以采用介绍方式上市的情况有以下几种：

（1）寻求上市的证券已在另一家证券交易所上市。

（2）发行人的证券由一名上市发行人以实物方式分派予其股东或另一上市发行人的股东。

（3）控股公司成立后，发行证券以交换一名或多名上市发行人的证券。任何通过债务偿还安排及（或）其他形式的重组安排计划（scheme of arrangement），或其他方式进行的重组（借以使一名海外发行人发行证券，会在海外发行人的证券上市时被撤销），必须事先经香港上市发行人的股东以特别决议批准。

此次发行，律师通过以协议安排方式私有化港股上市公司并同步实现以介绍方式H股上市，换言之，当私有化方案生效后，海尔电器将从香港联交所退市，之后海尔智家H股将以介绍方式于香港联交所上市。介绍上市最大的风险是在上市初期，由于股东较为集中，公司可能面临交投量不足的情况。但是，此次发行后海尔智家将拥有完全的资金支配权，并且计划股东与海尔智家原股东保持一致，这完全规避了这一发行问题。

本次交易中，海尔智家向计划股东提出私有化海尔电器的方案，该方案根据《百慕大公司法》第99条以协议安排的方式实行，同时海尔智家作为要约人请求海尔电器董事会在先决条件达成后，计划股东将获得海尔智家新发行的H股股份作为私有化对价，换股比例为1：1.6，即每1股计划股份可以获得1.6股海尔智家新发行的H股股份。同时，在协议安排生效之日起7个工作日内，海尔电器将向计划股东以现金方式按照1.95港元/股付款。本次交易中计划股东可获得的海尔智家H股股份及现金价值高达440亿元人民币。海尔电器于2020年12月23日上午9时（北京时间）起从香港联交所退市，成为海尔智家的全资子公司。本次发行的H股股票数量为2448279814股。

私有化协议安排与海尔智家以介绍方式在香港联交所主板上市是充分必要条件。

其中涉及的相关法律文件除了香港联交所的《主板上市规则》，还涉及香港联交所于2020年8月印发的《香港交易所指引信》（以下简称《指引信》），《指引信》是专门用于以介绍方式上市的公司作为参考的资料。本次交易涉及的退市、合体上市事宜除了应当符合《指引信》第1条项下所有条款，即以介绍方式上市的新申请人及其保荐人必须令香港联交所确信，有关股份在香港联交所上市首天及其后续上市期间均设有充足的防范措施，香港联交所才会考虑其上市申请。另外，本次交易涉及的条款还有《指引信》第3.8（a）（b）条的具体规定，即对于在两地上市的公司来说，它们应当提供适当时间以便投资者进行套利及过渡交易；并且，公司应当在香港建立足够的证券存货以便投资者在指定的期间内进行套利或交易活动，同时规定了两种可行方式。该规定直接影响到后续公司以变更债券条款及条件的方式实现上市公司通过其境外子公司发行H股可转换债券。

在构成H股介绍上市的同时，本次交易也构成A股上市公司重大资产重组，需按照《上市公司重大资产重组管理办法》的相关规定履行相应审核及信息披露程序。此外，本次交易的另一特别之处在于，私有化标的公司海尔电器将在协议安排生效后向计划股东支付现金对价。本次交易开创了A股上市公司发行H股私有化港股上市公司同步实现H股介绍上市的新模式。

另外，以上所述的通过变更债券条款及条件实现上市公司通过其境外子公司发行H股可转换债券也是本次交易的创新点之一。

海尔智家于2017年通过境外全资子公司Harvest International Company（以

下简称Harvest公司）在香港发行了80亿港元的可交换债券（Exchangeable Bond，EB），可交换债券的交易标的为海尔电器股票，海尔智家及其境外子公司为该笔债券提供担保。可交换债券的交易标的（海尔电器股份）要求其为上市公司股票，即交易标的具有流通性，而此次私有化交易将导致海尔电器退市，可交易标的股份不再具有上市流通性。为保护可交换债券持有人的利益，海尔智家拟通过修改可交换债券的条款和条件的方式，使原通过境外子公司Harvest公司发行的可转换为海尔电器股票的可交换债券变更为海尔智家通过境外子公司Harvest公司发行的可转换为海尔智家H股股票的可转换债券（Convertible Bonds，CB）。EB转CB方案以协议安排生效及海尔智家H股股份在香港联交所上市为前提。新方案下，当债券投资者行使转股权时，其有权将持有的债券按照债券条款约定的条件转换为海尔智家增发的H股股票，成为海尔智家的H股股东。

在EB转CB方案中，债券发行人仍为Harvest公司，海尔智家仍为该笔债券提供担保，除了因标的股份发生变化及由此引起的转股价格、数量等变化，原可交换债券的其他主要商业条款（如到期日、利率、年度总收益率、其他赎回条款）基本保持不变。

三、本次发行的意义

本次交易是家电行业史上最大规模的港股私有化交易，是2020年规模最大的中资企业港股私有化交易，是历史上规模最大的港股介绍上市项目。这意味着本次交易将成为未来通过同种或类似方式在港股上市的参考模板，其中所采用的关于退市、重大资产重组及再上市的方法都具有开创性与可借鉴性。同时，在多地上市也给企业带来不同的挑战。

首先，海尔智家先前已在多地上市，如何选择再次上市的证券交易所是海尔智家面临的难题之一。海尔智家通过在A股、D股积累的证券存储量和良好的信用，以及其自身母公司的品牌效应，为其在H股以介绍方式上市赢得了足够的确信度。

其次，通过以可转换债券的形式转股权，能将现有债券按照修改后的债券条款转换为海尔智家增发的H股股票，原股东成为合体后海尔智家的H股股东。同时，通过调整董事会成员的方式形成简洁高效的决策层。

最后，通过整体合并以后的海尔智家，业务结构得到精简，财务负担将得以减轻，盈利能力实现大幅提升。合体之后，海尔智家将全面提升场景服务、生态聚合和连接用户的能力，进一步拓宽决定未来创收的运营"护城河"。

四、结语

海尔智家已在物联网时代洪流中站稳脚跟，通过"A+D+H"的资本布局及私有化后，海尔智家将加速其所拥有的场景品牌在全球的影响力和提升市场占有率。海尔智家与海尔电器的洗衣机、热水器、净水器等业务可获得充分整合和全流程协同，既保障了智慧家庭解决方案的完整性和多元化，又能进一步深化线上线下融合。

瑞安房地产成功发行美元优先票据领航绿色金融

黄金纶

2020年11月24日，瑞安房地产有限公司（以下简称瑞安房地产）及Shui On Development就有关Shui On Development发行新票据，本金总额为2亿美元，利率为5.75%，是2023年到期的优先票据，与瑞士银行香港分行订立购买协议。新票据在新加坡证券交易所上市已获得批准。

瑞安房地产总部设于上海，为瑞安集团在中国内地的房地产旗舰公司。瑞安房地产注重开发大型、多用途城市核心发展项目及综合住宅发展项目，并在业内享有良好声誉。瑞安房地产于2006年10月4日在香港联合交易所上市，为该年最大型的中国房地产企业上市项目。瑞安房地产在内地开发、出售、租赁、管理及经营优质的办公楼、住宅、零售、娱乐及文化等项目，其发展项目主要分为三个类别：集多种用途并分多期开发的大型城市核心重建项目，一般包括住宅、办公楼、零售、娱乐及文化物业；以IT及科技产业为主题，集多种用途的知识型社区综合发展项目，一般包括产业园、商业、零售、酒店、住宅、教育、户外康乐、绿化设施，及其他公共娱乐设施；以及集旅游产业及房地产配套设施的旅游业综合发展项目。

本次瑞安房地产新票据将与原有票据合并为单一系列，并就有关票据的所有事宜作为单一系列共同投票。根据公告等信息，本次票据进一步发行估计所得款项净额扣除费用、佣金及开支后，约为1.99亿美元，并将向若干合格机构投资者提供先前可能未公布的集团近期公司及财务资料，包括但不限于风险因素、管理层对财务状况及运营业绩的讨论及分析、关联方交易及债务资料。建议票据发行的完成须视市场状况及投资者兴趣而定。瑞士银行香港分行负责管理票据发行。集团拟将发行新票据所得款项净额用于为集团根据其绿色融资框架进行的合格项目提供全部或部分融资或再融资。

本次美元优先票据的特点在于其将作为绿色融资框架下的绿色债券发行。瑞士银行香港分行担任绿色债券的独家全球协调人、独家簿记人和独家牵头管理人，同时也是此次交易的独家绿色顾问。

一、绿色债券，持续发展

绿色债券由开发性金融机构发行，委托一家或多家债券经理人向社会公众和机构投资者（债券持有者）发售，所筹集的资金形成一个绿色债券基金，向特定的扶持对象（借款人）发放用于新能源开发和节能减排等低碳项目。为保持绿色债券基金具有稳定的现金流，借款人一般是采取分期的形式偿还贷款，贷款利率则可以综合社会效益、技术特征及风险进行定价。绿色债券最早由国际开发机构（如世界银行、亚洲开发银行、欧洲投资银行等）发出，目的是引导资金投入更有利于环境友好的项目，避免投向污染环境的项目。这样可以金融为杠杆支持可持续发展，为维护适宜整个人类社会的生存环境提供资金支持。绿色债券是近年来绿色金融领域大力发展的融资工具。从目前已发行的绿色债券来看，其主要特点有资金用途明确、信用评级较高、本金收益保障和投资主体广泛等几个方面。目前所发行的绿色债券主要是为支持低碳项目或方案筹集更多的资金。开发性金融机构统一发债，由专门的机构或账户管理所募集资金，并以专项贷款的形式分散到各支持项目使用。

近几年，随着环保金融的全球化发展，我国也积极参与绿色金融建设，致力于发展绿色债券担保等。2018年5月，上海证券交易所发布公司债券融资监管问答，明确绿色公司债券募集资金应主要用于绿色项目建设、运营、收购或偿还绿色项目贷款等。申报发行绿色公司债券募集说明书确定用于绿色项目的金额应不低于债券募集资金总额的70%，其余部分可以用于补充公司流动资金或偿还借款。2018年6月1日，中国人民银行扩大MLF担保品范围，新纳入绿色债券和绿色贷款，以引导金融机构加大对绿色经济的支持力度。

作为一家有社会责任感的房地产发展商，瑞安房地产坚信可持续发展是企业和社会长远发展的关键。瑞安房地产本着企业社会责任的理念和战略，进一步制定了绿色融资框架，作为未来开展绿色融资的基础，并确保公司业务的长远可持续发展。独立第三方Sustainalytics也获委任，就绿色融资框架与国际资本市场协会2018年版绿色债券原则保持一致提供意见。根据绿色融资框架，瑞安房地产的首批绿色债券于2019年11月推出，总共筹得3亿美元资金，全部成功用于为上海太平桥企业天地5号的收购、上海瑞安广场的整修和瑞安房地产总部的整修提供融资。

二、绿色融资，理念体现

瑞安房地产在绿色融资方面走在前沿，绿色融资是其可持续发展策略的一部分，并反映其在金融融资方面全方位考虑可持续发展的承诺。瑞安房地产拥有许多符合绿色融资框架的可持续发展建筑，而此次增发募集的资金将全部用于为瑞安房地产促进房地产行业可持续发展的项目。截至2020年6月30日，瑞安房地产有面积达162万平方米的商业建筑获得绿色建筑认证，并且有许多项目已获得各类领先的全国性和国际性绿色建筑认证，如美国LEED（Leadership in Energy & Environment Design）认证、中国绿色建筑认证、英国建筑研究院绿色建筑评估体系（BREEAM）认证和WELL健康社区标准认证。瑞安房地产的上海新天地社区获得全球首个"WELL健康社区"认证，从而使该公司成为全球首家获得"WELL健康社区"认证的开发商。根据瑞安房地产绿色融资框架，其绿色房地产项目普遍采用低能耗设备和设施，如低流量卫生洁具等，每年节电近40%，节水近50%。瑞安房地产已经开发了参考国际资本市场协会（ICMA）绿色债券原则和贷款市场协会（LMA）绿色贷款原则的框架。相关绿色融资的形式将取决于相关市场条件，并将反映公司的业务需求，并与其企业社会责任理念和战略保持一致。

瑞安房地产追求房地产业与环境和文化的和谐统一，建设可持续发展社区，坚持绿色规划、绿色设计、绿色建筑和绿色运营，持续促进城市可持续发展。创造优质的生活空间和愉悦而相互联系的社区，保持有远见和创新的思维，提高区域一级的综合价值，以及引领公司和社会各界共同努力，共同创造繁荣社区。

绿色债券背后是各大银行对绿色工程项目的支持，对鼓励去碳化的投资者，这种绿色投资工具更具有吸引力。本次绿色债券融资，投入的项目不仅有利于企业的可持续发展，也有利于我国绿色金融体系的发展和全球环境治理，塑造我国金融大国和环保大国的形象。

三、绿色转型，接轨国际

近年来，我国绿色债券市场发展迅速，成为绿色金融市场的重要组成部分，在促进生态文明建设、推动经济可持续发展等方面发挥了积极作用。此前，中国人民银行发布的《绿色债券支持项目目录（2015年版）》和国家发展改革委发布的《绿色债券发行指引》，为界定绿色债券支持项目范围、规范我国绿色债券市场发展发挥了重要作用。但随着我国绿色发展内涵不断丰富、产业政策和相关技术标准持续更新，上述两个文件对于绿色债券支持项目范围的界定和技术要求已不能适应绿色经济发展实践的需要。2020年7月8日，我国发布了中国人民银行、国家发展改革委、中国证监会联合编制的《绿色债券支持项目目录（2020年版）》，旨在对两个绿色债券支持项目的范围进行统一，并逐步实现与国际通行标准和规范的接轨，提升我国绿色债券标准的国际化水平，吸引更多境外资金参与我国绿色债券市场。

与普通债券相比，绿色债券的主要优势在于政策审批、发行效率更高。我国绿色债券审核发行机构在绿色债券审核中配备专业化审核团队，设立绿色债券受理和预审核快速通道，对绿色债券发行实行即报即审的鼓励政策，提高了绿色债券发行审核、上市或挂牌转让的效率。新冠肺炎疫情也在一定程度上增进了各国对可持续发展理念的认识和理解，尤其是社会安全防护方面。近年来，在绿色债券领域，我国在政府和市场机构等多个层面开展了诸多国际合作。自2016年以来，中国人民银行、国家发展改革委、中国证监会等部门多次组织或参与国际多边、双边平台，开展国际绿色债券合作交流，推动境内外绿色债券标准统一，吸引境外发行人和投资机构参与境内绿色债券市场。

瑞安房地产发行绿色美元优先票据，顺应了我国发展绿色债券、绿色金融市场的潮流和趋势，从一定程度上也是借助了我国良好的政策环境，顺利完成一系列程序和手续。从2019年11月瑞安房地产首次成功在绿色融资框架下发行本金总值3亿美元的绿色债券以来，良好的政策一直给瑞安房地产发展绿色金融、发行绿色债券提供方向指引和制度保障。

　　未来，通过践行企业的可持续发展理念发行更多绿色债券、顺应国家环保金融的发展理念，瑞安房地产将作为先行者，吸引更多国内企业特别是建筑行业企业逐步向绿色投资领域迈进、倾斜，同时，我国绿色债券市场将进一步得到壮大和完善。

上海证券交易所成立30周年前夕西上海荣登股市

朱燕阳

一、背景介绍

西上海汽车服务股份有限公司（以下简称西上海或公司）位于江苏、浙江、上海三地交界的上海国际汽车城（安亭），成立于2002年7月，注册资金为1.3334亿元，现有4家分公司、9家全资子公司、6家控股子公司，从业人员有2200余人。西上海专业从事汽车零部件仓储服务、汽车零部件运输服务、汽车零部件生产配套服务、整车仓储服务。

西上海作为国家AAAA级物流企业、中国物流与采购联合会物流分会副会长单位，被评为上海市著名商标、上海市嘉定区文明单位、信用等级A+级企业，荣获上海市名牌产品等荣誉称号。

西上海自2008年进行股份制改造以来，上市过程历经几任上海嘉定区领导调整，企业上市也是规范的过程。保荐人先后更换三家，律师事务所和会计师事务所始终不离不弃，西上海上市信念坚定，年复一年，终修正果。

二、案例分析

（一）本次发行方案

股票种类：人民币普通股（A股）。

每股面值：1.00元。

发行股数及占发行后总股本的比例：公司本次公开发行股票数量为3334

万股，不低于发行后股份总数的25%，发行后总股本为13334万股，上述股份均为公开发行的新股，不涉及公司原股东公开发售股份的情况。

每股发行价格：16.13元。

发行方式：网下向投资者询价配售与网上按市值申购定价发行相结合。

发行对象：符合相关资格规定的询价对象和在上海证券交易所开户的境内自然人、法人、证券投资基金及符合法律规定的其他投资者等（中华人民共和国法律或法规禁止购买者除外），可参与网下配售投资者的具体条件由发行人董事会和主承销商最终依法协商确定并向社会公告。

上市地点：上海证券交易所。

（二）本次发行募集资金用途

本次发行募集资金扣除发行费用后将用于乘用车立体智能分拨中心（立体库）扩建项目，本次募集资金运用围绕公司的主营业务进行，新增产能为公司现有业务规模的扩张。

零部件仓储及运营服务为西上海汽车物流业务的重要组成部分之一。报告期内西上海零部件仓储及运营服务主要面向上汽通用和广汽本田，以及上汽大众、零部件制造商。立体库项目建成后形成新增4234辆的整车仓储能力和建筑面积为32078平方米的零部件仓储能力，新增库位容量将主要用于满足上海地区整车制造商、零部件制造商的仓储需求，同时也可满足异地整车制造商在华东区域建立整车或零部件分拨库的需求。

实施立体库项目是对公司现有生产能力的提升。通过项目实施，公司业务结构进一步优化，核心业务及竞争优势明显的主要业务产能将显著加强，公司将实现在经营规模稳定增长的同时，盈利能力较快增长。

（三）本次发行的创新点

1. 公司自身特点。公司业务分为四大板块：零部件仓储业务、零部件运输业务、整车仓储业务和零部件生产配套服务，具体如下：

（1）零部件仓储业务——整合资源、规模运营。公司专业从事汽车零部件仓储服务，主要客户有上汽通用、上汽大众、广汽本田、上海安吉、延锋饰件等，在上海、北京、烟台、重庆、武汉、广州等地建立了大型现代化零部件仓库，仓储面积达16万平方米，业务范围覆盖800余家上汽通用、广汽本田在我国华东、华南、华北、东北和西南等地区的特许汽车服务商。

（2）零部件运输业务——搭建平台、做精做强。公司专业从事汽车零部件入厂物流、售后物流，现有大型专业零部件运输车辆139辆，可用运输资源超过400辆，主要客户有上汽通用、上汽大众、上海安吉、东风风神、东风柳汽等，形成了覆盖全国、较为完善的零部件运输网络。

（3）整车仓储业务——扩大基盘、构建新增长点。公司专业为上汽大众、安吉物流、进口三菱、VOLVO等国内外著名汽车厂商提供整车仓储、离地驳运、PDI检测、VPC服务，现有整车仓储面积达40多万平方米，形成跨地域多品牌发展模式。

（4）零部件生产配套服务——精益产品、稳健发展。公司专业为上汽大众、延锋、江淮汽车、东风日产等客户提供零部件生产配套服务，主要产品包括汽车内饰包覆、座椅面套缝纫、汽车注塑件、汽车内外饰件涂装等汽车零部件，依靠产品支撑、人才支撑、技术支撑，公司拥有多项专利产品，在上海、广州、烟台、合肥、长沙等地建立了生产配套基地，各类零部件年生产制造能力达2000万件（套）。

基于上述业务，公司拥有独立于汽车制造厂商的第三方汽车物流优势，成熟的汽车行业仓储运营模式，优化的汽车零部件运输服务，精益、专注的零部件制造业务，专业服务经验和客户资源积累及良好的品牌形象。公司的发展目标是成为国内优秀的汽车服务供应商，助力客户降低作业成本、减少投资，将资源集中配置在核心事业上。

公司具有专业汽车物流知识和管理经验优势，汽车物流活动的复杂性和特殊性使专业知识和管理经验的作用更为突出。公司已在汽车物流领域经营多年，在运输、仓储、配送等汽车物流的各个环节积累了一定的专业知识和管理经验，逐渐摸索出具有自身特色的第三方汽车物流服务模式，能够更快、更好地针对客户需求提供解决方案并予以实施，以满足汽车制造企业快速多变的个性化物流服务要求。经过多年的经营和布点，公司在我国多个整车制造核心集聚区域形成了一定的运输、仓储网络。这一方面能够支撑汽车制造企业在全国范围内的零部件采购和整车销售，提高服务的可靠性；另一方面也有助于第三方汽车物流企业更好地整合资源，提高服务的经济性。公司结合自身优势和劣势情况，对汽车物流行业的机会和威胁进行分析，分别制定了公司优势—行业机会、公司优势—行业威胁、公司劣势—行业机会三大战略途径，以实现公司最终成为国内优秀的汽车服务供应商。

2. 股票简称。公司上市还有一段小插曲。对于公司股票代码简称，公司一直以"西上海"为商号对外进行经营和宣传，但交易所一开始认为以"上海"地域为股票代码简称会导致与其他公司名称混淆，就在上市前夕，经与环太平洋律师协会（IPBA）会长协调，交易所最终认同公司使用"西上海"，具体理由如下：

（1）西上海汽车服务股份有限公司的公司名称系经国家工商总局审核，该公司名称自公司成立伊始就伴随着公司，公司合法拥有该商号。

（2）以地域为股票简称的上市公司并非特例，目前A股上市公司中，股票简称为3~4个字，3个字股票简称的公司共有500多家，其中直接以地名为股票简称的有"长白山（603099）""张家界（000430）""陆家嘴（600663）""新黄浦（600638）""外高桥（600648）"等，以地名为股票简称已有先例。

（3）经国家企业信用信息公示系统检索，使用西上海字号的仅为公司及其关联方西上海（集团）有限公司，公司出具承诺，若未来有其他公司使用该等字号发生纠纷时，公司将依法履行相应权利或承担相应责任，包括但不限于维护自身商号权利或变更商号以及股票简称等。

三、本次发行的意义

在全球消费需求稳定增长及我国汽车工业持续发展的带动下，我国汽车零部件产品和汽车物流市场的需求不断增长，行业市场前景广阔。

西上海自成立之初，不断应对市场变化，探索适合自身发展的业务模式，形成了目前整车仓储及运营、零配件仓储及运营、零部件制造为核心的主业形态。公司自设立以来，一直从事汽车物流服务，目前已发展成为具有一定规模的汽车物流第三方服务平台，积累了丰富的行业管理经验，在人才、运营、规模、品牌等方面已具有一定优势，成功上市后将立足资本市场取得更加长远的发展。

本次西上海在A股发行上市，将是西上海发展历史上的一个重要里程碑。公司以本次发行上市为契机，继续巩固现有产业及布局，重点突出整车仓储、零部件仓储、零部件运输、零部件制造现有四大业态。同时，根据实际运营情况，适度增加投资和加强技术改造，加强汽车后市场的业务探索与扩张，逐步转向"互联网+"经营模式，力求"传统产业提绩效，新兴行业求突破"，以实现成为国内优秀的汽车服务供应商的目标。

四、结语

西上海坚持以业务发展夯实自身实力基础，坚定上市目标不放松，以严格标准要求企业，在经过证监会现场检查后最终通过发审会，并顺利在2020年12月15日上海证券交易所成立30周年前夕登陆沪市主板市场。

本案例的典型性在于企业改制上市要矢志不移，咬定青山不放松，用好专业、敬业、勤业、乐业的中介机构，一个问题接着一个问题地解决，以时间换空间，最终实现产业资本与金融资本的完美融合。

世界500强企业上海建工成功发行境外美元债

李胜

2020年6月8日，上海建工集团股份有限公司（以下简称上海建工）发行5年期6亿美元境外美元债，宣布交易并进行路演。

根据《上海建工集团股份有限公司关于境外全资子公司发行美元债券的公告》，2020年2月25日，上海建工2020年第一次临时股东大会审议通过了《关于境外全资子公司发行境外美元债券的议案》，同意上海建工境外全资子公司（或新设境外全资子公司）发行规模不超过6亿美元的美元债券。2020年6月16日，上海建工境外全资子公司永达投资有限公司（YONGDA Investment Limited）在香港完成总额为6亿美元的高级无抵押固定利率债券发行。本次债券发行依据美国证券法S条例向专业投资人发售，已经获准于6月17日在香港联合交易所有限公司上市，证券代码为40252。上海建工为本项债券提供无条件的不可撤销的连带责任保证担保，相关担保事项纳入公司2020年担保额度。

本项债券的基本情况如下：

1. 发行人名称：永达投资有限公司（YONGDA Investment Limited）。

2. 担保人：上海建工。

3. 发行规模：60000万美元。

4. 债券期限：5年。

5. 债券利率：票面年息为2.25%，每半年支付一次。

6. 债券评级：Baa2（穆迪）。

7. 担保人主体评级：Baa2 稳定（穆迪）/ BBB 稳定（标普）/ BBB+ 稳定（惠誉）。

8. 到期日：2025年6月16日。

9. 适用法律：英国法律。

本次上海建工发行境外美元债有如下三个特点。

一、投资海外，行业先行

上海建工是上海国有企业中较早实现整体上市的企业，其前身为创立于1953年的上海市人民政府建筑工程局，1994年整体改制为以上海建工（集团）总公司为资产母公司的集团型企业。1998年发起设立上海建工集团股份有限公司，并在上海证券交易所挂牌上市。2010年和2011年，经过两次重大重组，上海建工完成整体上市。

上海建工是中国建筑行业的先行者。作为竞争类国有企业，上海建工始终积极投入激烈的市场竞争，在境外债方面多有表现，通过各种融资渠道不断增强企业经营活力，确保国有资产保值、增值，经营业绩多年来持续保持两位数增长的稳健态势。

上海建工是近期难得的获得高评级的国有企业，笔者了解到，上海建工在路演定价的当天，开簿仅半小时账簿突破18.5亿美元，中午时接近45亿美元，最终指引价格公布前账簿高峰接近58亿美元，最终指引价格公布后账簿规模仍达到51亿美元。上海建工最终成功以T+195基点的价格定价6亿美元债券，较初始价格指引大幅收窄了50个基点，发行大获成功。

上海建工本次债券发行有203个分布于中国、新加坡、韩国、英国、澳大利亚、美国、德国等国家和地区的投资人参与，最终分配中亚洲投资人占96%，欧洲投资人占4%。按投资人类型来分，银行占49%，银行基金类占39%，保险及主权基金占11%，私人银行占1%，账簿多元化且质量较高。

二、跨国投资双"最低"，摆脱疫情影响

上海建工本次债券发行的收益率为2.366%，票面利息为2.25%，实现了双"最低"——建筑施工类企业同年期美元债券最低发行收益率和最低票息，上海市国有企业同年期美元债券最低票息。

自2020年开年的3个月以来，COVID-19病毒几乎传播到世界上每个国家，而且几乎每个地方的病例都在激增，各国政府也采取严格措施以遏制社交活动，从而导致经济活动停滞、失业率暴增及国际贸易锐减。2020年上半年的全球经济增长被严重破坏，国际货币基金组织（IMF）、经济合作与发展组织（OECD）和国际投行的预测都反映出全球经济陷入衰退。在国内投资方面，自新冠肺炎疫情发生以来，国家进一步加大金融支持力度，创新完善金融支持方式，通过新增优惠利率贷款、延期还本付息、展期续贷、减免利息等手段，帮助民营中小微企业、个体工商户渡过难关，助力复工复产。

在国际方面，由于受新冠肺炎疫情的影响，2020年上半年全球经济增长势头放缓，特别是全球范围的跨国投资普遍大幅萎缩。然而，我国疫情防控进入常态化后，包括上海建工在内的中国企业境外投资风景独好。借助中国良好的疫情防控环境和重启营商投资的政策鼓励，上海建工异军突起，用低息债券重新打开疫情期间受影响的境外债券市场。据IMF预测，2020年中国是唯一保持经济正增长的主要经济体，新冠肺炎疫情影响下，中国仍是吸引外资的热土，也仍是投融资的重要基地。另外，根据国家发展改革委2020年8月例行新闻发布会的消息，上半年，共有164家中资企业境外发行中长期债券264笔，共计1033.1亿美元，虽然境外发债总规模受国际资本市场动荡影响同比有所减少，但呈现出"韧性强、成本低、类型多、结构优"的特点，服务实体经济的作用更加突出，实现了提质增效。

低息在新冠肺炎疫情期间也是必然选择。新冠肺炎疫情期间各国中央银行加大了量化宽松力度，扩大了购买企业和政府债券的范围。由于各国中央银行重新忙于"印钞"，利率创历史新低。新冠肺炎疫情迫使人们对生活、工作和学习方式作出重大调整。新冠肺炎疫情暴发之前没有投资机会的行业，现在可能突然具有显著的吸引力，低息也是顺应新的国际社会态势的选择，在经济增长受新冠肺炎疫情影响的大环境下，对于重振国际投资、打开投资格局有利。新冠肺炎疫情在很长一段时间内都会压低利率。一项研究发现，即使在疫情发生25年后，预期利率仍然会比正常情况下低约1.5个百分点。

上海建工此次"逆流而上"，在全球经济形势严峻的情况下，担保低息美元债发行，充分体现了我国经济形势发展向好的态势，也完美诠释了其企业理念——追求卓越，即企业改革发展不断实现新的目标、企业核心竞争力不断得到新提升、企业管理能力不断创造出新的水平、企业文化建设不断注入新的活力、企业品牌塑造不断达到新的境界，在新冠肺炎疫情期间不断创造新的目标、实现新目标、创造新机遇。

三、打破投资壁垒，推动经济全球化复苏

博鳌亚洲论坛发布的《疫情与变化的世界》专题研究报告认为，新冠肺炎疫情是百年来最严重的传染性疾病之一，是冷战结束以来最严重的突发性全球危机，新冠肺炎疫情对世界经济的冲击超过2008年国际金融危机，影响全球经济发展与安全态势，将加速国际关系和国际秩序演变，对全球治理体系改革提出了新要求，推动全球化进程深入调整。新冠肺炎疫情促使各国强化治理体系与能力，加速改变社会面貌，凸显人类社会的脆弱性和发展韧性并存。

研究报告指出，此次新冠肺炎疫情之前，全球化已经遭遇巨大阻力。新冠肺炎疫情助长了保护主义思潮，也促使一些国家重新审视产业布局与开放政策，加速了全球供应链本地化和多元化进程。一旦疫情得到控制，生产和消费活动有望迅速恢复，不排除在一些领域会出现大幅反弹。IMF认为，如果疫情在2020年得到控制，各国都将在2021年出现高于平均年份的经济增长。

改革开放以来，中国通过积极融入世界经济体系实现了经济的高速发展，成为世界第二大经济体、第一货物贸易大国和排在世界前列的利用外资和对外投资大国，在此过程中中国的发展也广泛惠及世界各国。本次新冠肺炎疫情后，很多国家在产业布局、贸易发展、投资决策等方面更多地选择回归本土，更多地遵循本国的规则与制度，民族国家意识和影响力增强，国家对资本的控制力加强，跨国公司的影响力下降，"逆全球化"的风险加剧。此次上海建工美元债的发行向世界展示出我国拥抱全球投资者的经济大国、金融大国的形象，我国投资领域是全球化的，此次境外债的成功发行，让世界投资者有了新的投资选择并受益，在一定程度上避免了"保护主义"潮流的蔓延。

大众租赁发行ABS助力疫情防控
一举获得上海政府大奖

李伟涛

上海大众融资租赁有限公司（以下简称大众租赁或公司）是于2014年9月在中国（上海）自由贸易试验区注册成立的台港澳与境内合资融资租赁公司，注册资本为5亿元，控股股东为上海大众公用事业（集团）股份有限公司。大众租赁自成立以来，始终秉承"汇聚大众、融通资源"的经营理念，已经建设成为"风险可控、资产优质、回报稳定、特色鲜明"的专业化融资租赁公司。

大众租赁的经营范围为融资租赁业务、租赁业务等。公司通过聚焦细分市场，努力拓展业务，在"现代物流、数据中心、节能环保、现代制造和小微业务"等行业深耕细作，保持优势。公司自成立以来，秉承和发扬大众集团在业务经验和管理能力、风险控制、资本扩充和业务协同等方面的综合经营优势，坚持"诚实稳健、相融共赢"的经营理念，借鉴同行业知名企业的管理经验，建立了一整套较为完善的业务管理和风险控制等管理制度，严格执行"项目立项会→公司评审会→集团评审会"（所有项目投放均需经过大众公用、大众交通管理层组成的评审会审议通过）三级项目评审程序，强化风险控制，提升核心竞争力。截至2019年9月末，大众租赁融资租赁金额累计44.74亿元，已获得16家银行53.86亿元的授信。

2019年12月5日，由大众租赁担任原始权益人的首单获准在上海证券交易所市场发行的运营商租赁分期储架证券化产品——天风—大众租赁—橙分期第一期资产支持专项计划成功落幕，共募集资金2.9亿元。

2020年11月23日，上海市人民政府发布《关于表彰2019年度上海金融创新奖获奖项目的决定》，为进一步支持和鼓励上海金融改革创新，优化上海金融发展环境，增强上海金融机构综合竞争力，推进上海国际金融中心建设，根据《上海市推进国际金融中心建设条例》和上海金融创新奖组织评审有关规定并报市委、市政府审定，市政府决定，授予部分项目2019年度上海金融创新奖。其中，大众租赁开展的"电信5G手机融资租赁业务模式创新"项目荣获2019年度上海金融创新成果奖提名奖。

2020年5月12日，在全国上下全力抗击新冠肺炎疫情的背景下，大众租赁在上海证券交易所成功试水8.06亿元疫情防控ABS，这也是大众租赁继2019年12月成功发行全国首单运营商租赁分期储架证券化产品后又一创新金融工具范例。

一、公司主营业务情况

大众租赁的主营业务为融资租赁业务，以对公金融租赁为主，公司自2014年9月成立以来，通过聚焦细分市场，努力拓展新的业务，开拓新的行业领域，不断增加优质客户，2016年完成15个项目投放，投放金额6.15亿元，公司营业收入约为6834万元，税后净利润为4338万元，贷款本息到账率为100%；2017年完成16个项目投放，项目金额总计11.02亿元，全年实现营业收入8660万元，净利润为3025万元；2018年，完成19个项目投放，金额总计11.02亿元，全年实现营业收入13930万元，净利润为4002.28万元。公司从2018年9月开始进军零售金融领域，与中国电信合作启动了手机橙分期业务合作，橙分期业务成功上线，为公司小微业务转型奠定了良好的基础。2019年1—9月，公司共完成8个新项目的投放，融资项目数量达53个，融资租赁资产本金余额达17.93亿元，实现营业总收入11160.51万元，净利润达4094.86万元。

二、公司竞争优势

1. 资金优势。大众租赁注册资本为5亿元，其股东大众公用为A股和H股上市公司，融资渠道丰富，融资能力强，可对大众租赁提供强有力的资金支持。此外，公司目前主要为银行授信，具有较强的资金优势。

2. 股东优势。公司按照集团的统一部署和指导，开展金融、贸易、咨询、投资一体化业务，创造性地将产业资本和金融资本融为一体，形成了具有自身特色的以资源组织能力和资源增值能力相互匹配并协调发展为特征的企业运作优势。

3. 品牌优势。"大众"是上海市著名商标，在公用事业领域具有较强的品牌优势，并拥有广泛的客户认可度。大众租赁可依托品牌而获取更多的客户资源。

4. 业务优势。2019年3月27日，公司接入中国人民银行征信系统工作正式完成，标志着公司风险管理体系正式跨入数据化管控新阶段，成为行业内为数不多的全面接入中央银行征信系统的公司之一；公司对经济和外部环境保持高度敏感性，对风险保持高度敬畏心，业务方面不拘泥于客户性质、行业类别、金额大小，从节能环保行业、现代物流，到现代制造、IDC，再到小微业务的探索和转型，始终坚持各个环节风险严控，有效避免了众多爆雷项目，抓住了市场机会、积累了一批优质项目、优质客户。

5. 其他优势。公司拥有上海自由贸易试验区金融创新试点和多项税收改革政策优势，上海自由贸易试验区制度设计灵活高效，投资和贸易便利化水平高，融资租赁行业地区聚集效应凸显。

三、专项计划基本情况

（一）专项计划名称

专项计划的名称为"天风—大众租赁—2020年1期资产支持专项计划（疫情防控ABS）"。

（二）专项计划目的

管理人设立专项计划的目的是接受认购人的委托，按照专项计划文件的约定，将认购资金用于购买基础资产，并以该等基础资产及其管理、运用和处分形成的属于专项计划的全部资产和收益，按专项计划文件的约定向资产支持证券持有人支付。

（三）专项计划合法性

1. 专项计划依据《中华人民共和国合同法》、《证券公司客户资产管理业务管理办法》（以下简称《管理办法》）、《证券公司及基金管理公司子公司资产证券化业务管理规定》（以下简称《管理规定》）等法律、法规而设立。

2. 专项计划各当事人承诺计划说明书所约定的条款或内容，只要不违反我国法律、法规的强制性和禁止性规定，都对各方产生约束力，具有法律效力。任何一方不得以法律无明文规定为由拒绝履行计划说明书及相关文件约定的义务。

（四）资产支持证券类别

根据不同的风险、收益和期限特征，本专项计划的资产支持证券分为优先级资产支持证券和次级资产支持证券。

（五）资产支持证券预期收益率

优先级资产支持证券的预期收益率根据管理人与认购人签署的认购协议确定。收益计算方式为：优先级资产支持证券当期收益=优先级资产支持证券在前一个兑付日本金偿付后的未偿本金余额（就第一个兑付日而言，即优先级资产支持证券在专项计划设立日的面值）×预期收益率×计息期间实际天数÷365天；尾数计算到分，分以下四舍五入；单利计算。

管理人不保证专项计划一定盈利，也不保证最低收益。管理人对优先级资产支持证券未来的预期收益仅供优先级资产支持证券持有人参考，不构成管理人保证投资本金不受损失或取得最低收益的承诺。

（六）资产支持证券目标募集规模

本期资产支持证券的目标发售规模为8.06亿元，其中，优先A级证券的目标发售规模为7.6570亿元，占总发行规模的95.00%；次级证券的目标发售规模为0.4030亿元，占总发行规模的5.00%。目标募集规模仅为预期，具体募集规模以实际设立时规模为准。

（七）专项计划存续期限

自专项计划设立日（含该日）起至法定到期日止（含该日）。法定到期日不是优先级资产支持证券的实际到期日，优先级资产支持证券的本金将可能于法定到期日前清偿完毕。

专项计划实际设立日期，以及优先级资产支持证券的具体预期期限以管理人届时披露的专项计划设立公告为准。

（八）原始权益人/差额支付承诺人/资产服务机构

上海大众融资租赁有限公司。

（九）担保人

上海大众公用事业（集团）股份有限公司。

（十）托管人

中国民生银行股份有限公司上海分行。

（十一）募集专用账户

募集专用账户是指管理人开立的专用于接收、存放发行期间投资者交付的认购资金的人民币资金账户。

（十二）回收款收取账户

回收款收取账户是指资产服务机构或后备资产服务机构收取基础资产、回收款的银行账户。原始权益人作为资产服务机构，回收款收取账户为原始权益人用于接收包括回收款在内的日常经营租金收入的人民币资金账户。

（十三）专项计划账户

专项计划账户是指管理人以专项计划的名义在托管人开立的人民币资金账户，专项计划的一切货币收支活动，包括但不限于接收专项计划募集资金、接收回收款及其他应属专项计划的款项、支付基础资产购买价款、支付专项计划利益及专项计划费用，均必须通过该账户进行。专项计划账户核算科目下设立回收款科目和保证金科目，用于记录专项计划账户的收支情况。

（十四）专项计划的投资范围

1. 管理人根据资产管理合同的约定，将专项计划所募集的认购资金用于向大众租赁购买基础资产。

2. 管理人有权指示托管人将专项计划账户中待分配的资金进行合格投资。

（十五）资产支持证券的信用级别

评级机构考虑了专项计划基础资产的情况、交易结构的安排、增信安排等因素，评估了有关的风险，给予优先级资产支持证券评级为AAA级。

（十六）资产支持证券面值、发行方式

资产支持证券面值均为100元，按面值发行。

（十七）专项计划推广对象

专项计划的推广对象为中华人民共和国境内具备适当的金融投资经验和风险承受能力，具有完全民事行为能力、符合《管理规定》规定的合格投资者（法律、法规和有关规定禁止参与者除外），合格投资者合计不超过200人。

四、评析

"融资难"始终是企业在成熟资本市场关注的一个焦点。企业的发展离不开"血液"供给，充足的资金是发展的不竭动力。大众租赁自开拓资本市场以来，持续健康稳定发展，充分利用资本市场的多种融资工具和融资功能壮大主业和回报投资者。

2020年是艰苦的一年，新冠肺炎疫情的暴发给资本市场带来了一股寒流，"融资难"的问题进一步恶化。但是，2020年也是难忘的一年，自新冠

肺炎疫情发生以来，全国上下凝心聚力，团结奋战，众志成城，打赢了这场疫情防控的人民战争。在新冠肺炎疫情阻击战中，大众租赁勇担社会责任，在上海证券交易所成功发行8.06亿元疫情防控ABS，全面助力金融战"疫"，全力支持疫情防控和实体经济发展。

新冠肺炎疫情对部分企业的采购、生产、销售等环节及现金流回款等造成了暂时性冲击，导致其流动性压力骤增。大众租赁疫情防控ABS基础资产涉及疫情防控领域共计4个承租人，其中江西合力泰科技有限公司及上海润达榕嘉生物科技有限公司参与了小汤山医院、火神山医院建设相关工作，本专项计划的成功发行，保证了疫情防控医疗物资的持续供应，也保证了小汤山医院、火神山医院的建设进程。

民生证券开创首例国资反向混改

冯鹤年

一、背景介绍

民生证券有限责任公司（以下简称民生证券或公司）成立于1986年，是经中国证监会核准的B类BBB级全国性的综合类证券公司，是中华全国工商业联合会直属会员。2002年，民生证券注册资本增至12.82亿元，注册地为北京。2004年，民生证券注册为保荐机构，2005年成为首批股权分置改革保荐试点保荐机构。民生证券具备中国证监会批准的证券经纪、证券承销与保荐等全牌照业务资格，是中国成立最早的证券公司之一。

2020年8月31日，上海国资企业战略入股民生证券签约仪式在上海浦东举行，东方国际、张江集团等10家上海市属、浦东区属国资企业与泛海控股、民生证券签订了战略入股民生证券的协议。民生证券引进上海国资企业一事也就此尘埃落定。

二、案例分析

（一）进行反向混改的原因

此前，民生证券由民营大股东泛海控股持有87.6%的股权比例，使公司股权结构相当单一。从2016年起，国家全面进行房地产调控，泛海控股作为房地产企业无法为民生证券提供更多支持，民生证券"融资难、融资贵"的问题变得异常突出。因此，民生证券从2019年起便大力开展"引战增资"工作，构建能够应对未来竞争的多元化股权结构。

（二）创新点

混改是指国有企业混合所有制改革，在国有控股的企业中加入非官方的民间资本，使国有企业变成多方持股，但还是由国家主导的企业来参与市场竞争，以提升国有企业改革的质效、优化民营经济的发展环境、健全完善基本公共服务体制机制。

民生证券此次改革，由上海地方国资企业战略入股民生证券。反向地进行国有企业混合所有制改革，让国有资本反过来入股民营企业，即反向混改。

反向混改的概念在2015年由浙商创投首次提出，浙商创投进行反向混合所有制改革，引入了浙江省国有资本运营有限公司、浙江省二轻集团两家国有战略投资者，成为国内首例成功实现反向混改的民营创投机构。此次上海国资企业战略入股民生证券，民生证券共计67亿余元的引战增资工作实现全面落地，资本实力进一步提升，股权结构持续优化。泛海控股持有民生证券比例从87.6%降为44.52%，上海及其他地方国资持股比例达到30.58%，民生证券的上市公司战略客户及其他社会股东持股比例为22.95%，民生证券设立的员工持股计划合计持股比例为1.95%，构建了"民营大股东+国有战略投资者+员工持股"三位一体的多元化股权治理结构，有效解决了泛海控股掌控民生证券大部分股份时无法向民生证券提供足额资金支持，导致民生证券面临融资不力的难题。

三、意义

首先，民生证券的反向混改有利于公司的长期战略发展需求，对公司未来发展和业务中的资金需求给予充足的保证，同时让市场在资源配置中起决定性作用，也让各种所有制资本依法平等使用生产要素，公平参与市场竞争，相互促进，共同发展。

其次，虽然表面上公司是股权结构发生重大变化、资本实力增强，但更核心、更本质的变化是内部治理结构调整，使民营企业有国有资本作为支撑，在合规与运营两端都能得到更好的支持。

最后，公司增强的资本实力能给予市场更充足的保证，提升业务安全性保障，进一步强化广大客户对民生证券的稳定预期和信心，有助于其获得更广泛的业务机会。

四、结语

此次民生证券的反向混改，是极具资源优势的国有资本与民营资本的有机结合，这将形成混合所有制融合发展的新生态，除了在资本层面拓宽了民营企业的融资渠道，增强了民营企业的抗风险能力，同时也进一步加强了国企的经营活力，弥补了国企产业布局与市场需求之间的差异，强化了国企的市场反应速度与市场洞察力，提升了经营效率。

《中华人民共和国民法典》生效后首例中央企业资产管理公司不动产债权投资计划仲裁案例

吴东

　　某中央企业资产管理公司与某融资方及担保方签订了某危改项目不动产债权投资计划投资合同，由融资方申请融资并由其母公司进行担保。因流动性资金紧张，融资方未能按时支付应付利息，以后各期利息、到期本金及被宣布提前到期本金均未能按照投资合同的约定偿还。后该中央企业资产管理公司向上海仲裁委员会提起仲裁并获得支持。本案仲裁请求总额超过人民币30亿元，为上海仲裁委该年度受理的标的额最大的仲裁案件。

　　具有里程碑意义的《中华人民共和国民法典》（以下简称《民法典》）于2021年1月1日起正式实施，这是中华人民共和国成立以来第一部以法典命名的法律，在法律体系中居于基础性地位，是新时代中国特色社会主义法治建设的重大成果。《民法典》实施后，人民法院陆续宣判了一批不同民事情形下首例适用《民法典》的案件，以期通过法院判决，以案释法，推动《民法典》的实施。笔者以某中央企业资产管理公司与某融资方及担保方的不动产债权投资计划仲裁纠纷为例，从《民法典》的视角进行分析，提出思考与各位读者共勉。

一、提前还款赔偿金的性质及认定

　　申请人与被申请人在投资合同中约定了关于提前还款赔偿金的条款，被申请人如被宣布提前偿付本金及有关费用，则应当支付一定数额的提前还款赔偿金。该赔偿金的具体计算方式也在投资合同中作了明确约定。《民法典》第五百八十四条规定："当事人一方不履行合同义务或者履行合同义务不符合约定，造成对方损失的，损失赔偿额应当相当于因违约所造成的损失，包括合同履行后可以获得的利益；但是，不得超过违约一方订立合同时预见到或者应当预见到的因违约可能造成的损失。"

在具体个案中，通常有一个违约行为，及一个因此导致的损失结果。在本仲裁案例中，被申请人存在多个违约行为，合同双方对多个主要违约行为均约定了损失赔偿的计算依据。在这种情况下，如果被申请人被宣布提前到期，其是否应对提前还款的赔偿金进行偿付呢？笔者认为，应当结合不动产债权投资计划的本质属性进行分析。

不动产投资包括基础设施建设投资和房地产投资两个方面，此前，中国保监会于2006年已通过发布管理办法的方式，开展了保险资金投资基础设施项目的试点工作，并取得了一定的成绩，3年多来的试点工作为保险资金投资不动产项目积累了很多经验。随着新《中华人民共和国保险法》（以下简称《保险法》）的实施，保险公司将可能采用更多的参与方式和更大的力度参与不动产投资项目。

现代保险业中的投资业务已经逐渐取代了承保业务成为保险企业最重要的利润来源，而我国保险资金的投资渠道长期以来十分有限，积极地拓展保险资金的投资渠道意义重大，既可以提高保险公司的资金利用效率和收益，又可以有效地将风险分散至更加多元化的投资组合。从国际保险业的发展来看，不动产投资已经成为保险机构投资的重要方向之一。不动产项目之所以吸引保险资金的投入，一方面，是由于其具有较高的收益；另一方面，更重要的是其长期且稳定的收益来源。但也正是由于单一不动产项目投资额巨大，资本回收期较长，从而使项目本身具有很高的风险，所以保险公司在参与项目时，应做好充分的准备，在监管的指导下有针对性地选择参与方式、规模和采用有针对性的风险管理办法。

2009年修订的《保险法》即对保险资金投资不动产予以放行，但没有对投资不动产的范围和条件给予详细的规定。按照《保险法》的规定，保险公司的资金运用必须稳健，遵循安全性原则，保险公司的资金运用限于下列形式：银行存款；买卖债券、股票、证券投资基金份额等有价证券；投资不动产；国务院规定的其他资金运用形式。但同时，《保险法》规定保险公司资金运用的具体管理办法，由国务院保险监督管理机构依照上述规定制定。

因此，本案中申请人（受托人）发行不动产债权投资计划的目的就是实现所募集资金的增值，这也是投资合同的最终目的。如果在某一期资金被宣布提前到期的情况下，不收取一定金额的提前还款赔偿金，则申请人发行该不动产债权投资计划的目的将受到损害，甚至不能达到合同目的。所以，在合同主体既约定了罚息，又同时约定了提前还款赔偿金的情况下，应当依据案件的具体情形、法律关系的性质、合同目的等作出综合评价，以对提前还款赔偿金的合理性作出裁决。

二、担保人能否以担保合同约定的非从属性进行抗辩

《中华人民共和国担保法》（以下简称《担保法》）第五条规定："担保合同是主合同的从合同，主合同无效，担保合同无效。担保合同另有约定的，按照约定。"由此可见，当时的《担保法》允许合同当事人就担保合同的从属性作出约定。但由于从属性是担保合同的基本特性，实践中对于应否允许当事人约定排除产生了较大的争议。但《中华人民共和国物权法》第一百七十二条规定："设立担保物权，应当依照本法和其他法律的规定订立担保合同。担保合同是主债权债务合同的从合同。主债权债务合同无效，担保合同无效，但法律另有规定的除外。"法律可对担保合同（担保物权）的从属性另行规定，否定了当事人约定排除的效力，但保证合同效力独立约定的效力仍存在争议。

《全国法院民商事审判工作会议纪要》（法〔2019〕254号）已经明确，从属性是担保的基本属性，但由银行或者非银行金融机构开立的独立保函除外。独立保函纠纷案件依据《最高人民法院关于审理独立保函纠纷案件若干问题的规定》处理。需要进一步明确的是：凡是由银行或者非银行金融机构开立的符合该司法解释第一条、第三条规定情形的保函，无论是用于国际商事交易还是用于国内商事交易，均不影响保函的效力。银行或者非银行金融机构之外的当事人开立的独立保函，以及当事人有关排除担保从属性的约定，应当认定无效。但是，根据"无效法律行为的转换"原理，在否定其独立担保效力的同时，应当将其认定为从属性担保。此时，如果主合同有效，

则担保合同有效，担保人与主债务人承担连带保证责任。主合同无效，则所谓的独立担保也随之无效，担保人无过错的，不承担责任；担保人有过错的，其承担民事责任的部分，不应超过债务人不能清偿部分的三分之一。因此，《全国法院民商事审判工作会议纪要》已明确否定了独立保函之外当事人之间关于排除保证从属性约定的效力。

《民法典》第三百八十八条规定："设立担保物权，应当依照本法和其他法律的规定订立担保合同。担保合同包括抵押合同、质押合同和其他具有担保功能的合同。担保合同是主债权债务合同的从合同。主债权债务合同无效的，担保合同无效，但是法律另有规定的除外。"第六百八十二条规定："保证合同是主债权债务合同的从合同。主债权债务合同无效的，保证合同无效，但是法律另有规定的除外。"因此，《民法典》从法律层面明确否定了当事人关于排除担保效力从属性约定的效力，长久以来对意定独立担保条款效力的争议终有定论。

尽管申请人与被申请人在担保合同中明确约定了其独立性，但由于该条款违反了法律的规定，应为无效条款。因此，担保合同的非从属性不能由当事人意定，担保人仍然要依据有效的其他条款承担连带偿还责任。

三、《民法典》对保险类合同的影响

《民法典》第五百八十四条规定了违约损害赔偿的范围。违约损害赔偿包括可得利益损失，这是与合同无效赔偿范围最大的区别。本条第二句规定的是可预见性规则，可预见性规则是限制损失赔偿范围很重要的规则，可预见性规则与减损规则、损益相抵规则、与有过失规则共同构成了限制损失赔偿范围的基本框架。与有过失规则和损益相抵规则分别规定在最高人民法院《买卖合同司法解释》第三十条和第三十一条，本次《民法典》吸收了与有过失规则，损益相抵规则未见诸明文。《保险法》第二十三条也规定："保险人未及时履行前款规定义务的，除支付保险金外，应当赔偿被保险人或者受益人因此受到的损失。"

防止损失扩大原则适用于财产保险合同。《民法典》第五百九十一条规定："当事人一方违约后，对方应当采取适当措施防止损失的扩大；没有采取适当措施致使损失扩大的,不得就扩大的损失请求赔偿。当事人因防止损失扩大而支出的合理费用,由违约方负担。"本条是对减损规则的规定,与《合同法》第一百一十九条的规定相同,同时也与《保险法》第五十七条的规定相同。

过错相抵和损益相抵规则。《民法典》第五百九十二条规定:"当事人都违反合同的,应当各自承担相应的责任。当事人一方违约造成对方损失,对方对损失的发生有过错的,可以减少相应的损失赔偿额。"本条是对双方违约和有过错规则的规定,第一款与《合同法》第一百二十条相同,第二款来源于最高人民法院《买卖合同司法解释》第三十条。最高人民法院《买卖合同司法解释》第三十一条规定的损益相抵规则未见诸《民法典》明文,该解释第三十一条规定:"买卖合同当事人一方因对方违约而获有利益,违约方主张从损失赔偿额中扣除该部分利益的,人民法院应予支持。"损益相抵规则,作为限制违约损害赔偿范围的重要规则,虽然《民法典》未明文规定,但是实践中也能够类推使用到其他合同。《保险法》第二十三条、第六十条和第六十一条也有类似禁止被保险人不当得利的规定。

综上所述,该案例从《民法典》的视角作出不同的分析,法律不同,法理趋同,以正确适用法律,"让人民群众在每一个司法案例中都能感受到公平正义"。

上海君彰实业有限公司破产和解案入选上海破产法庭典型案例

陈说

2020年3月31日，上海破产法庭公布侧重反映中小企业群体、突出化解企业债务危机、强化程序衔接等方面的八大典型案例，其中，上海君彰实业有限公司破产和解案入选该批次典型案例。

一、案件基本情况

债务人上海君彰实业有限公司是一家于2009年7月注册成立的民营企业，登记于上海市奉贤区市场监督管理局。该企业注册资金为50万元，两名自然人股东持股，比例分别为50%与50%。企业经营范围：复合材料产品，灯光照明设备，风力发电设备，节能环保产品的研发、批发、零售，建材、机械设备及配件，化工原料（除危险化学品、监控化学品、烟花爆竹、民用爆炸物品、易制毒化学品），五金交电，日用百货，皮革制品，针纺织品批发、零售。2014年，依据生效判决，债务人被申请强制执行。因无财产可供执行，执行法院于2014年12月裁定终结本次执行程序。约5年后，债权人某科技公司以债务人不能清偿到期债务且明显缺乏清偿能力为由，提出破产清算申请。

管理人接管企业以后发现，企业仅有现金资产34.45元，没有土地使用权，没有房屋，没有车辆，没有存货及其他有形资产，也没有无形资产。管理人通过调取2014年的执行案卷，也验证了核查结果，企业确实仅有破产财产34.45元。

经查，该企业原开展业务范围也比较小，已知债权人仅有一户，即本案申请人，同时公告期届满后，也没有其他债权人申报债权。本案债权人情况较为清晰。管理人考虑到债权人人数较少，企业也没有足额破产财产，于案件接手初期即考虑对该案和解进行可行性分析和研究。

二、本案审理情况简述

在上海市第三中级人民法院的监督指导下，管理人开展了债权人与债务人的磋商工作。管理人在债务人的初期和解设想上，指导并提出了由债务人的股东及实际控制人出资弥补债权人主张债权的本金部分，同时提出债权人放弃其所主张债权的利息、违约金及律师费、诉讼费、保全费等先前主张权利的费用。双方在初步达成意向的基础上，管理人同时组织双方多轮次磋商，就资金支付的方式、支付的批次等达成了一致意见，最终债权人同意了9个月内分三次支付全部款项的方案。债务人在管理人的指导下，起草了和解方案草案，并提交上海市第三中级人民法院。

三、管理人工作进程概况

管理人将本案工作进程按照时间线索作出如下梳理：

2014年11月11日，闵行法院终结执行申请人的本次执行申请。

2019年5月6日，三中院受理债权人申请执行转破产程序。

2019年8月5日，管理人组建团队开展工作。

2019年10月10日，管理人向债务人提出和解建议。

2019年11月12日，第一次债权人大会。

2019年11月12日，债务人向三中院提出和解协议草案。

2019年11月22日，三中院裁定本案转入和解程序。

2019年11月23日，管理人组织第一轮磋商谈判。

2019年11月25日，管理人组织第二轮磋商谈判。

2019年11月29日，管理人组织第三轮磋商谈判，并最终达成和解协议。

2019年12月15日，三中院裁定认可和解协议并终止本案程序并予以公告。

2019年12月25日，管理人根据和解协议的约定完成第一期清偿后向债务人移交财产和营业事务。

四、本案的意义

　　破产和解，是指在人民法院受理破产案件后，在破产程序终结前，债务人与债权人之间就延期偿还和减免债务问题达成协议，中止破产程序的一种方法。和解是一种特殊的法律行为，双方法律行为以双方当事人的意思表示一致为条件，而这种法律行为不仅需要债权人会议与债务人意思表示一致，而且要经过人民法院的裁定认可，方能成立。企业作为社会经济的基本单位，担负着多重社会职能。财富的增长，利益的实现，资源的调配，交易的盛衰，无不与企业相关。而在企业破产清偿过程中，即使剥夺债务人的全部财产，也不能满足债权利益。不彻底的债务清偿必然引起债权呆滞，使债权人陷入清偿无望的财务困境，以致发生连锁破产的后果。并且，企业之间的联系越密切，破产案件对社会不良影响的范围就越大。为了摆脱这种困扰，有必要寻求一种能调和冲突、平衡债权人与债务人利益的办法来解决债务危机。作为温和的偿债方式，和解制度提供了一种通过债权妥协的程序机制，给债务人创造了复苏的机会和条件，有可能运用债务人的有限财产最大限度清偿债务，减少社会资源的损失与浪费。

　　本案通过发挥和解制度的破产预防功能，既助力中小民营企业化解债务危机，留存再生机会，又助力化解执行"终本"积案。破产和解制度具有程序简便和成本较低的特点。本案债权人债权长达5年未能获得清偿，通过破产程序寻求债权实现。相比传统的破产清算，其阻断了企业债务人复苏的机会。破产清算程序会将债务人的全部财产变价分配，债务人企业在破产清算完毕后，主体资格归于消灭，债务人的人格不复存在，自然也没有了继续从事经营活动的机会和资格，也会使股东的利益消失殆尽。作为企业再生程序之一的破产和解程序，是在债务人与全体债权人互谅互让的基础上，就债务人延期清偿债务、减少债权数额等事项达成谅解协议，以防止和避免债务人被宣告破产，使债务人恢复生机，并使债权人有可能获得较之适用破产清算程序更大数额清偿的一种程序制度。与积极地实现企业拯救的重整程序相比，和解程序更似被拟定为一种注重当事人之间意思自治、力度甚小只是消极地去避免企业走向破产清算的程序。

同时，本案的破产和解的运用，也是对"执行难"问题提供了一种破解的思路。最高人民法院工作报告显示，近几年来，我国法院一年审理民商事案件平均约有500万件，其中有财产给付内容的案件大约占90%。1993年，当事人自动履行的比例占70%，需要法院强制执行的比例只占30%，但在10年之后的2003年，需要法院强制执行的比例上升到52%，当事人自动履行的比例只占48%。到2013年，全国各级法院受理强制执行案件298.9万件，而同期审理民商事案件751.1万件，减去不需要强制执行的调解、撤诉方式结案的400多万件，需要法院强制执行的比例达到85%。而通过"执转破"程序的利用，尤其是对于注重信誉与持续经营能力的债务人来说，将执行程序转为破产，同时在破产程序中提出和解，不失为解决执行难的一个良好的思路与突破口。

本案中，管理人在了解到债务人不希望被破产清算的意愿后，提出和解建议，并积极联系债权人，通过电话、邮件、现场谈话等诸多方式，开展了三轮磋商斡旋，在充分尊重当事人意志的前提下，指导债务人完成了和解协议制定并获得债权人同意。破产和解制度在本案中的成功运用，使债务人主体资格得以保留，有了再生机会；同时，也彻底清除了执行案件，发挥了破产化解"执行难"的功能作用。因而，破产和解制度可以有效避免破产宣告给债权人、债务人带来的不利影响，对维护良好的社会经济秩序发挥了重要作用。同时，针对即将出台的个人破产制度，有效进而高效地利用破产和解制度，无论对于债务人主体的继续存在或信用修复，或者对债权人的权益的最大化保证，都有着积极的作用。

"多因子量化模型"精准认定
投资者损失第一案出炉

金凯德

一、前言

某上市公司（以下简称公司）因涉嫌虚假陈述被中国证券监督管理委员会（以下简称证监会）进行行政处罚后，其股民就公司行为所导致的相关损失，向上海金融法院提起诉讼，要求公司赔偿其因虚假陈述所遭受的经济损失。2020年4月，上海金融法院一审判决公司存在证券虚假陈述行为，判其承担相关民事责任。2020年6月，经上海市高级人民法院二审，该案最终驳回上诉，维持原判。

本案最大的亮点在于上海金融法院与相关科研院校合作，建立相关损害赔偿模型，就股民所遭受的损失，在认定"因果关系"的基础上，利用"多因子计算模型"精确核定经济损失数额，促进案件公平、公正、合理地解决。

二、案情回顾

公司是上海证券交易所（以下简称上交所）的主板上市公司。

证监会官网披露的行政处罚文书显示，公司为弥补2014年利润缺口和完成利润指标，于2014年9月至11月，与上海××商贸有限公司、深圳××有限公司之间进行2笔虚假贸易，虚增营业收入1783.12万元，虚增利润总额134.73万元；2014年11月，公司与上海××科技有限公司、上海××发展有限公司之间进行1笔虚假贸易，虚增营业收入2478.63万元，虚增利润总额863.67万元。上述虚假交易导致公司2014年虚增营业收入4261.75万元，虚增利润总额998.4万元，2014年年度报告存在虚假记载。公司的上述行为违反了《中华人民共和国证券法》（以下简称《证券法》）第六十三条的规定，依据《证券法》第一百九十三条的规定，上海证监局决定对公司责令改正，给予警告，并处以40万元罚款；对19名相关责任人员给予警告，并分别处以3万元到30万元不等的罚款。

上述信息披露后，公司股价受到较为严重的影响，股价持续下跌。持有公司股票的股民因股价下跌从而遭受了相关经济损失，因此对公司提起了民事诉讼，要求公司赔偿其所遭受的投资损失。

三、案件的争议焦点

就已披露的相关裁判文书来看，双方当事人的争议焦点主要包括以下三点：一是如何确定揭露日；二是公司虚假陈述与股民所遭受的经济损失之间的因果关系；三是股民所遭受的经济损失如何认定。

（一）揭露日的确定

《最高人民法院关于审理证券市场因虚假陈述引发的民事赔偿案件的若干规定》（以下简称《若干规定》）第二十条规定："虚假陈述揭露日，是指虚假陈述在全国范围发行或者播放的报刊、电台、电视台等媒体上，首次被公开揭露之日。"根据《若干规定》的定义，揭露日的目的在于向资本市场及投资者充分披露相关风险，提醒各个市场主体就公司与其股票价值进行审慎判断，并在该审慎判断的基础上，审慎地进行相关投资与交易行为。

同时，又由于公司未主动披露相关风险，因此，上海金融法院综合考虑揭露时间的首次性、揭露主体的权威性、揭露内容的充分性等要素后，确定公司发布其收到证监会立案调查通知书公告之日为案件的揭露日。而后，又根据《若干规定》的相关规定，确定了相应的基准日与基准价。

（二）因果关系的认定

《若干规定》第十八条规定："投资人具有以下情形的，人民法院应当认定虚假陈述与损害结果之间存在因果关系：（一）投资人所投资的是与虚假陈述直接关联的证券；（二）投资人在虚假陈述实施日及以后，至揭露日或者更正日之前买入该证券；（三）投资人在虚假陈述揭露日或者更正日及以后，因卖出该证券发生亏损，或者因持续持有该证券而产生亏损。"由于公司在其2014年年报中进行利润作假陈述的行为在被证监会正式立案调查前从未被披露，因此可以推定在此期间投资者仍然是出于对公司披露信息的信赖，以及在此信赖的基础上综合进行的错误价值判断而买入公司股票。综上所述，可以认定在实施日到揭露日期间买入并一直持有公司股票的投资行为与虚假陈述行为之间存在交易因果关系。

（三）投资损失金额的确定

为精准核定证券虚假陈述民事赔偿损失金额，法院在依法确定纳入损失核定交易期间的基础上，从中国证券登记结算有限责任公司调取了投资者交易记录，并委托具有专业背景的某科研院校，通过建立量化计算模型计算出虚假陈述因素外其他各因素导致的股票模拟损益比例，以及通过收益率曲线同步对比法进行损失核定并出具损失核定意见书。在对A股的损失核定中，运用"多因子量化模型"将对股票价格具有影响的各类因素纳入考量，除了包含国家因素、行业因素、风格因素等共性因素，还将充电桩概念、ST挂牌等个案因素纳入考量；由于B股市场的股票数量有限，尚不具备需要大量分析样本的"多因子量化模型"适用条件，对B股的损失核定中，采取A股与B股关联法计算平均收益率。庭审中，该科研院校专家人员就本案出具的损失核定意见书出庭，接受当事人的询问。

在充分听取各方意见的基础上，上海金融法院认为，损失意见核定书中的损失量化计算方法逻辑自洽，能有效避免各种风险因素重复计算导致的结果偏差，且更为科学、准确。该案在判决中采纳此方法确定原告的投资损失。

四、案件评析

资本市场的交易行为是一种基于对公开信息的信赖所作出的价值判断，从此意义上讲，证券虚假陈述行为从根本上打破了该等价值判断所基于的合理信赖。因此，该行为无疑为一种民事意义上的侵权行为。

对于可以在公开市场进行自由交易的有价证券、股票，其价值所受到的影响较多，包括大盘、板块和个股经营等因素，因此股票的价值浮动抑或价值变化无法在建立因果关系的基础上进行量化计算。该种情况的特殊性，导致以往的司法实践，因缺乏科学量化的计算方法，而难以确定具体的因其他因素导致损失的扣除比例。相关问题一直是此类案件的争议焦点和审理难点。

针对此种难点，各级法院在实践中也曾提出过不少好的解决方案，例如，在我国首例证券群体性纠纷示范案件——投资者诉方正科技股份有限公司证券虚假陈述损害赔偿纠纷案中，法院采用"大盘指数同步对比法"，对大盘和板块因素占投资损失进行了准确分离，客观上对投资者的投资损失进行了精确的量化。而在本案中，标的股价除了受到大盘因素影响外，还明显受到充电桩概念、被列入ST/*ST等个股经营因素的影响，因此仅与大盘指数作同步对比无法完整扣除各类风险影响比例。

股票"多因子量化模型"是国内量化投资领域应用最广、内涵最深、研究最多的量化选股模型，该模型是建立在之前介绍的单因子策略的基础之上，将多个因子整合来进行策略的构建，比较符合本案中所涉及的相关因素及其影响。因此，上海金融法院委托相关科研院校，在充分考虑上述影响因素的基础上，建立"多因子量化模型"，对上述影响因素进行了精确的确定与分离，得出标的股票排除虚假陈述行为影响后的收益率曲线。再通过将每位投资者的具体买卖行为同步投射到收益率曲线中，对比得出具体投资损失中应当扣除其他影响因素的比例。在这个过程中，损失核算专业人员出庭接受当事人的交叉询问，体现了程序公正。

本案运用"多因子量化模型"在国内同类案件中尚属首次，上海金融法院在本案中积极探索，大胆运用，不但体现了完整化、精细化的审判理念，也体现出上海金融法院在金融领域的专业水平，更体现出人民法院为维护司法公正所作出的不懈努力。

万胜智能成功登陆深圳证券交易所创业板市场

金凯德

2020年9月10日上午，浙江万胜智能科技股份有限公司（以下简称万胜智能或公司）在深圳证券交易所（以下简称深交所）创业板A股正式挂牌上市。

作为民营企业的优秀代表，万胜智能一直深耕电能仪表计量领域，是国内该行业的领先企业。2018年、2019年企业营业收入分别达5.14亿元、5.67亿元。2020年尽管受到新冠肺炎疫情的影响，但企业半年度营业收入仍高达2.64亿元，展现了强大的韧劲。本次发行的保荐机构（主承销商）与律师事务所充分配合，合作提供全方位金融法律服务。

一、企业概况

万胜智能前身为浙江万胜电力仪表有限公司，于1997年成立，是国家高新技术企业，致力于为国内外电力等行业客户提供专业化的计量产品，是国内电能仪表计量领域的领先企业之一，并积极进行智能水表、多表合一、智慧消防等产品的研发及应用。

公司是全国电工仪器仪表标准化技术委员会国家标准制定修订组委员单位、中国仪器仪表协会理事单位、国家电力行业电测量标准化委员会委员单位，是国家和行业标准主要起草单位之一。公司先后被评为浙江省名牌产品、全国电子信息行业最具社会责任企业、中国物联网系统集成商50强、浙江省精品制造企业。

二、发行概况

此次万胜智能公开发行的A股不超过3931.34万股，占发行后总股本的25%，拟募集资金4.81亿元，其中3亿元将用于智能仪表及信息采集系统生产基地建设项目，5112.8万元用于研发中心建设项目，3000万元用于营销服务网络建设项目，1亿元用于补充流动资金项目。

1. 股票种类：本次发行的股票为境内创业板上市人民币普通股，每股面值为1.00元。

2. 发行方式：若确定的发行价格超过《浙江万胜智能科技股份有限公司首次公开发行股票并在创业板上市发行公告》中披露的网下投资者剔除最高报价部分后剩余报价的中位数和加权平均数，以及公募基金、社保基金、养老金、企业年金资金、保险资金的报价中位数和加权平均数的孰低值（以下简称重要参考值），本次发行的保荐机构按照实施细则的相关规定参与本次发行的战略配售。本次发行采用向战略投资者定向配售（以下简称战略配售）、网下向符合条件的网下投资者询价配售（以下简称网下发行）和网上向持有深圳市场非限售A股股份和非限售存托凭证市值的社会公众投资者定价发行（以下简称网上发行）相结合的方式进行。发行人和保荐机构（主承销商）通过网下初步询价直接确定发行价格，网下不再进行累计投标。本次发行的战略配售、初步询价及网上、网下发行由保荐机构（主承销商）负责组织实施；初步询价及网下发行通过深交所网下发行电子平台实施；网上发行通过深交所交易系统（以下简称交易系统）实施。同时，由于本次发行的发行价格不超过重要参考值，本次发行不安排向其他外部投资者战略配售，依据本次发行价格，保荐机构相关子公司不参与战略配售。

3. 发行数量：本次拟公开发行股票为3931.34万股，本次发行后公司总股本为15725.34万股，发行股份占本次发行后公司股份总数的25%，全部为公开发行新股，公司股东不进行公开发售股份。其中，初始战略配售发行数量为196.567万股，占本次发行数量的5%，最终战略配售数量与初始战略配售数量的差额进行回拨。回拨机制启动前，网下初始发行数量为2614.373万股，占扣除初始战略配售数量后发行数量的70%，网上初始发行数量为1120.4万股，占扣除初始战略配售数量后发行数量的30%。网下、网上最终发行合计数量为本次发行总数量扣除最终战略配售数量，网上及网下最终发行数量根据回拨情况确定。最终，本次发行不向战略投资者定向配售。初始战略配售与最终战略配售的差额196.567万股回拨至网下发行。

4. 每股发行价格：发行人和保荐机构（主承销商）通过网下初步询价直接确定发行价格，网下不再进行累计投标询价，最终发行价格为10.33元。

5. 发行对象：（1）战略投资者：参加本次战略配售的投资者需与发行人签署相关配售协议，战略投资者不参加本次发行初步询价，并承诺接受发行人和保荐机构（主承销商）确定的发行价格。若确定的发行价格超过重要参考值，本次发行的保荐机构按照实施细则的相关规定参与本次发行的战略配售。同时，由于本次发行的价格不超过重要参考值，本次发行不安排向其他外部投资者战略配售，依据本次发行价格，保荐机构相关子公司不参与战略配售。（2）网下配售对象：在初步询价中被确认为有效报价的配售对象方能成为网下配售对象。自发行人首次公开发行并上市之日，网下发行获配的所有网下配售对象中10%的账户（向上取整计算）应当承诺获得本次配售的股票持有期限为6个月，自发行人首次公开发行并上市之日起开始计算，前述配售对象账户通过摇号抽签方式确定（以下简称网下配售摇号抽签）。未被抽中的网下投资者管理的配售对象账户获配的股票无流通限制及限售安排，自本次发行股票在深交所上市交易之日起即可流通。网下配售摇号抽签采用按获配对象配号的方法，按照网下投资者最终获配户数的数量进行配号，每一个获配对象获配一个编号。（3）网上发行对象：持有深交所股票账户卡并开通创业板投资账户的境内自然人、法人及其他机构（法律、法规禁止购买者除外）。根据投资者持有的市值确定其网上可申购额度，持有市值10000元以上（含10000元）的投资者才能参与新股申购，每5000元市值可申购一个申购单位，不足5000元的部分不计入申购额度。每一个申购单位为500股，申购数量应当为500股或其整数倍，但最高不得超过本次网上初始发行股数的千分之一。

6. 限售期安排：本次发行的股票中，网上发行的股票无流通限制及限售期安排，自本次公开发行的股票在深交所上市之日起即可流通。网下发行部分：所有网下配售对象中，10%的最终获配账户（向上取整计算）应当承诺获得本次配售的股票持有期限为自发行人首次公开发行并上市之日起6个月。

限售账户在网下投资者完成缴款后通过摇号抽签方式确定。网下限售账户摇号按配售对象为单位进行配号，每一个配售对象获配一个编号。网下投资者一旦报价即视为接受本次发行的网下限售期安排。战略配售部分：若确定的发行价格超过重要参考值，保荐机构相关子公司本次跟投获配股票的限售期为24个月，限售期自本次公开发行的股票在深交所上市之日起开始计算。

三、重要意义

万胜智能成功登陆创业板，能有效利用资本市场，协助公司研发新一代模组化互联网电能表、多表合一、智慧用电消防集成系统等产品，使公司能够有效参与到以物联网、大数据和人工智能为核心的产业革命中来，帮助企业实现从单一智能制造向"智能制造+集成服务"转变。

登陆资本市场也是公司发展过程中的新起点。其后，万胜智能将可以利用资本的力量继续紧抓国内智能用电计量仪表领域的长期发展机遇，积极响应国家电网倡导的"能源互联网"发展号召，持续提升公司产能、产品技术、研发实力、营销管理、生产规模以及供应链整合能力，提高整体竞争力和盈利水平，巩固公司在电能仪表计量行业的地位，不断提升核心竞争力，掀起新一轮发展高潮。

瑞联新材"东出"沪市科创板市场

刘晓春

2020年9月2日，西安瑞联新材料股份有限公司（以下简称瑞联新材）正式登陆上海证券交易所科创板。瑞联新材成为继西部超导、铂力特、三达膜之后陕西第四家科创板上市企业。本次发行的保荐机构（主承销商）与作为法律顾问的律师事务所充分协作，及时高效开展优质金融法律服务，成功助力瑞联新材"东出"科创板。

一、企业概况

瑞联新材成立于1999年，是一家专注于研发、生产和销售专用有机新材料的高新技术企业，在全球OLED材料和液晶材料产业链中占据重要地位，目前已是国内OLED前端材料领域的主要企业之一，其主要产品及业务包括OLED材料、单体液晶、创新药中间体，用于OLED终端材料、混合液晶、原料药的生产，产品的终端应用领域包括OLED显示、TFT-LCD显示和医药制剂。

作为国内极少数同时具备规模化研发生产OLED材料和液晶材料的企业，瑞联新材基于突出的核心技术实力，依托与下游产业的国际和国内领先企业建立的长期良好合作关系，目前正处于业务规模快速扩张时期，营业收入和净利润水平也是持续快速增长。2017年至2019年，瑞联新材的营业收入分别为7.19亿元、8.57亿元、9.90亿元，净利润分别为7800.87万元、9464.21万元、1.48亿元，且同期净利润率分别为10.85%、11.05%和14.99%。

瑞联新材在2019年全球OLED升华前材料和单体液晶市场的占有率分别约为14%和16%。

二、发行概况

本次公开发行募集的资金将投资于OLED及其他功能材料生产项目、高端液晶显示材料生产项目、科研检测中心项目、资源无害化处理项目和补充流动资金。

1. 股票种类：本次发行的股票为人民币普通股（A股），每股面值为1.00元。

2. 发行数量和发行结构：本次公开发行新股的数量为1755万股，占发行后公司总股本的25.01%，本次公开发行后公司总股本为70181579股。初始战略配售预计发行数量为877500股，占本次发行总数量的5%。战略投资者承诺的认购资金已于规定时间内汇至保荐机构（主承销商）指定的银行账户，回拨机制启动后，最终战略配售数量为527611股，占本次发行总数量的3.01%。网下最终发行数量为10318389股，占扣除实际战略配售数量后发行数量的60.62%；网上最终发行数量为6704000股，占扣除实际战略配售数量后发行数量的39.38%。

3. 发行价格：通过初步询价确定本次发行价格为113.72元/股。

4. 募集资金：若本次发行成功，预计发行人募集资金总额为199578.60万元，扣除发行费用15231.62万元（不含税），预计募集资金净额为184346.98万元。

5. 限售期安排：本次发行的股票中，网上发行的股票无流通限制及限售期安排，自本次公开发行的股票在上海证券交易所上市之日起即可流通。网下发行部分，公募产品、社保基金、养老金、企业年金基金、保险资金和合格境外机构投资者资金等配售对象中，10%的最终获配账户（向上取整计算）应当承诺获得本次配售的股票持有期限为自发行人首次公开发行并上市之日起6个月。网下限售期摇号将按配售对象为单位进行配号，每一个配售对象获配一个编号。单个投资者管理多个配售产品的，将分别为不同配售对象进行配号。网下投资者参与初步询价报价及网下申购时，一旦报价即视为接受本次发行的网下限售期安排。战略配售部分，股票限售期为24个月，限售期自本次公开发行的股票在上交所上市之日起开始计算。

6. 承销方式：余额包销。

三、重要意义

上市是企业发展的长远规划，也是必经阶段。客观上，本次上市为瑞联新材开辟了一个新的直接融资渠道，使之成为一家公众公司，对于提升其品牌价值有着较大的作用，同时也促进了公司的管理水平的提升。

上市对于瑞联新材而言，不仅是募集到一笔资金，而且还是企业全面发展、再登高峰的契机和动能。瑞联新材可以利用这次契机持续加大研发投入、建立完善的人才培养体系、提升管理水平等，进一步巩固其在显示材料领域领先的市场地位，最终成为国际领先的综合性有机新材料企业，"东出"世界。

华达新材如愿登陆上海证券交易所 主板市场

金凯德

2020年8月5日，浙江华达新型材料股份有限公司（以下简称华达新材或公司）在上海证券交易所（以下简称上交所）主板A股正式挂牌上市。

作为民营新材料生产企业的佼佼者，华达新材长年专注于新型材料研发生产领域，是该行业的国内龙头企业之一。公司2017年、2018年、2019年营业收入持续增长，分别为40.95亿元、52.51亿元、54.84亿元。2020年在新冠肺炎疫情影响下，公司仍然保持了强劲的发展态势，1—6月扣除非经常性损益后的净利润为9218万元，同比增长2.03%；1—6月扣除非经常性损益后净利润为9134万元，同比增长1.1%。主承销商及保荐人负责组织实施华达新材本次公开发行股票并在主板上市发行与承销相关事项。本次发行的保荐机构（主承销商）与作为法律顾问的律师事务所以自身质量过硬、高效及时的服务，帮助华达新材成功登陆上交所主板。

一、企业概况

华达新材创建于2003年，是浙江华达集团控股子公司。作为杭州地区新材料生产企业的先行者、探索者之一，华达新材持续重视科技对企业生产力提升、市场竞争力增强的重要作用，在杭州富阳大源工业功能区设立产业基地，主要生产、研发、销售0.2~1.2mm规格的二次超细结晶冷轧钢板、高强耐腐蚀热镀（铝）锌钢板、彩钢板和覆膜彩印板等物品。

公司主营业务范围涵盖工业氯化亚铁、镀锌钢带、精密冷硬薄板、热镀锌（铝镁）板、冷轧钢板、彩涂板等的批发、零售及出口。经过十余年的深入研究及市场积淀，公司现已成为产业链配置合理、产品型号齐备、供销渠道广阔、具有良好业内口碑和商业声誉的新兴企业。截至2020年，公司彩涂板出口量蝉联全国第一。

二、发行概况

此次华达新材公开发行的股票数量为9840万股，占发行后总股本的25.01%；募集资金为8.41亿元，所募资金将用于扩建高性能金属装饰板、高性能金属装饰板基板（含热镀锌工艺）生产线项目、扩建研发中心项目及偿还银行贷款。

1. 股票种类：本次发行的股票为境内主板上市人民币普通股，每股面值为1.00元。

2. 发行方式：本次发行采用网下向符合条件的投资者询价配售（以下简称网下发行）和网上向持有上海市场非限售A股股份和非限售存托凭证市值的社会公众投资者定价发行（以下简称网上发行）相结合的方式进行。发行人和保荐机构（主承销商）通过网下初步询价直接确定发行价格，网下不再进行累计投标。本次发行的战略配售、初步询价及网上、网下发行由保荐机构（主承销商）负责组织实施；初步询价及网下发行通过深圳证券交易所（以下简称深交所）网下发行电子平台实施；网上发行通过深交所交易系统（以下简称交易系统）实施。

3. 发行数量：本次拟公开发行股票为9840万股，本次发行后公司总股本为39340万股，发行股份占本次发行后公司股份总数的比例为25.01%，全部为公开发行新股，公司股东不进行公开发售股份。回拨机制启动前，网下初始发行数量为5904万股，占本次发行总量的60%；网上初始发行数量为3936万股，占本次发行总量的40%。回拨机制启动后，网下最终发行数量为984万股，占本次发行数量的10%；网上最终发行数量为8856万股，占本次发行数量的90%。

4. 每股发行价格：发行人和保荐机构（主承销商）通过网下初步询价直接确定发行价格，网下不再进行累计投标询价，最终发行价格为8.55元。

5. 发行市盈率：20.66倍（每股发行价格除以发行后每股收益，发行后每股收益按照2019年度经审计的扣除非经常性损益前后孰低的归属于母公司所有者的净利润除以本次发行后总股本计算）。

6. 发行前每股净资产：3.19元（2019年12月31日经审计的归属于母公司所有者的净资产除以本次发行前的总股本）。

7. 发行后每股净资产：4.30元（2019年12月31日经审计的归属于母公司所有者的净资产加上本次募集资金净额之和除以本次发行后的总股本）。

8. 发行市净率：1.99倍（每股发行价格除以发行后每股净资产）。

9. 发行对象：符合资格的询价对象和在中国证券登记结算有限责任公司上海分公司开设A股股东账户的中国境内自然人、法人及其他投资者（中国法律、法规、规则和政策禁止者除外）。

10. 承销方式：余额包销。

三、重要意义

华达新材成功登陆主板，有利于充分借力资本市场，持续升级公司规模化生产能力，提高创新研发水平，练好产品技术"内功"，打通产业链关键核心环节，使公司市场竞争力更上一层楼，助力华达新材从国内龙头企业进一步迈向广阔的国际市场，争取成为具有国际领先地位的新材料生产经营商。

登陆主板资本市场，以上市公司的高标准、严要求规范华达新材的日常经营运作，也是公司发展过程中新的里程碑。通过学习借鉴上市公司规范化、程序化的内部治理制度，华达新材将进一步增强运营效率、提高运营水平，不断提升软实力，巩固已有成果，开拓行业蓝海。

大连首家企业成功问鼎上海证券交易所科创板市场

金凯德

2020年11月9日，大连豪森设备制造股份有限公司（以下简称豪森股份或公司）公开发行股票并在上海证券交易所（以下简称上交所）科创板上市交易，成为大连市首家科创板上市企业。本次发行的保荐机构（主承销商）与作为法律顾问的律师事务所紧密协作，全程投入保障，助力大连首家企业成功问鼎上交所科创板市场。

2017年、2018年、2019年，豪森股份营业收入分别为6.55亿元、8.17亿元、10.5亿元，2020年上半年营业收入为5.19亿元。豪森股份本次公开发行股票3200万股，发行价格为20.20元/股，发行后总股本为12800万股。新股募集资金总额为64640万元，将用于新能源汽车用智能装备生产线建设项目、新能源汽车智能装备专项技术研发中心建设项目及偿还银行贷款项目。

一、企业概况

公司于2002年9月设立，注册资本为9600万元，是一家智能生产线和智能装备集成供应商，主要从事智能生产线的规划、研发、设计、装配、调试集成、销售、服务和交钥匙工程等。公司的主要客户包括上汽通用、特斯拉、采埃孚、北京奔驰、上汽集团、一汽大众和盛瑞传动等国内外知名品牌企业。

豪森股份深耕于汽车智能生产线领域多年，在汽车发动机智能装配线和变速箱智能装配线等动力总成领域居于国内领先地位，并在服务传统燃油汽车的基础上逐步开拓新能源汽车领域的市场，在混合动力变速箱智能装配线、动力锂电池智能生产线、氢燃料电池智能生产线及新能源汽车驱动电机智能生产线等细分领域取得重大突破。

二、发行概况

1. 股票种类：人民币普通股（A股）。

2. 每股面值：1.00元。

3. 发行股数：3200万股。

4. 占发行后总股本的比例：25%。

5. 每股发行价格：20.20元。

6. 保荐人相关子公司拟参与战略配售情况：安排保荐机构依法设立的相关子公司参与本次发行战略配售，跟投比例为本次公开发行数量的5%，即160万股。保荐人相关子公司本次跟投获配股票的限售期为24个月，限售期自本次公开发行的股票在上交所上市之日起开始计算。

7. 发行市盈率：75.80倍（每股收益按照2019年经审计的扣除非经常性损益前后孰低的归属于母公司股东的净利润除以本次发行后总股本计算）。

8. 发行后每股收益：0.27元（按2019年经审计的扣除非经常性损益前后孰低的归属于母公司股东净利润除以本次发行后总股本计算）。

9. 发行前每股净资产：4.25元（按截至2020年6月30日经审计的归属于母公司所有者权益除以本次发行前总股本计算）。

10. 发行后每股净资产：7.80元（按截至2020年6月30日经审计的归属于母公司所有者权益加上本次发行募集资金净额之和除以本次发行后总股本计算）。

11. 发行市净率：2.59倍（按照发行价格除以发行后每股净资产计算）。

12. 发行方式：本次发行采用向战略投资者定向配售、网下向符合条件的投资者询价配售和网上向持有上海市场非限售A股股份和非限售存托凭证市值的社会公众投资者定价发行相结合的方式进行。

13. 发行对象：符合资格的战略投资者、询价对象以及已开立上海证券交易所股票账户并开通科创板交易的境内自然人、法人等科创板市场投资者，但法律、法规及上交所业务规则等禁止参与者除外。

14.承销方式：余额包销。

三、重要意义

从全球范围来看，美国、德国和日本的智能装备制造业走在世界的前端，而我国的装备制造业是中华人民共和国成立后才开始起步的，改革开放后工业体系和相关产业链逐渐完善，制造业水平从低端慢慢向中高端拓展，目前我国已成为产业类别最全、制造业结构体系最完整的国家之一。

国内的汽车智能制造装备进口替代成为国内市场的发展趋势，也是国内智能装备制造业不断升级的重要驱动力。对于发动机、变速箱等汽车核心部件的智能制造装备，豪森股份技术处于国际一流水平，可实现产品全覆盖，是国内少有的可以和国际厂商在高端市场进行竞争的企业。

随着竞争力不断增强，豪森股份逐渐形成进口替代的趋势，并在服务传统燃油汽车的基础上，逐步开拓新能源汽车领域的市场。公司充分利用资本市场带来的资金优势，围绕主营业务进行投资运营，以政策为指导、市场发展方向为依据，继续围绕主营产品做大已有业务，并进一步扩大高端市场的占有率，同时将重点发展新能源汽车装备领域，扩大在新能源汽车领域的市场份额，利用新能源风口，实现对于传统燃油领域的"弯道超车"。

豪森股份作为大连市首家科创板上市企业，不仅是大连市着力发展新兴产业、培育创新体系、调整经济结构、促进转型发展的重要成果，也对大连市科技创新型企业起到引领和示范作用，必将带动更多科创企业借助资本市场做优做强，最终实现大连制造业转型、产业升级的宏伟目标。

"新材料ePTFE膜行业冠军"
成功登陆科创板市场

金凯德

2020年10月16日，江苏泛亚微透科技股份有限公司（以下简称泛亚微透或公司）在上海证券交易所（以下简称上交所）科创板上市，泛亚微透本次发行股票为1750万股，发行价格为16.28元/股，市盈率达26.08倍，募集资金达2.849亿元。本次发行的保荐机构（主承销商）与作为法律顾问的律师事务所高效合作，配合紧密，服务及时，为泛亚微透科创板上市保驾护航。

一、企业概况

泛亚微透成立于1995年，主要从事膨体聚四氟乙烯膜（ePTFE）等微观多孔材料及其改性衍生产品、密封件、挡水膜的研发、生产及销售，是一家拥有自主研发及创新能力的新材料供应商和解决方案提供商。并在自制专用生产设备的过程中积累了深厚的机械自动化设计与集成能力。通过对ePTFE膜等材料的改性及复合，公司可以为客户定制化地开发具有特殊物理、化学特性的组件产品。目前公司的主要产品包括ePTFE微透产品、密封件、挡水膜、吸隔声产品、气体管理产品、机械设备及CMD七大类。

泛亚微透从成立之初主要从事标签、贴纸等简单材料复合业务到成为新材料微透膜领域隐形冠军，走出了一条创新驱动、资本赋能的转型升级、裂变发展道路。2012—2015年，公司陆续引入常州赛富、南方轴承等一批投资者，创新资本的加入推动泛亚微透不断在ePTFE膜及其组件的多个应用领域拓展，从传统制造业企业向科技研发型、创新驱动型企业转型，成功进入华域视觉、法雷奥、马瑞利、海拉车灯等多家行业领军企业的供应商体系，打破行业垄断，实现进口替代，不断攻克新技术新难题，向消费电子、包装及新能源动力电池、航空航天等应用领域持续拓展。

二、发行概况

1. 股票种类：人民币普通股（A股）。

2. 每股面值：1.00元。

3. 发行股数：1750万股。

4. 每股发行价格：16.28元（由发行人与主承销商通过询价确定）。

5. 发行人高管、员工拟参与战略配售情况：公司高级管理人员及核心员工通过专项资管计划参与本次发行战略配售。东证期货泛亚微透高核员工战略配售集合资产管理计划参与本次发行战略配售的获配股票数量为175万股，占发行总量的10%。东证期货泛亚微透高核员工战略配售集合资产管理计划承诺获得本次配售的股票限售期限为自发行人首次公开发行并上市之日起12个月。

6. 保荐人相关子公司拟参与战略配售情况：保荐机构之母公司安排相关子公司参与本次发行战略配售，保荐人相关子公司参与本次发行战略配售的获配股票数量为87.50万股，占发行总量的5%。保荐人相关子公司本次跟投获配股票的限售期为24个月，限售期自本次公开发行的股票在上交所上市之日起开始计算。

7. 发行市盈率：26.08倍（发行价格除以发行后每股收益，每股收益按照2019年经审计的扣除非经常性损益前后孰低的归属于母公司股东的净利润除以本次发行后总股本计算）。

8. 发行前每股收益：0.83元（按照2019年经审计的扣除非经常性损益前后孰低的归属于母公司股东的净利润除以本次发行前总股本计算）。

9. 发行后每股收益：0.62元（按照2019年经审计的扣除非经常性损益前后孰低的归属于母公司股东的净利润除以本次发行后总股本计算）。

10. 发行前每股净资产：5.37元（按照2019年12月31日经审计的归属于母公司所有者权益除以本次发行前总股本计算）。

11. 发行后每股净资产：7.42元（按照2019年12月31日经审计的归属于母

公司所有者权益加上本次发行筹资净额之和除以本次发行后总股本计算）。

12. 发行市净率：2.19倍（按照发行价格除以发行后每股净资产计算）。

13. 本次发行采用向战略投资者定向配售、网下向符合条件的投资者询价配售和网上向持有上海市场非限售A股股份和非限售存托凭证市值的社会公众投资者定价发行相结合的方式进行。

14. 发行对象：符合资格的战略投资者、网下投资者和上交所开户的境内自然人、法人等投资者（中国法律、法规、规章及规范性文件禁止者除外）或中国证监会规定的其他对象。

15. 承销方式：余额包销。

16. 募集资金投资项目分别为消费电子用高耐水压透声ePTFE改性膜项目、SiO2气凝胶与ePTFE膜复合材料项目、工程技术研发中心建设项目及补充流动资金。

三、重要意义

上市是企业发展的新起点，将为企业技术创新、转型升级等带来强有力的资本助力。而科创板的设立有着明确的战略定位，即符合国家战略、拥有关键核心技术、科技创新能力突出、主要依靠核心技术开展生产经营、具有稳定的商业模式、市场认可度高、社会形象良好、具有较强成长性的企业。

泛亚微透此次登陆科创板，无疑向市场潜在客户、消费者展示了更为良好的企业形象，有利于更有效地开拓市场。而上市带来的强大品牌效应，可以促进泛亚微透提高行业内的企业知名度。下一步，公司可在资源整合的基础上，对标全球行业龙头企业，进一步加大研发投入、加快市场拓展、提升产品品质，努力成为世界级的材料供应商，实现裂变发展。

"乳酸菌饮料第一股"成功登陆
上海证券交易所主板市场

金凯德

2020年8月18日，湖北均瑶大健康饮品股份有限公司（以下简称均瑶健康或公司）正式挂牌上海证券交易所（以下简称上交所），成为国内乳酸菌饮料第一股，均瑶健康成为夷陵区首家上市企业，也是湖北省疫后首家上市企业，这也是温商企业均瑶集团旗下的第四家上市公司。

2017年至2019年，公司乳酸菌饮品销售收入分别达11.34亿元、12.57亿元和11.88亿元，占全部主营业务收入的99.02%、97.71%和95.37%。相关数据显示，2019年中国大陆常温乳酸菌饮品市场按零售额统计，均瑶健康产品的市场占有率约为15.1%。本次发行的保荐机构（主承销商）与作为法律顾问的律师事务所通力合作，全程保障，为"乳酸菌饮料第一股"成功登陆上交所主板市场提供优质服务。

一、企业概况

均瑶健康前身为1998年成立的均瑶集团乳品有限公司，隶属于均瑶集团，该集团在20世纪90年代就进入了乳制品及乳饮料行业，并逐渐成为行业知名品牌。2004年，公司砍掉了纯牛奶业务，并在2011年进入常温乳酸菌饮品市场。当前，均瑶健康主营常温乳酸菌饮品的研发、生产和销售，并陆续推出了其他健康饮品，现已形成了完备的开发生产巴氏杀菌乳、灭菌乳、酸牛奶、乳酸菌饮料、调味乳饮料的研发水平，先后开发出利乐包、塑瓶奶、AD钙奶、屋顶包、塑杯酸奶和贝贝牛等8大系列40多个品种和规格。

近年来，均瑶健康对旗下"味动力"品牌投入了大量研发资金，不断对产品更新换代。同时，公司积极布局细分市场，"小黄人"品牌生产销售好吃好玩的儿童产品，"体轻松"品牌生产销售草本植物饮品，最终形成了以"味动力"为主体，"小黄人""体轻松"为两翼的产业布局。

二、发行概况

1. 股票种类：本次发行的股票为境内上市人民币普通股（A股），每股面值为1.00元。

2. 承销方式：联合保荐机构（联席主承销商）余额包销。

3. 上市地点：上海证券交易所。

4. 发行规模和发行结构：发行人和联合保荐机构（联席主承销商）协商确定本次A股发行数量为7000万股。本次发行全部为新股，不进行老股转让。回拨机制启动前，网下发行数量为4900万股，占本次发行数量的70%；网上发行数量为2100万股，占本次发行数量的30%。

5. 发行方式与时间：本次网下发行由联合保荐机构（联席主承销商）负责组织实施，配售对象通过网下申购平台进行申购；网上发行通过上交所交易系统实施，投资者以发行价格13.43元/股认购。

6. 发行新股募集资金额：根据13.43元/股的发行价格和7000万股的新股发行数量计算，预计募集资金总额为94010万元，扣除发行费用5653.99万元（不含增值税）后，预计募集资金净额为88356.01万元。

7. 锁定期安排：本次网上、网下发行的股票无流通限制及锁定安排。

8. 募投项目与用途：本次公开发行募集资金扣除发行费用后，将全部用于与发行人主营业务相关的三个项目，包括均瑶大健康饮品湖北宜昌产业基地新建年产常温发酵乳饮料10万吨及科创中心项目、均瑶大健康饮品浙江衢州产业基地扩建年产常温发酵乳饮料10万吨项目及均瑶大健康饮品品牌升级建设项目。本次募集资金投资项目总投资额为119927.54万元，本次募集资金扣除发行费用后将全部投入募集资金投资项目，本次募集资金投资项目总投资额和实际募集资金投入金额的缺口部分，发行人将通过自有资金或自筹资金予以解决。本次公开发行募集资金到位前，若发行人根据募集资金投资项目实际建设进度利用自有资金或自筹资金进行先期投入，募集资金到位后将按相关规定置换已先行投入的款项。

三、重要意义

目前，从消费趋势来看，常温乳酸菌饮品已进入发展的黄金时期，市场竞争的重点已从"量"的增加向"质"的提升转移。在经过扩容式增长、挤压式增长之后，品类竞争开始进入"深水期"，这对所有常温乳酸菌饮料品牌都提出了新的挑战。本次发行募集资金投资项目将提升均瑶健康的研发实力，完善其信息化建设及供应链管理能力，丰富"均瑶系"产品结构及产品种类，进一步提升公司的综合实力、核心竞争力及盈利能力，驱动公司长远发展。

本次发行上市是均瑶健康发展进程中极具战略意义的一步，也给均瑶健康提供了一次发展的宝贵机遇。均瑶健康可利用资本市场提供的资金优势，扩大业务布局，为市场提供更加丰富的产品，扩大销售渠道，从而优化公司的整体战略布局，提升公司的盈利能力，更大限度地实现企业与市场的共赢。

"汽车修补漆第一股"登陆科创板市场

金凯德

东来涂料技术（上海）股份有限公司（以下简称东来技术、发行人或公司）于2020年10月23日在上海证券交易所（以下简称上交所）科创板上市。东来技术发行3000万股，发行价为15.22元，募资总额为4.57亿元。本次发行的保荐机构（主承销商）与作为法律顾问的律师事务所全程保障，开展全方位、全阶段的金融法律服务，为"汽车修补漆第一股"成功登陆上交所科创板市场提供优质服务。

东来技术拟募集资金4.31亿元，分别用于彩云智能颜色系统建设项目、万吨水性环保汽车涂料及高性能色漆（一期扩建及技改）项目及补充流动资金项目。万吨水性环保汽车涂料项目建成后，将大幅度提高公司的水性汽车涂料产品的产量，完善公司水性汽车涂料产品覆盖面，提升公司水性涂料产品在市场中与其他外资品牌的竞争力。

一、企业概况

东来技术成立于1999年，主营业务为提供基于先进石化化工新材料研发的高性能涂料产品，包括汽车售后修补涂料、新车内外饰件及车身涂料、3C消费电子领域涂料，其中汽车修补漆产销量位居全国行业前列。

东来技术下属onwings/onwaves、高飞等品牌获得了全球大多数主流汽车品牌原厂认证或汽车主机厂供应商准入资格。在高分子材料研发、涂料配方持续优化、产品制造工艺积累、颜色调配数字化四个方面，公司具有完整的自主知识产权。汽车主机厂售后修补涂料统采合作的一级供应商身份，是行业中等级程度最高的合作形式。公司是一汽大众、一汽奥迪、东风日产、长安福特、上汽通用、沃尔沃、长安汽车、吉利汽车、一汽轿车、宇通客车、蔚来汽车等汽车品牌的一级供应商。

最新招股书显示，东来技术2017年至2019年营业收入分别为4.37亿元、4.58亿元、4.68亿元，归母净利润分别为7363.93万元、7813.67万元、8198.72万元，毛利率分别为48.26%、46.44%、45.76%。2017年、2018年东来技术营业收入年增长率分别为4.92%、2.08%，净利润年增长率分别为6.11%、4.93%。

二、发行概况

1. 股票种类：人民币普通股（A股）。

2. 每股面值：1.00元。

3. 发行股数：公司首次公开发行股票数量不超过3000万股，占发行后总股本的比例不低于25%。本次发行股份均为新股，不进行老股转让。

4. 每股发行价格：15.22元/股（由发行人与主承销商通过询价确定）。

5. 保荐机构相关子公司拟参与战略配售情况：保荐机构的母公司安排相关子公司参与本次发行战略配售，保荐机构相关子公司依据《上海证券交易所科创板股票发行与承销业务指引》第十八条的规定确定本次跟投的股份数量和金额，跟投比例为本次公开发行数量的5%，即1500000股。保荐机构相关子公司本次跟投获配股票的限售期为24个月，限售期自本次公开发行的股票在上交所上市之日起开始计算。

6. 市盈率：24.71倍（每股收益按照2019年经审计的扣除非经常性损益前后孰低的净利润除以本次发行后总股本计算）。

7. 发行前每股净资产：3.36元（按经审计的截至2019年12月31日归属于母公司股东的净资产除以本次发行前总股本计算）。

8. 发行后每股净资产：5.91元（按照2019年12月31日经审计的净资产加上本次发行筹资净额之和除以本次发行后总股本计算）。

9. 市净率：2.57倍（按照发行价格除以发行后每股净资产计算）。

10. 发行方式：本次发行采用向战略投资者定向配售、网下向符合条件的投资者询价配售和网上向持有上海市场非限售A股股份和非限售存托凭证市值的社会公众投资者定价发行相结合的方式进行。

11. 发行对象：符合资格的战略投资者、网下投资者和上交所开户的境内自然人、法人等投资者（中国法律、法规、规章及规范性文件禁止者除外）或中国证监会规定的其他对象。

12. 承销方式：余额包销。

三、重要意义

以本次发行上市为契机，东来技术可在开发更多新增客户、原有客户增加产品从而共同增加市场份额的基础上，加强服务体系能力，打造差异化良好的市场口碑，巩固中高端品牌优势。

本次发行后，东来技术可利用资本市场提供的诸多资源，通过募集资金投资项目的顺利实施，巩固和增强公司国内汽车售后修补涂料领导品牌的市场地位。同时，依托中国汽车行业的巨大市场需求，公司可在生产柔性化、调色智能化、人力共享化等领域加大研发创新，促使自身持续、健康、快速发展，将汽车售后修补涂料行业打造为具有现代技术服务属性的先进制造业。发行人可充分发挥自有核心技术优势，以持续的科技创新投入为基础，加强技术研发和信息化互联网改造投入，提升中国本土企业服务本地客户优势的同时，以全球视野整合世界资源加速业务发展，成为全球汽车涂料行业中国力量的代表。

"国产大硅片龙头"成功登陆科创板市场

姜诚君

2020年4月20日，上海硅产业集团股份有限公司（以下简称沪硅产业）成功登陆上海证券交易所（以下简称上交所）科创板，发行价格为3.89元/股，发行规模为24.12亿元。本次公开发行6.20亿股新股，发行价格为3.89元/股，其中4.50亿股为无流通限制股票，战略投资者在首次公开发行中获得配售的股票数量为1.42亿股。在本次公开发行后，沪硅产业的总股本为24.80亿股。值得一提的是，沪硅产业上市首日股价涨幅超180%，总市值为271亿元。本次发行的保荐机构（主承销商）与作为法律顾问的律师事务所紧密协作，充分配合，为沪硅产业科创板上市保驾护航。

一、企业概况

沪硅产业成立于2015年12月，注册资本为18.6亿元，主要从事半导体硅片的研发、生产和销售，是中国大陆规模最大的半导体硅片企业之一，是中国大陆率先实现300mm半导体硅片规模化销售的企业。沪硅产业及其子公司承担了半导体硅材料国产化先锋的角色。位于上海嘉定的新傲科技实现了国产SOI硅片"零"的突破，解决了我国SOI硅片"有无"的问题，获得国家科技进步一等奖。位于上海临港的新昇半导体实现了300mm大硅片产业化"零"的突破，这是我国半导体硅材料领域又一个巨大的跨越。

公司主要产品为300mm及以下的半导体硅片，根据公开信息披露，沪硅产业目前掌握了直拉单晶生长、磁场直拉单晶生长、热场模拟和设计、大直径硅锭线切割、高精度滚圆、高效低应力线切割、化学腐蚀、双面研磨、边缘研磨、双面抛光、单面抛光、边缘抛光、硅片清洗、外延、SIMOX、Bonding、Simbond、SmartCutTM等300mm及以下半导体硅片制造的关键技术，目前已成为多家主流集成电路制造企业的供应商，客户包括中芯国际、华虹宏力、华力微电子、长江存储、华润微电子、台积电、格罗方德、ST意法半导体等知名企业。

2016—2019年，沪硅产业主营业务收入占比均保持在100%左右，主营业务收入依次为2.7亿元、6.93亿元、10.09亿元、13.11亿元，200mm硅片营业收入占比依次为100%、99.86%、99.84%、87.86%。

二、发行概况

1. 股票种类：人民币普通股（A股）。

2. 股票面值：1.00元。

3. 发行股数：本次公开发行股票的数量为62006.82万股，占公司发行后总股本的比例为25%，本次发行不涉及股东公开发售股份。

4. 每股发行价：3.89元/股，通过向询价对象询价确定发行价格。

5. 发行人高管、员工参与战略配售情况：发行人高管、核心员工专项资产管理计划参与战略配售的数量为8226221股，占首次公开发行股票数量的1.33%，参与战略配售金额合计为3200万元（不包括新股经纪配售佣金和相关税费），资产管理计划获配股票的限售期为12个月，限售期自本次公开发行的股票在上交所上市之日起开始计算。

6. 保荐人相关子公司参与战略配售情况：保荐机构安排本保荐机构依法设立的相关子公司参与本次发行战略配售，保荐人相关子公司依据《上海证券交易所科创板股票发行与承销业务指引》第十八条的规定确定本次跟投的股份数量和金额，跟投数量为18602046股，跟投金额为7236.20万元。保荐人相关子公司本次跟投获配股票的限售期为24个月，限售期自本次公开发行的股票在上交所上市之日起开始计算。

7. 发行前每股净资产：2.69元/股（按2019年9月30日经审计的归属于母公司股东权益除以本次发行前的总股本计算）。

8. 发行后每股净资产：2.94元/股（按2019年9月30日经审计后的归属

于母公司股东权益加上本次发行募集资金净额之和除以本次发行后总股本计算）。

9. 发行前市净率：1.45倍（按每股发行价格除以发行前每股净资产计算）。

10. 1.32倍（按每股发行价格除以发行后每股净资产计算）。

11. 发行方式：采用向战略投资者定向配售、网下向符合条件的投资者询价配售和网上向持有上海市场非限售A股股份和非限售存托凭证市值的社会公众投资者定价发行相结合的方式进行。

12. 发行对象：符合资格的战略投资者、询价对象以及已开立上交所股票账户并开通科创板交易的境内自然人、法人等科创板市场投资者，但法律、法规及上交所业务规则等禁止参与者除外。

13. 承销方式：余额包销。

三、重要意义

集成电路产业是国家重点布局发展的战略性产业之一。半导体硅片是集成电路制造最重要的材料，是集成电路大厦的基础。而目前国际前五大半导体硅片企业处于供应垄断地位，占据90%以上的市场份额。我国半导体硅片，尤其是300mm大硅片长期依赖进口，使我国庞大的集成电路产业主体如同建在"沙滩"上，根基薄弱。但是近年来，随着中国半导体制造产业的兴起及国产替代的趋势，国产硅片厂商也迎来了高速发展期。

沪硅产业是中国大陆率先实现300mm硅片规模化销售的企业，也是中国大陆最大的半导体硅片企业之一，已成为中国少数具有一定国际竞争力的半导体硅片企业，产品得到了众多国内外客户的认可。沪硅产业登陆资本市场，对于国内硅片产业具有重要意义。当前，我国半导体硅片的供应高度依赖进口，国产化进程严重滞后。沪硅产业打破了我国300mm半导体硅片国产化率几乎为零的局面，推进了我国半导体关键材料生产技术"自主可控"的进程。

下一步，沪硅产业可在保持现有半导体硅片业务稳步发展的基础上，顺应"科创时代"的大趋势与"大风口"，紧抓我国半导体行业的发展机遇，紧密跟踪全球半导体行业的前沿技术，在整合相关资源的基础上，提高产品品质与核心技术，保持自身始终处于国内行业领先地位。同时，借助资本市场的力量，通过投资、并购和国际合作等外延式发展提升综合竞争力，力争在全球先进的半导体硅片企业中占有一席之地。

"割草机龙头"登陆深圳证券交易所创业板市场

金凯德

2020年9月1日，宁波大叶园林设备股份有限公司（以下简称大叶股份或公司）在深圳证券交易所（以下简称深交所）创业板成功上市，成为宁波辖区第89家A股上市公司。本次发行的保荐机构（主承销商）与作为法律顾问的律师事务所密切合作，为大叶股份创业板上市保驾护航。

一、企业概况

大叶股份成立于2006年，是国内园林机械行业领先企业、割草机龙头企业。公司产品主要应用于园林绿化的修剪、树叶清理、道路除雪等，按用途可分为割草机、打草机/割灌机、其他动力机械及配件等。公司共有19个产品种类近600种规格型号的园林机械，产品体系完整。

我国园林机械企业可大致分为三类：第一类是国际知名园林机械企业在中国的独/合资企业，该类企业资金和研发实力雄厚，主要以自有高端品牌产品向海外出口；第二类是部分合资企业和实力较强的内资企业，产品定位于中高端市场，通过 ODM/OEM 方式向国际知名园林机械品牌和大型连锁超市供货，主要出口至欧美等发达国家和地区，部分优势企业逐步开拓 OBM 业务；第三类主要为规模较小、技术含量较低的中小民营企业，产品主要面向中低端市场。大叶股份属于第二类企业。

我国割草机产品的出口金额稳步增长，2017年、2018年和2019年分别为74.10亿元、77.65亿元和94.49亿元，发行人割草机产品出口金额分别为5.92亿元、5.98亿元和7.66亿元，占比约为7.99%、7.70%和8.11%。2018年，中国园林机械出口金额为24.20亿美元，公司出口金额为7.42亿元，占比约为4.46%，而且在2017年、2018年和2019年，公司割草机产品出口金额在国内园林机械企业中排名第一位。公司目前已在欧洲、北美设立子公司，计划逐步推广"MOWOX"等自主品牌，未来有望向OBM转型，公司募投项目建成后将新增90万台园林机械产品产能，带动公司生产及竞争能力进一步提升。公司已经成为国际园林机械行业中具有较高知名度的ODM生产商，在生产技术、产品品质、制造规模等方面具有较高的市场地位，产品销往德国、法国、波兰、美国、英国、俄罗斯、澳大利亚、荷兰、比利时、捷克、丹麦、加拿大、意大利、西班牙、瑞典等全球50多个国家和地区，主要客户包括富世华集团、沃尔玛、翠丰集团、牧田、安达屋集团、HECHT、百力通等，公司以ODM的方式从事开发设计、生产制造，向上述客户供货。

二、发行概况

大叶股份本次公开发行股票4000万股，其中公开发行新股4000万股，发行价格为10.58元/股，新股募集资金为4.23亿元，发行后总股本为16000万股。2017—2019年营业收入分别为7.47亿元、7.82亿元、9.88亿元，复合增长率为15.02%，归母净利润分别为5395万元、6251万元和8148万元，复合增长率为22.88%。2019年，公司实现营业收入9.88亿元，净利润为8148.25万元。

本次募集资金投资项目为新增90万台园林机械产品生产项目。新增90万台园林机械产品生产项目拟利用募集资金投入46000万元，本项目建成达产后将形成年产园林机械产品90万台的生产能力，其中割草机66万台、打草机/割灌机11万台、其他动力机械13万台。募投项目的实施将大幅提升公司主要产品产能，使公司利用市场空间广阔的机遇，拓展业务范围，增强盈利能力。

1. 股票种类：本次发行的股票为境内上市人民币普通股（A股），每股面值1.00元。

2. 发行数量和发行结构：发行人和保荐机构（主承销商）协商确定本次发行新股数量为4000万股，发行股份占本次发行后公司股份总数的比例为25%，全部为公开发行新股，公司股东不进行公开发售股份。本次公开发行后总股本为16000万股。本次发行的初始战略配售（本次发行不安排向其他外部投资者战略配售，如本次发行价格超过剔除最高报价后网下投资者报价的中位数和加权平均数以及剔除最高报价后公募基金、社保基金、养老金、企业年金基金和保险资金报价中位数、加权平均数孰低值，保荐机构相关子公司将按照相关规定参与本次发行的战略配售）发行数量为200万股，占本次发行数量的5%。依据本次发行价格，最终本次发行不安排战略配售。初始战略配售与最终战略配售的差额200万股回拨至网下发行。网上网下回拨机制启动前，战略配售回拨后网下初始发行数量为2860万股，占本次发行数量的71.50%；网上初始发行数量为1140万股，占本次发行数量的28.50%。

3. 发行价格：发行人和保荐机构（主承销商）根据初步询价结果，综合考虑发行人基本面、市场情况、同行业上市公司估值水平、募集资金需求及承销风险等因素，协商确定本次发行价格为10.58元/股。

4. 募集资金：发行人募集资金总额为42320万元，扣除发行费用5793.82万元（不含增值税）后，募集资金净额约为36526.18万元。

5. 拟上市地点：深交所创业板。

6. 限售期安排：本次发行的股票中，网上发行的股票无流通限制及限售期安排，自本次公开发行的股票在深交所上市之日起即可流通。网下发行部分采用比例限售方式，网下投资者应当承诺其获配股票数量的10%（向上取整计算）限售期限为自发行人首次公开发行并上市之日起6个月。即每个配售对象获配的股票中，90%的股份无限售期，自本次发行股票在深交所上市交易之日起即可流通；10%的股份限售期为6个月，限售期自本次发行股票在深交所上市交易之日起开始计算。

三、重要意义

经过多年发展，大叶股份在园林机械业积累了较大的自主研发核心技术优势。优秀的技术研发能力为公司带来了较为完善的产品系列，良好的市场口碑和优秀的产品质量是持续发展的有力保障。

本次上市无疑为大叶股份下一步的发展奠定了坚实的基础。据大叶股份相关高级管理人员披露，上市后，大叶股份首先会加大产学研合作，瞄准锂电化、智能化和大型商用级三大产品发展方向，努力把企业打造成为强大的创新主体；其次，会加强与世界知名园林机械制造企业的深度合作，借他人之长补己之短；最后，在现有负责制定或参加起草国家标准5项、行业标准10项和浙江团体标准1项的基础上，将继续积极参与国家标准甚至国际标准的制定。

百舸争流强者胜，相关行业数据显示，大叶股份割草机出口量连续三年国内排名第一。优秀的企业要敢于面对风险挑战，更要勇于战胜风险挑战，做创新发展的探索者、引领者。本次上市，使大叶股份离"领跑全球"的梦想更近一步。

东方证券海外子公司成功发行美元私募债拓宽海外融资渠道

王如富

一、背景概述

东方证券股份有限公司（以下简称东方证券或公司）是1998年经中国证券监督管理委员会批准设立的总部位于上海的综合性专业证券公司，提供证券、期货、资产管理、理财、投行、投资咨询及证券研究等金融服务。2010年东方证券在香港设立全资子公司东方金融控股（香港）有限公司（以下简称东方金控或担保人），东方金控注册资本为22亿港元，是统筹协调集团公司国际业务的平台，采用"管理平台+业务平台+专业子公司"的架构进行管理，于2016年下设东证国际金融集团有限公司（以下简称东证国际），同时东方金控下设东证科技（深圳）有限公司和多家SPV（Special Purpose Vehicle）公司。

2020年10月13日，在上海和香港两个证券交易所挂牌上市的东方证券境外全资子公司东方金控通过其全资子公司Orient HongSheng Limited（以下简称Orient HongSheng或发行人或被担保人）非公开发行1.60亿元美元债。东方金控作为担保人为其提供全额本息担保。

二、案例分析

（一）本次发行概况及母公司的批准授权与担保

2020年3月27日，东方证券第四届董事会第十八次会议审议通过了《关于预计公司2020年度对外担保的议案》，并提交公司于2020年5月15日召开的2019年年度股东大会审议获得通过。根据该议案，公司及子公司拟向其直接和间接持股的全资子公司（包括资产负债率超过70%）提供融资类担保；担保额度为授权期限内新增对外担保总额不超过公司最近一期经审计净资产的20%，以及单笔担保额不超过公司最近一期经审计净资产的10%；授权期限自2019年年度股东大会审议通过本事项之日起至2020年年度股东大会召开之日止；担保类型包括保证担保、抵押担保、质押担保等相关法律法规规定的担保类型。同时，公司股东大会授权公司董事会并由公司董事会转授权公司经营管理层全权办理上述担保所涉及的文本签署，以及履行相关监管机构审批、备案等手续以及其他一切相关事宜。

（二）本次债券发行的方案

1. 发行人基本情况。

（1）名称：Orient HongSheng Limited。

（2）注册地点：3rd Floor，J&C Building，Road Towa，Tortola，British Virgin Islands，VG1110。

（3）成立时间：2014年10月10日。

（4）注册资本：1美元。

（5）经营范围：债务融资、债券发行等特殊目的。

（6）财务情况：根据经审计的财务数据，截至2019年12月31日，被担保人Orient HongSheng资产总额为1568.97万港元，负债总额为0，其中银行贷款总额为0，流动负债总额为0，资产净额为1568.97万港元；2019年1月1日至2019年12月31日，被担保人实现营业收入4.81万港元，净利润为4.81万港元。

根据未经审计的财务数据，截至2020年9月30日，被担保人Orient HongSheng资产总额为1598.53万港元，负债总额为0，其中银行贷款总额为0，流动负债总额为0，资产净额为1598.53万港元；2020年1月1日至2020年9月30日，被担保人实现营业收入为29.56万港元，净利润为29.56万港元。

（7）被担保人为东方证券间接持股的境外全资子公司。

2. 担保事项的主要内容。根据东方金控与本次美元债券发行认购方等相关方签署的协议，东方金控为Orient HongSheng发行金额1.60亿美元、到期日为2023年10月13日、票面利率为2.40%的美元债券提供本息保证担保。

3. 董事会意见。2020年3月27日，公司第四届董事会第十八次会议审议通过了《关于预计公司2020年度对外担保的议案》，同意公司2020年度对外担保额度预计，独立董事发表同意的独立意见（公告编号：2020—021）。本次担保事项在上述额度范围内，单笔担保金额未超过公司最近一期经审计净资产的10%，授权期限内新增对外担保总额未超过公司最近一期经审计净资产的20%，不存在损害公司和其他股东合法权益的情形。

4. 累计对外担保数量及逾期担保的数量。截至本次担保前，公司及控股子公司提供的对外担保总额为106.33亿元人民币，占公司截至2019年12月31日经审计净资产539.66亿元人民币（按合并财务报表中的归属于母公司所有者权益合计数计算，下同）的比例为19.70%。

本次东方金控为其下属全资子公司Orient HongSheng发行到期日为2023年10月13日的美元债券本息提供担保，担保金额为1.72亿美元（按2020年9月末人民币兑美元汇率6.8101折算，该项担保金额折合人民币11.68亿元），该笔担保发生后，公司及控股子公司对外担保总额为118.01亿元人民币，占公司截至2019年12月31日经审计净资产的比例为21.87%。

三、重大意义

（一）新冠肺炎疫情冲击全球经济，境外债发行回升

2020年受新冠肺炎疫情影响，全球确诊人数不断增加，为全球经济带来了不确定性。在此背景下，公司通过海外债券市场融资还是比较主流的选择。东方金控秉承"稳健经营、专业服务、以人为本、开拓创新"的经营理念，以卓越的专业水准和诚信的行业精神为根本，锐意进取，致力于为客户提供品种丰富的投资产品、稳定高效的交易平台和专业便捷的跨境金融服务。

随着我国对于"一带一路"倡议的推动，越来越多的企业将走出国门。对于具有多元化融资需求的企业来说，境外发债融资方式的重要作用将日渐凸显。

（二）融资效率高，企业融资途径多样

企业融资途径是多样的，包括银行贷款、发行股票、发行债券等。而境外发债作为大型企业的有效融资方式之一，对于企业经营有重要意义。近年来，东方金控积极拓宽融资渠道，融资能力有目共睹。业绩的稳步增长，进一步增强了投资者的信心。此次美元债的成功发行，在优化公司资本结构、增强公司综合融资实力的同时，也大大提升了东方金控在境外资本市场的知名度，充分展示了公司的行业地位及长期的优质信用。

（三）完善公司财务结构

融资实力来自公司资金的良性循环以及稳健财务的支持。在金融创新的路上，东方金控以精益求精的匠心精神来推动创新目标的真正实现。在境外发行债券的过程中，我国企业普遍存在对境外市场发行债券的具体流程缺乏了解的问题，表现在企业的财务制度未完全适应国际化的融资要求，不熟悉需要合作的中介机构等。

近年来，我国政府在减少境外发债审批流程、简化手续等方面已经做了一系列卓有成效的工作，为跨境融资起到了积极的促进作用。而对于企业自身来说，境外发债有助于提升其国际知名度，对于企业将来的对外合作、拓展海外市场、境外上市将有极大的推动作用。

四、结语

本案例的特点在于东方证券利用境内、境外两个市场充分发挥多渠道融资功能，借助境外子公司发行美元私募债，一举成功。由于国家层面的政策支持，境外发债迅速成为企业融资方式的新宠。相较于境内发债，境外债券的发行条件较为宽松，并且，在设计产品结构时可通过适当运用利息、汇率等政策变动的手段从而大大降低融资成本。东方金控为其全资子公司非公开发行美元债券提供担保，有利于发行企业抓住市场时机，实现低成本融资。

复旦张江登陆科创板
实现"A+H"股双平台运作

姜诚君

2020年6月19日，上海复旦张江生物医药股份有限公司（以下简称复旦张江或公司）成功登陆上海证券交易所（以下简称上交所）科创板。复旦张江本次公开发行股票为12000万股，发行价格为8.95元/股，新股募集资金总额为107400万元，发行后总股本为104300万股。公司本次发行的A股股票上市后，公司股票将同时在香港联交所及上交所挂牌上市，实现了"A+H"股双平台运作。

一、企业概况

复旦张江成立于1996年，总部位于张江科学城内，主要从事生物医药的创新研究开发、生产制造和市场营销，主要产品覆盖皮肤性疾病和抗肿瘤治疗领域。作为创新性生物医药企业，复旦张江研发能力具有显著优势，通过二十余年的积累和努力，公司光动力技术处于世界领先水平，并拥有先进的纳米技术、基因工程技术和口服固定制剂技术等。

复旦张江一直专注于光动力药物等新型药物的研发，目前共有3个自主研发上市产品，分别为基于光动力技术平台的盐酸氨酮戊酸外用散（商品名：艾拉）和基于纳米技术平台的抗肿瘤药物长循环盐酸多柔比星脂质体注射液（商品名：里葆多），以及注射用海姆泊芬（商品名：复美达）。目前公司的三款产品均形成了稳定盈利，并且光动力药物短期内出现竞争性或替代性药品的可能性较低，且行业监管政策对公司主要产品的影响较小。

二、发行概况

1. 上市地点及上市板块：上交所科创板。

2. 上市时间：2020年6月19日。

3. 股票简称：复旦张江；扩位简称：复旦张江股份。

4. 股票代码：688505。

5. 本次公开发行后的总股本：1043000000股，其中发行后A股总股本703000000股，H股总股本340000000股。

6. 本次公开发行的股票数量：120000000股。

7. 本次上市的无流通限制及限售安排的股票数量：91059525股。

8. 本次上市的有流通限制或限售安排的股票数量：611940475股。

9. 战略投资者在首次公开发行中获得配售的股票数量：23734962股。

10. 发行前股东所持股份的流通限制及期限；上海医药、新企二期、杨宗孟、王海波限售期36个月，其他股东限售期12个月。

11. 本次上市股份的其他限售安排：（1）海通创新证券投资有限公司所持480万股股份限售期为24个月；（2）浙江海正药业股份有限公司所持700万股股份限售期为12个月；（3）复旦张江专项资管计划所持1193.4962万股股份限售期为12个月；（4）网下发行部分，公募产品、社保基金、养老金、企业年金基金、保险资金和合格境外机构投资者资金等配售对象中，10%的最终获配账户承诺获得本次配售的股票持有期限为自发行人首次公开发行并上市之日起6个月，本次发行承诺限售6个月的投资者所持股份为520.5513万股。

12. 股票登记机构：中国证券登记结算有限责任公司上海分公司。

13. 上市保荐机构：海通证券股份有限公司。

三、重要意义

复旦张江此次通过A股科创板上市，公司将募集资金用于海姆泊芬美国注册项目、生物医药创新研发持续发展项目及收购泰州复旦张江少数股权项目。通过上述项目的完成，将进一步增强公司实力。在国内市场上，公司可重点加强在巩固核心技术优势、丰富产品目录、促进研发成果产业化、打造全球著名光动力品牌等方面的建设力度，坐稳国内生物医药业界"第一梯队"；而在国际市场，公司也可利用资本市场提供的相关资源，根据客观条件和自身业务的变化，及时优化组织结构和促进公司的机制创新，落实公司的外延扩张，逐步形成并强化以光动力技术为核心，纳米技术、基因工程技术和口服固体制剂技术等多足鼎立的主营业务格局，在创新发展的道路上扬帆起航，为实现成为生物医药业界的创新者及领先者而不断努力。

汉得信息成为首批成功发行
可转换公司债券案例

舒笑

一、背景概述

上海汉得信息技术股份有限公司（以下简称汉得信息、发行人或公司）成立于1996年，主要从事企业信息化综合服务，包括传统ERP及相关信息化软件实施服务、自主研发产品及解决方案的实施服务、客户支持业务及软件外包、软硬件销售、数据处理、商业保理等业务。公司未来将进一步强化竞争优势，突出整体解决方案服务能力，横向加强推进自有技术和自有产品的研发，提高产品和业务创新服务能力，纵向加快市场及客户的开拓，提高公司在信息化咨询领域的市场规模。公司已由最初的信息化软件实施商，发展为解决方案服务商，并开始向数字化生态综合服务商进化。

信息技术产业以技术研发为核心，需要投入大量的资金，且技术成果很难在短期内见效，因此，融资成为信息技术产业在竞争中得以生存的重要因素。汉得信息开始采用可转债形式进行融资，以增强自我竞争力。

发行人本次募集资金将用于基于融合中台的企业信息化平台建设项目及补充流动资金。基于融合中台的企业信息化平台建设项目总投资116072.30万元，主要用于场地投入、软硬件设备购置、研发支出等。本次发行募集资金投入70000万元。同时，本次可转债募集资金中的23715万元用于补充公司流动资金，以增强公司资金实力，优化财务结构，增强公司抗风险能力，以支持公司业务发展。

根据有关法律法规及公司目前情况，本次可转债的发行总额不超过93715

万元（含93715万元），具体发行数额提请股东大会授权公司董事会（或董事会授权人士）在上述额度范围内确定。

二、案例分析

（一）本次发行的批准和授权

公司于2020年2月17日以通讯方式召开第四届董事会第七次（临时）会议，会议审议通过了《关于公司符合公开发行可转换公司债券条件的议案》《关于公司公开发行可转换公司债券发行方案的议案》《关于公司公开发行可转换公司债券预案的议案》《关于公司公开发行可转换公司债券方案论证分析报告的议案》《关于公司公开发行可转换公司债券募集资金使用可行性分析报告的议案》《关于公司前次募集资金使用情况报告的议案》《关于公司公开发行可转换公司债券摊薄即期回报对公司主要财务指标的影响及公司采取措施和相关承诺的议案》《关于公司可转换公司债券持有人会议规则的议案》《关于公司未来三年（2020—2022年）股东分红回报规划的议案》《关于公司内部控制自我评价报告的议案》《关于提请股东大会授权董事会全权办理公司公开发行可转换公司债券具体事宜的议案》及《关于召开2020年第三次临时股东大会的议案》等议案。

根据公司第四届董事会第七次（临时）会议通过的《关于召开2020年第三次临时股东大会的议案》，公司决定于2020年3月4日召开2020年第三次临时股东大会。《上海汉得信息技术股份有限公司关于召开2020年第三次临时股东大会的通知》于2020年2月18日在中国证监会指定创业板信息披露媒体予以公告。

（二）本次债券发行的方案

1. 发行证券的种类：可转换为公司股票的可转换公司债券。

2. 发行规模：本次可转债的发行总额不超过93715万元（含93715万元），具体发行数额提请股东大会授权公司董事会（或董事会授权人士）在上述额度范围内确定。

3. 票面金额和发行价格：本次可转债的发行总额每张面值为人民币100元，按面值发行。

4. 可转债存续期限：本次可转债的发行总额自发行之日起6年。

5. 债券利率：本次发行的可转债票面利率的确定方式及每一计息年度的最终利率水平，提请公司股东大会授权公司董事会（或董事会授权人士）在发行前根据国家政策、市场和公司具体情况与保荐机构（主承销商）协商确定。

6. 还本付息的期限和方式：本次发行的可转债采用每年付息一次的付息方式，到期归还所有未转股的可转债本金和最后一年利息。

（1）年利息计算。

年利息指可转债持有人按持有的可转债票面总金额自可转债发行首日起每满一年可享受的当期利息。年利息的计算公式为

$$I = B \times i$$

其中，I指年利息额；B指本次发行的可转债持有人在计息年度（以下简称当年或每年）付息登记日持有的可转债票面总金额；i指可转债当年票面利率。

（2）付息方式。

①本次可转债采用每年付息一次的付息方式，计息起始日为可转债发行首日。可转债持有人所获得利息收入的应付税项由可转债持有人负担。

②付息日：每年的付息日为本次可转债发行首日起每满一年的当日。如该日为法定节假日或休息日，则顺延至下一个工作日，顺延期间不另付息。每相邻的两个付息日之间为一个计息年度。

③付息债权登记日：每年的付息债权登记日为每年付息日的前一个交易日，公司将在每年付息日之后的5个交易日内支付当年利息。在付息债权登记日前（包括付息债权登记日）申请转换成公司股票的可转债不享受本计息年度及以后计息年度利息。

7. 转股期限：本次发行的可转债转股期自可转债发行结束之日起满6个月后第一个交易日起至可转债到期日止。

8. 转股价格的确定及调整：

（1）初始转股价格的确定依据。

本次发行的可转债初始转股价格不低于募集说明书公告日前20个交易日公司股票交易均价（若在该20个交易日内发生过因除权、除息引起股价调整的情形，则对调整前交易日的交易均价按经过相应除权、除息调整后的价格计算）和前一个交易日公司股票交易均价，具体初始转股价格由公司股东大会授权公司董事会（或董事会授权人士）在发行前根据市场状况与保荐机构（主承销商）协商确定。

其中，前20个交易日公司股票交易均价=前20个交易日公司股票交易总额/该20个交易日公司股票交易总量；前一个交易日公司股票交易均价=前一个交易日公司股票交易总额/该日公司股票交易总量。

（2）转股价格的调整方式及计算公式。

在本次发行之后，当公司发生派送股票股利、转增股本、增发新股（不包括因本次发行的可转债转股而增加的股本）、配股以及派发现金股利等情况时，公司将按上述条件出现的先后顺序，依次对转股价格进行累积调整（保留小数点后两位，最后一位四舍五入）。

当公司出现上述股份和/或股东权益变化时，将依次进行转股价格调整，并在中国证监会指定的上市公司信息披露媒体上刊登相关公告，并于公告中载明转股价格调整日、调整办法及暂停转股期间（如需）。当转股价格调整日为本次发行的可转债持有人转股申请日或之后，转换股份登记日之前，则该持有人的转股申请按公司调整后的转股价格执行。

当公司可能发生股份回购、公司合并、分立或任何其他情形使公司股份类别、数量和/或股东权益发生变化从而可能影响本次发行的可转债持有人的债权利益或转股衍生权益时，公司将视具体情况按照公平、公正、公允的原则及充分保护可转债持有人权益的原则调整转股价格。有关转股价格调整内容及操作办法将依据当时国家有关法律法规及证券监管部门的相关规定来制定。

9. 转股股数确定方式以及转股时不足一股金额的处理方法：本次发行的可转债持有人在转股期内申请转股时，转股数量的计算方式：$Q=V/P$，并以去尾法取一股的整数倍。其中，Q指可转债持有人申请转股的数量；V指可转债持有人申请转股的可转债票面总金额；P指申请转股当日有效的转股价。

可转换公司债券持有人申请转换成的股份须为整数股。转股时不足转换为一股的可转债余额，公司将按照深圳证券交易所（以下简称深交所）等部门的有关规定，在可转债持有人转股当日后的5个交易日内以现金兑付该可转债余额及该余额所对应的当期应计利息。

10. 转股价格向下修正条款：

（1）修正权限与修正幅度。

在本次发行的可转债存续期间，当公司股票在任意连续30个交易日中至少15个交易日的收盘价格低于当期转股价格85%时，公司董事会有权提出转股价格向下修正方案并提交公司股东大会审议表决，该方案须经出席会议的股东所持表决权的2/3以上通过方可实施。股东大会进行表决时，持有公司本次发行可转债的股东应当回避；修正后的转股价格应不低于该次股东大会召开日前20个交易日公司股票交易均价和前一个交易日公司股票交易均价之间的较高者。

若在前述30个交易日内发生过转股价格调整的情形，则在调整前的交易日按调整前的转股价格和收盘价格计算，调整后的交易日按调整后的转股价格和收盘价格计算。

（2）修正程序。

公司向下修正转股价格时，须在中国证监会指定的上市公司信息披露媒体上刊登股东大会决议公告，公告修正幅度、股权登记日及暂停转股期间（如需）。从股权登记日后的第一个交易日（转股价格修正日），开始恢复转股申请并执行修正后的转股价格。

若转股价格修正日为转股申请日或之后，转换股份登记日之前，该类转股申请应按修正后的转股价格执行。

11. 赎回条款：

（1）到期赎回条款。

在本次发行的可转换公司债券期满后5个交易日内，公司将向可转债持有人赎回全部未转股的可转债。具体赎回价格将由股东大会授权董事会（或董事会授权人士）在本次发行前根据发行时市场情况与保荐机构（主承销商）协商确定。

（2）有条件赎回条款。

在转股期内，当下述情形的任意一种出现时，公司有权决定按照以债券面值加当期应计利息的价格赎回全部或部分未转股的可转债：

①在转股期内，如果公司股票在任意连续30个交易日中至少15个交易日的收盘价格不低于当期转股价格的130%（含130%）。

②当本次发行的可转债未转股余额不足3000万元时。

当期应计利息的计算公式：

$$IA=B \times i \times t/365$$

其中，IA指当期应计利息；B指本次发行的可转债持有人持有的将赎回的可转债票面总金额；i指可转债当年票面利率；t指计息天数，即从上一个付息日起至本计息年度赎回日止的实际日历天数（算头不算尾）。

若在前述30个交易日内发生过转股价格调整的情形，则在调整前的交易日按调整前的转股价格和收盘价格计算，调整后的交易日按调整后的转股价格和收盘价格计算。

12. 回售条款：

（1）有条件回售条款。

本次发行的可转债最后两个计息年度，如果公司股票在任意连续30个交易日的收盘价格低于当期转股价格的70%时，可转债持有人有权将其持有的可转债全部或部分按债券面值加上当期应计利息的价格回售给公司。

若在上述交易日内发生过转股价格因发生派送股票股利、转增股本、增发新股（不包括因本次发行的可转债转股而增加的股本）、配股及派发现金股利等情况而调整的情形，则在调整前的交易日按调整前的转股价格和收盘价格计算，在调整后的交易日按调整后的转股价格和收盘价格计算。如果出现转股价格向下修正的情况，则上述连续30个交易日须从转股价格调整之后的第一个交易日起重新计算。

本次发行的可转债最后两个计息年度，可转债持有人在每年回售条件首次满足后可按上述约定条件行使回售权一次，若在首次满足回售条件而可转债持有人未在公司届时公告的回售申报期内申报并实施回售的，该计息年度不应再行使回售权，可转债持有人不能多次行使部分回售权。

（2）附加回售条款。

若公司本次发行的可转债募集资金投资项目的实施情况与公司在募集说

明书中的承诺情况相比出现重大变化，根据中国证监会的相关规定被视作改变募集资金用途或被中国证监会认定为改变募集资金用途的，可转债持有人享有一次回售的权利。可转债持有人有权将其持有的可转债全部或部分按债券面值加当期应计利息的价格回售给公司。持有人在附加回售条件满足后，可以在公司公告后的附加回售申报期内进行回售，本次附加回售申报期内不实施回售的，不应再行使附加回售权。

13. 转股后的股利分配：因本次发行的可转债转股而增加的本公司股票享有与原股票同等的权益，在股利发放的股权登记日当日登记在册的所有普通股股东（含因可转债转股形成的股东）均参与当期股利分配，享有同等权益。

14. 发行方式及发行对象：本次可转债的具体发行方式由股东大会授权董事会（或董事会授权人士）与保荐机构（主承销商）协商确定。本次可转债的发行对象为持有中国证券登记结算有限责任公司深圳分公司证券账户的自然人、法人、证券投资基金、符合法律规定的其他投资者等（国家法律、法规禁止者除外）。

15. 向原股东配售的安排：本次发行的可转债向公司原股东实行优先配售，原股东有权放弃配售权。向原股东优先配售的具体配售比例由股东大会授权董事会（或董事会授权人士）根据发行时具体情况确定，并在本次可转债的发行公告中予以披露。原股东优先配售之外的余额和原股东放弃优先配售后的部分采用网下对机构投资者发售和通过深交所交易系统网上定价发行相结合的方式进行，余额由承销商包销。具体发行方式由公司股东大会授权公司董事会（或董事会授权人士）与本次发行的保荐机构（主承销商）在发行前协商确定。

16. 债券持有人及债券持有人会议：

（1）债券持有人的权利。

①依照其所持有可转债数额享有约定利息。

②根据约定条件将所持有的可转债转为公司股份。

③根据约定的条件行使回售权。

④依照法律、行政法规及《公司章程》的规定转让、赠与或质押其所持有的可转债。

⑤依照法律、行政法规及《公司章程》的规定获得有关信息。

⑥按约定的期限和方式要求公司偿付可转债本息。

⑦依照法律、行政法规等相关规定参与或委托代理人参与债券持有人会议并行使表决权。

⑧法律、行政法规及《公司章程》所赋予的其作为公司债权人的其他权利。

（2）债券持有人的义务。

①遵守公司发行可转债条款的相关规定。

②依其所认购的可转债数额缴纳认购资金。

③遵守债券持有人会议形成的有效决议。

④除法律、法规规定及可转债募集说明书约定之外，不得要求公司提前偿付可转债的本金和利息。

⑤法律、行政法规及《公司章程》规定应当由可转债持有人承担的其他义务。

（3）有下列情形之一的，公司董事会应召集债券持有人会议：

①公司拟变更可转债募集说明书的约定。

②公司不能按期支付本息。

③公司减资（因股权激励回购股份导致的减资除外）、合并、分立、解散或者申请破产。

④保证人（如有）或者担保物（如有）发生重大变化。

⑤发生其他对债券持有人权益有重大实质影响的事项。

⑥根据法律、行政法规、中国证监会、深交所及本次可转债债券持有人会议规则的规定，应当由债券持有人会议审议并决定的其他事项。

（4）下列机构或人士可以提议召开债券持有人会议：

①公司董事会提议。

②单独或合计持有本次可转债未偿还债券面值总额10%及10%以上的持有人书面提议。

③法律、法规、中国证监会规定的其他机构或人士。

17. 本次募集资金用途：本次发行可转债募集资金总额不超过93715万元（含93715万元），扣除发行费用后的募集资金金额投资项目如表1所示：

表1 募集资金用途

单位：万元

序号	项目名称	项目总投资	本次可转债募集资金
1	基于融合中台的企业信息化平台建设项目	116072.30	70000.00
2	补充流动资金	23715.00	23715.00
	合计	139787.30	93715.00

若扣除发行费用后的实际募集资金净额低于投入募集资金金额，则不足部分由公司自筹解决。本次发行募集资金到位之前，公司将根据项目进度的实际情况以自有资金或其他方式筹集的资金先行投入，并在募集资金到位之后予以置换。在上述募集资金投资项目的范围内，公司董事会或董事会授权人士可根据项目的进度、资金需求等实际情况，对相应募集资金投资项目的具体金额进行适当调整。

18. 募集资金专项存储账户：公司已制定募集资金管理相关制度，本次发行可转债的募集资金将存放于公司董事会决定的专项账户中，具体开户事宜将在发行前由公司董事会确定。

19. 债券担保情况：本次发行的可转债不提供担保。

20. 本次发行方案的有效期：公司本次可转债方案的有效期为12个月，自发行方案经股东大会审议通过之日起计算。

本次发行可转换公司债券发行方案需经中国证监会核准后方可实施，且最终以中国证监会核准的方案为准。

（三）本次债券发行与承销概览

1. 本次发行情况。

（1）发行数量：93715万元（937.15万张）。

（2）发行价格：100元/张。

（3）可转换公司债券的面值：100元。

（4）募集资金总额：93715万元。

（5）发行方式：本次发行向原股东优先配售，原股东优先配售后余额部分（含原股东放弃优先配售部分）通过深交所交易系统网上向社会公众投资者发行，认购金额不足93715万元的部分由保荐机构（联席主承销商）包销。

（6）配售比例：原股东优先配售4899532张，占本次发行总量的52.28%；网上社会公众投资者实际认购4425151张，占本次发行总量的47.22%；保荐机构包销46817张，占本次发行总量的0.5%。

2. 本次发行的承销情况。

本次可转换公司债券发行总额为93715万元，向原股东优先配售4899532张，即489953200元，占本次发行总量的52.28%；网上一般社会公众投资者的认购数量为4425151张，即442515100元，占本次发行总量的47.22%；保荐机构（联席主承销商）包销可转换公司债券的数量为46817张，即4681700元，占本次发行总量的0.5%。

三、重大意义

在不断深化金融市场改革、加快培育和发展我国企业债券市场的背景下，可转债成为我国继公司股票和公司债券之后的一种新的融资方式。可转债作为一种把股权和债权完美结合的融资工具，在金融市场中展现出强大的优势，可化解市场风险，提高企业竞争力。因此，发行人发行可转债，具有以下重大意义。

首先，低成本融资，可以减轻汉得信息的财务负担。在其他条件相同的情况下，可转债利率比纯粹债券低，再加上债务利息特有的"税盾"作用，可在很大程度上减轻公司财务的负担，降低财务危机的风险，使发行人有充足的资金去研发，促进公司长远发展。

其次，有利于稳定发行公司的股票市价。将债券转换成公司的普通股票的债券是一个循序渐进的过程，对于公司股票价格的冲击比较舒缓。可转债作为一种债券和股票的混合体，同时也能给投资者传递较少的不利信号。

再次，有利于降低代理成本，完善公司治理结构。可转换债券作为一种"处于发行权益产生的消极影响与发行债务可能产生的财务危机的中间地带"的财务工具，有利于缓解股东和管理者之间的矛盾，提高公司市场价值。

最后，有利于调节权益资本和债务资本的比例关系。当公司经营良好、公司股票价值增值、市场价格超过转换价格时，债券持有人将执行其股票期权，将所持可转换债券转为普通股。这样，公司的资本结构将在投资者的决策过程中得到自然优化。债务资本在公司资本结构中的比例下降，而股权资本的比例将逐渐提高，从而降低了公司的财务风险。同时，偿债压力的减轻，可使公司把更多的资金投放到高效益的项目上，以提高公司的经营业绩。

四、结语

可转债兼具债券和股票的双重性质，决定了其在现阶段所承担的历史使命，它将充当中国股权融资向债券融资的过渡与中介，最终必然将资本市场引向发展前景更为广阔的企业债券市场。

通过本次发行，发行人可进一步提高自己的优势地位，强化发展现有技术，自主研发新产品，提高自我创新能力，扩大市场规模，逐步向数字化生态综合服务商进化迈进。

立昂微成功登陆上海证券交易所主板市场

张博文

2020年9月11日，作为国家重点扶持的半导体硅片企业，杭州立昂微电子股份有限公司（以下简称立昂微或公司）正式成功登陆上海证券交易所（以下简称上交所）主板。此次上市，立昂微发行4058万股，发行价格为4.92元/股，募资约为2亿元，主要用于年产120万片集成电路用8英寸硅片项目。本次发行的保荐机构（主承销商）与作为法律顾问的律师事务所通力协作，提供及时高效的金融法律服务，为立昂微成功登陆上交所主板保驾护航。

一、企业概况

立昂微于2002年3月在杭州经济技术开发区注册成立，为专注于集成电路用半导体材料和半导体功率芯片设计、开发、制造、销售的高新技术企业。公司成立以来，积极与美国安森美公司（OnSemi）等国际半导体公司、浙江大学硅材料国家重点实验室及半导体材料研究所等国内半导体行业科研院所长期紧密合作，消化吸收国际先进的高端半导体芯片工艺技术并不断创新，目前已经成为国内硅基太阳能专用肖特基芯片市场的大供应商和应用于绿色电子的半导体芯片供应商。近年来，企业通过不断的技术研发，逐渐巩固了在国内半导体硅片行业及肖特基二极管芯片行业的领先地位。历经近20年的建设与发展，立昂微曾多次获评"中国半导体材料十强企业""中国半导体分立器件十强企业"，并已建成国内较早的大规模商业化的6英寸砷化镓射频芯片生产线。

从营业收入规模来看，2017年至2019年，立昂微营业总收入为9.32亿元、

12.23亿元和11.92亿元，其中主营业务收入分别为9.23亿元、12.17亿元和11.83亿元，主营业务突出。受行业景气度提升驱动，公司半导体硅片和半导体分立器件业务订单充足，产能饱满，2020年全年营业收入持续增长。

二、发行概况

1. 本次发行股票的种类及面值：人民币普通股（A股），每股面值1元。

2. 发行股数及占发行后总股本的比例：本次公开发行新股4058万股，占发行后总股本的比例为10.13%。本次公开发行不发售老股。

3. 每股发行价格：4.92元。

4. 发行市盈率：22.97倍（每股收益按照2019年度经审计的扣除非经常性损益前后孰低的净利润除以本次发行后总股本计算）。

5. 发行前每股净资产：4.30元（按截至2020年3月31日经审计的归属于母公司股东的权益除以发行前总股本计算）。

6. 发行后每股净资产：4.26元（按本次发行后归属于母公司股东的权益除以发行后总股本计算，其中，发行后归属于母公司股东的权益按截至2020年3月31日经审计的归属于母公司股东的权益和本次募集资金净额之和计算）。

7. 发行市净率：1.16倍（按发行价格除以发行后每股净资产计算）。

8. 发行方式：采取网下向询价对象配售发行与网上向社会公众投资者定价发行相结合的方式或中国证监会规定的其他方式。

9. 发行对象：符合资格的询价对象和在上海证券交易所开立A股股票账户的境内自然人、法人等投资者（国家法律、法规、规章及政策禁止者除外）。

10. 承销方式：本次发行采取余额包销方式。

11. 募集资金总额和净额：募集资金总额为19965.36万元，扣除发行费用以后的募集资金净额约为15973.90万元。

三、重要意义

本次上市，为立昂微提供了更高更广的平台以支撑企业整体的发展。从我国半导体产业整体发展来看，业内多数企业存在资金、技术、人才等多方面投入不足的问题。但是伴随国内不断出台利好政策刺激半导体产业发展，以及此前产业布局及相关研发成果逐步落地，立昂微凭借业已初步形成的技术、资金、人才、认证等多方面优势，或将快速抢占市场，助推业绩持续提升。

今后，立昂微可依托资本市场提供的相关资源，立足于现有的市场、技术、工艺、管理、营销等方面的优势，进一步布局与完善封装、测试、模组、元器件等细分领域，开发在性能、功耗、可靠性等方面达到国际领先水平，在价格、品质、技术支持等方面具有市场竞争力，并具有良好产业化前景的集成电路及分立器件产品，最终以资本助力，实现较大范围的生产要素整合和优势互补。

习近平法治思想引领篇

依宪治国　依宪执政

李飞

习近平法治思想是马克思主义法治理论中国化的重大理论创新成果，是党领导法治建设丰富实践和宝贵经验的科学总结，是习近平新时代中国特色社会主义思想的重要组成部分，为中国特色社会主义法治体系和社会主义法治国家建设提供了根本遵循和行动指南。坚持依宪治国、依宪执政，是习近平法治思想的重要内容和鲜明特色，突出了宪法在依法治国、依法执政中的基础性地位，对于推进全面依法治国、建设社会主义法治国家意义重大。

一、深刻认识依宪治国、依宪执政的重大意义

2012年12月4日，习近平总书记在首都各界纪念现行宪法公布施行30周年大会上强调，"依法治国，首先是依宪治国；依法执政，关键是依宪执政"。这个重要论断，充分体现了习近平总书记对宪法的高度重视，也充分说明宪法在治国理政中具有特殊地位和重要作用。

坚持依宪治国、依宪执政，是我们党在推进中国革命、建设、改革的实践中形成的宝贵经验、得出的重要结论。从建立革命根据地开始，我们党就为制定和实施宪法进行了开创性的探索和实践，其中最重要的成果是1931年颁布的《中华苏维埃共和国宪法大纲》和1946年颁布的《陕甘宁边区宪法原则》。随着中华人民共和国的成立，1949年的《共同纲领》和1954年第一部社会主义宪法，为巩固社会主义政权和进行社会主义建设发挥了重要保障和推动作用。党的十一届三中全会开启了改革开放历史新时期，1982年制定并公布新宪法，并根据实践发展，先后5次对现行宪法作出必要修改和完善，充分体现了党领导人民进行改革开放和社会主义现代化建设新的成功经验，肯定了中国特色社会主义道路、理论、制度、文化发展的新成果，有力地推动

和保障了党和国家事业发展。历史充分证明，宪法与国家前途、人民命运息息相关。正如习近平总书记所强调的，只要我们切实尊重和有效实施宪法，党和国家事业就能顺利发展；反之，如果宪法受到漠视、削弱甚至破坏，党和国家事业就会遭受挫折。

坚持依宪治国、依宪执政，是推进全面依法治国的迫切需要。我国宪法是党和全体人民最高意志的集中体现，具有最高的法律地位、法律权威和法律效力。宪法明确规定中国共产党领导是中国特色社会主义最本质的特征，确定了中国共产党的执政地位，确认了党在国家政权结构中总览全局、协调各方的核心地位，这是中国特色社会主义事业和全体人民根本利益得到巩固和发展的根本保障。宪法确立了我国一系列具有根本意义、根本性质的制度，明确规定社会主义制度是中华人民共和国的根本制度，确立了国体、政体、指导思想、政治制度、经济制度、军事制度等，奠定了国家制度根基。宪法还明确规定了国家的根本任务、发展道路、奋斗目标和大政方针，为国家各项事业的发展指明了方向，对于广泛凝聚共识、全面动员广大人民群众投身社会主义现代化建设意义重大。

宪法是国家法律法规和各种制度的总依据，是法律法规和制度体系的源头和统帅。公民、社会组织和国家机关都必须以宪法法律为行为准则，依照宪法法律行使权利或权力，履行义务或职责，都不得有超越宪法法律的特权，一切违反宪法法律的行为都必须予以追究。我们党作为执政党，领导人民制定宪法和法律，并带头执行宪法和法律，坚持自觉地在宪法和法律范围内活动。不论过去、现在还是将来，维护宪法权威，就是维护党和人民共同意志的权威；捍卫宪法尊严，就是捍卫党和人民共同意志的尊严；保证宪法实施，就是保证人民根本利益的实现。

二、全面贯彻实施宪法取得新的重大成就

党的十八大以来，以习近平同志为核心的党中央坚持依宪治国、依宪执政，将全面贯彻实施宪法作为全面依法治国、建设社会主义法治国家的首要任务和基础性工作，把党和国家各项事业、各项工作全面纳入宪法轨道，坚决维护宪法法律权威。全国人大及其常委会认真贯彻落实习近平法治思想和

党中央决策部署，坚持不懈抓好宪法的发展完善和贯彻实施，为新时代坚持和发展中国特色社会主义提供有力宪法保障。

适时修改宪法，推动宪法制度与时俱进。根据党中央决策部署，十三届全国人大一次会议对现行宪法作出修改，把党的十九大确定的重大理论观点和重大方针政策载入国家根本法，体现党和国家事业发展的新成就、新经验、新要求，在总体保持宪法连续性、稳定性、权威性的基础上推动宪法与时俱进、完善发展，为实现"两个一百年"奋斗目标和中华民族伟大复兴的中国梦提供有力宪法保障。

加强立法工作，推进宪法实施。形成完备的法律法规和制度体系，是宪法实施的内在要求，也是宪法实施的基本途径。全国人大常委会两次作出关于国家监察体制改革试点工作的相关决定，全国人民代表大会在改革试点的基础上制定《中华人民共和国监察法》，落实宪法规定的监察制度；制定《中华人民共和国国家勋章和国家荣誉称号法》，作出有关授勋的决定，落实宪法规定的国家荣誉制度；制定《中华人民共和国国歌法》，修改《中华人民共和国国旗法》、《中华人民共和国国徽法》，健全宪法规定的国家象征和标志制度。

根据宪法制度和宪法精神，处理重大问题。2015年和2019年，贯彻党中央决策部署，依据宪法有关规定，全国人大常委会两次通过有关决定，并由国家主席发布特赦令，特赦部分服刑罪犯。2016年，根据宪法精神和有关法律原则，针对有关省人大常委会履行职责遇到的特殊问题，全国人大常委会采取创制性办法及时妥善作出相关决定。2020年，依据宪法和有关法律，我国又适时作出推迟召开代表大会的决定，在新冠肺炎疫情防控特殊情况下合理安排会期，保证代表大会行使法定职权。

根据宪法和基本法，坚持和完善"一国两制"制度体系。2014年，我国作出关于香港特别行政区政治体制发展的决定，根据实际情况对香港政治体制循序渐进发展作出安排。2016年，根据《中华人民共和国宪法》和《香港特别行政区基本法》，我国作出关于《香港特别行政区基本法》第104条的解释；2020年，我国作出关于建立健全香港特别行政区维护国家安全的法律制度和执行机制的决定，制定香港特别行政区维护国家安全法并决定将其列入《香港特别行政区基本法》附件三；我国还作出关于香港特别行政区立法会议员资格问题的决定，坚决反对和遏制"港独"，维护国家安全和香港长治久安、长期繁荣发展。

推进合宪性审查和备案审查工作。根据宪法和基本法，我国对"一地两检"合作安排等事项，在相关决定中作出合宪性判断；严格按照宪法规定、遵循宪法原意，通过法律案修改情况报告、审议结果报告等方式，认真研究、及时回应各方面对宪法问题的关切；制定法规和司法解释备案审查工作办法，定期听取备案审查工作报告，督促制定机关纠正与宪法精神和法律规定相抵触，或者不符合、不适应的规范性文件，维护国家法制的统一、尊严和权威。

推动弘扬宪法精神、树立宪法权威。2014年，我国作出决定将12月4日设立为国家宪法日，每年组织有关活动，在全社会弘扬宪法精神。2015年和2018年，我国先后两次作出决定，建立健全宪法宣誓制度，激励和教育国家工作人员忠于宪法、遵守宪法、维护宪法。

三、全面深入推进宪法实施和监督

习近平总书记强调，宪法的生命在于实施，宪法的权威也在于实施。进入"十四五"新的发展阶段，开启全面建设社会主义现代化国家新征程，对我们党推进全面依法治国特别是依宪治国、依宪执政提出了新的更高要求。我们要坚持和完善中国特色社会主义制度，推进国家治理体系和治理能力现代化，不断提高党的长期执政能力，必须更加注重发挥宪法的重要作用。

要始终坚持正确的政治方向。宪法的实施和监督，事关党和国家的前途命运，事关人民群众的幸福安康，具有高度政治性和法律性，必须牢牢把握正确的政治方向。在我国实行依宪治国、依宪执政，同西方所谓的"宪政"有着本质区别。我们贯彻以宪法为核心的依宪治国、依宪执政，依据的是《中华人民共和国宪法》，而不是西方国家的宪法。坚持依宪治国、依宪执政，最核心的一条就是坚持宪法确定的中国共产党领导地位不动摇，坚持宪法确立的人民民主专政的国体和人民代表大会制度的政体不动摇。任何人以任何借口否定中国共产党领导和我国社会主义制度，都是错误的、有害的，都是违反宪法的，都是绝对不能容许的。

要将宪法精神贯彻到立法工作全过程和各方面。习近平总书记指出，宪法规定的是国家的重大制度和重大事项，在国家和社会生活中具有总括性、原则性、纲领性、方向性。宪法是所有立法活动的根本依据，立法活动的首要要求是依宪立法。我们要以习近平法治思想为指导，牢固树立宪法意识，不断加强和改进立法工作，提高立法质量和效率，以完备的法律推动宪法实施，保证宪法确定的制度、原则和精神得到贯彻实施。在具体工作中，无论是审议修改法律案、开展立法调研，还是进行制度设计、研究重大问题，都要始终坚持以宪法为依据，坚决把宪法精神贯彻到立法工作的各方面和全过程，努力使每一项立法都符合宪法精神和人民意愿。

要不断健全保证宪法全面实施的体制机制。全面贯彻实施宪法是建设社会主义法治国家的首要任务和基础性工作。全国人大及其常委会负有保证宪法实施、加强宪法监督的法定职责，已就有关工作作出统筹谋划和具体部署。要落实宪法解释程序机制，积极回应涉及宪法有关问题的关切，实现宪法稳定性和适应性相统一。要继续推进合宪性审查工作，积极稳妥处理法治建设中的涉宪性、合宪性问题，保证各项法律法规和制度政策符合宪法规定、遵循宪法原则、体现宪法精神。要加强备案审查制度和能力建设，拓展备案审查信息平台功能，进一步加强主动审查和专项审查，实行有件必备、有备必审、有错必纠，坚决维护宪法法律的权威和尊严。要进一步加强宪法宣传教育，着力提高领导干部运用法治思维和法治方式深化改革、推动发展、化解矛盾、维护稳定的能力，在全社会形成尊崇宪法、敬畏宪法、遵守宪法、维护宪法的良好氛围。

（作者为中央依法治国办组成人员、全国人大宪法和法律委员会主任委员）

新时代全面依法治国的科学指南

唐一军

党的十八大以来，习近平总书记从全局和战略高度定位法治、布局法治、厉行法治，创造性地提出全面依法治国新理念、新思想、新战略，科学阐述了新时代法治中国建设一系列根本性、方向性、战略性问题，推动全面依法治国取得历史性成就。在这一伟大进程中，形成了习近平法治思想，实现了中国特色社会主义法治理论的重大突破、重大创新、重大发展。习近平法治思想是马克思主义法治理论中国化最新成果，是习近平新时代中国特色社会主义思想的重要组成部分，是全面依法治国的根本遵循和行动指南。

一、努力在"笃学之、高站位"上下功夫，务求把习近平法治思想的重大意义把握得更加深刻到位

伟大时代呼唤伟大理论，伟大思想引领伟大征程。在领导人民推进全面依法治国伟大实践中，习近平总书记以马克思主义政治家、思想家、战略家的非凡理论勇气、卓越政治智慧、强烈使命担当，为新时代坚持和发展中国特色社会主义锚定法治坐标，为建设社会主义法治国家擘画宏伟蓝图，指明前进方向。我们一定要深化认识，提高站位，切实增强政治自觉。

习近平法治思想是在新的时代背景下，深刻把握"三大规律"、加快建设社会主义法治国家的根本遵循。我们党是世界上最大的执政党，领导着世界上人口最多的国家，如何有效治国理政、实现执政使命，是必须始终关注的重大课题。习近平总书记以高超的政治智慧和敏锐的战略眼光，把马克思主义法治理论同中国法治实践相结合，汲取中华民族优秀法律文化，总结社会主义法治建设经验教训，提出全面依法治国，并纳入"四个全面"战略布局，为我们党运用法治思维和法治方式巩固执政地位、改善执政方式、提高

执政能力，保证国家长治久安提供了根本遵循。习近平法治思想坚持马克思主义立场观点方法，根据新时代的新变化、新要求，在理论上不断作出新概括、开辟新境界，使我们党对共产党执政规律、社会主义建设规律、人类社会发展规律的认识达到新高度，是新时代推进法治中国建设的行动纲领。

习近平法治思想是在新的历史条件下，充分发挥我国社会主义国家制度和法律制度"两大显著优势"、指引国家治理体系和治理能力现代化的理论灯塔。党的十八大以来，习近平总书记深刻洞察、科学研判新时代法治建设的新情况、新问题、新挑战，从战略和全局高度谋划法治建设全局工作、指导深化依法治国实践、推进法治工作队伍建设、布局涉外法治工作，中国特色社会主义法治建设发生历史性变革、取得历史性成就。特别是这次应对新冠肺炎疫情，在以习近平同志为核心的党中央坚强领导下，我们坚持依法防控、依法治理，取得了疫情防控重大战略成果，"中国之治"与"西方之乱"形成鲜明对照，充分彰显了中国特色社会主义制度的显著优势。习近平法治思想深刻阐明了全面依法治国在治国理政中的全局性、战略性、基础性地位，必将引领我们有效应对重大挑战、抵御重大风险、克服重大阻力、解决重大矛盾，开辟"中国之治"新境界。

习近平法治思想是在新的发展起点上，推进"四个伟大"、开启全面建设社会主义现代化国家新征程的科学指南。我们即将开启全面建设社会主义现代化国家、向第二个百年奋斗目标进军的新征程。在这一关键历史时刻，习近平法治思想顺应实现中华民族伟大复兴的时代要求应运而生，明确了新时代全面依法治国的纲和魂，奠定了全党、全国人民推进社会主义法治建设的共同思想基础，汇聚起磅礴精神力量，为深入推进全面依法治国发出了总动员令。习近平法治思想是我们在统筹推进伟大斗争、伟大工程、伟大事业、伟大梦想，立足新发展阶段，贯彻新发展理念，构建新发展格局，全面建设社会主义现代化国家的新征程中，更好地发挥法治固根本、稳预期、利长远的保障作用，实现建设社会主义法治国家战略目标的根本遵循，必将引领21世纪法治中国建设谱写新的壮丽篇章。

习近平法治思想是在新的形势任务下，统筹"两个大局"、加快涉外法治工作战略布局的思想武器。我国经济总量稳居世界第二位，综合国力、国际竞争力、国际影响力持续增强。作为负责任的大国，中国正前所未有地走近世界舞台中央。面对全球治理体系的深刻变革、国际上日益激烈的制度规则竞争博弈，习近平总书记以和平发展大时代的开阔视野、全球治理大格局中的历史担当，统筹中华民族伟大复兴战略全局和世界百年未有之大变局，深刻把握协调推进国内治理和国际治理的形势任务，对加快涉外法治工作战略布局作出部署，为我们运用法治思维和法治方式有效应对挑战、防范风险，切实维护国家主权、安全和发展利益指明了方向。习近平法治思想是加快涉外法治工作战略布局、加快构建人类命运共同体的强大思想武器，为运用法治和制度规则协调与有关国家关系、推动全球治理体系朝着更加公正合理的方向发展贡献了中国智慧。

二、努力在"笃信之、明方向"上下功夫，务求把习近平法治思想的精髓要义领会得更加准确到位

习近平法治思想的核心要义集中体现为习近平总书记在中央全面依法治国工作会议上精辟概括的"十一个坚持"。这"十一个坚持"紧紧围绕为什么实行全面依法治国、怎样实行全面依法治国的重大时代课题，深刻阐述了法治建设重大理论和实践问题，形成了系统完整、逻辑严密、内涵丰富的科学理论体系。我们一定要学深悟透，融会贯通，切实增强思想自觉。

深刻领会全面依法治国的根本保证是党的领导，把握根本政治原则。习近平总书记指出，党的领导是中国特色社会主义法治之魂，是我国法治同西方资本主义国家法治的最大区别；强调党的领导和社会主义法治是一致的，社会主义法治必须坚持党的领导，党的领导必须依靠社会主义法治。这些重要论述深刻阐明了党的领导和社会主义法治的关系，为我们把握中国特色社会主义法治建设的根和魂提供了科学指引，是推进全面依法治国必须遵循的政治准绳。我们要始终坚持加强党对全面依法治国的领导，切实把党的领导贯彻到全面依法治国的全过程和各方面。

深刻领会全面依法治国的唯一正确道路是中国特色社会主义法治道路，把握正确政治方向。习近平总书记指出，中国特色社会主义法治道路，是社会主义法治建设成就和经验的集中体现。这些重要论述旗帜鲜明地回答了新时代我国法治建设向哪里走、走什么路的根本性、方向性问题，向全社会释

放正确而明确的信号。我们要始终坚持立足中国国情和实际，牢牢把握社会主义法治建设的正确方向，传承中华法系优秀思想和理念，借鉴人类优秀法治文明成果，坚定"四个自信"，保持战略定力，坚定不移地走中国特色社会主义法治道路。

深刻领会全面依法治国最广泛、最深厚的基础是人民，把握根本政治立场。习近平总书记指出，法治建设要为了人民、依靠人民、造福人民、保护人民；强调必须牢牢把握社会公平正义这一法治价值追求，努力让人民群众在每一项法律制度、每一个执法决定、每一宗司法案件中都感受到公平正义。这些重要论述彰显了习近平总书记以人为本、执政为民的执政理念，展现了"我将无我，不负人民"的赤子情怀。我们要始终坚持以人民为中心，系统研究谋划和解决法治领域人民群众反映强烈的突出问题，让人民群众有更多获得感、幸福感、安全感。

深刻领会全面依法治国是国家治理领域一场广泛而深刻的革命，把握与时俱进的创新品格。习近平总书记指出，法律是治国理政最大、最重要的规矩，法治是国家治理体系和治理能力的重要依托，强调坚持在法治轨道上推进国家治理体系和治理能力现代化。这些重要论述与马克思主义法治理论一脉相承，与我们党推进法治实践的理论成果一脉相承，立时代之潮头，发思想之先声，与时俱进系统回答了如何推进国家治理体系和治理能力现代化这一重大时代课题，对中国特色社会主义法治理论作出了历史性、原创性贡献，为马克思主义思想理论宝库增添了崭新的成果。我们要始终坚持在继承中发展、在守正中创新，坚持把党和国家工作纳入法治化轨道，以法治应对和战胜前进路上的风险挑战，推动中国特色社会主义制度优势更好地转化为国家治理效能。

深刻领会全面依法治国是一项涵盖广泛的宏大工程、把握统揽全局的系统观念。习近平总书记指出，全面推进依法治国是一项庞大的系统工程，必须统筹兼顾、把握重点、整体谋划；强调坚持依法治国首先要坚持依宪治国，坚持依法执政首先要坚持依宪执政；强调中国特色社会主义法治体系是推进全面依法治国的总抓手；强调坚持依法治国、依法执政、依法行政共同推进，法治国家、法治政府、法治社会一体建设；强调坚持全面推进科学立法、严格执法、公正司法、全民守法；强调坚持建设德才兼备的高素质法治工作队伍；强调坚持抓住领导干部这个"关键少数"。这些重要论述凸显了习近平总书记高瞻远瞩、系统谋划、统筹推进的系统思维、战略思维，环环相扣、层层递进、纵深推进，实现了目标任务和建设路径的有机统一，整体推进和重点突破的有机统一。我们要始终坚持系统观念，注重系统性、整体性、协同性，努力实现法治建设各领域、各环节系统集成、协同联动。

深刻领会全面依法治国必须协调推进国内法治和涉外法治，把握统筹兼顾的辩证思维。习近平总书记指出，要加快涉外法治工作战略布局，协调推进国内治理和国际治理；强调综合利用立法、执法、司法等手段开展斗争，坚决维护国家主权、尊严和核心利益；强调要推动全球治理变革，推动构建人类命运共同体。这些重要论述体现了习近平总书记统筹国内、国际两个大局，将国内治理与国际治理相协调的全球视野、博大胸怀和历史担当。我们要始终坚持善于运用法治维护国家主权、安全、发展利益，善于运用法治解决国际争端，善于运用法治推动构建公正合理的国际秩序。

三、努力在"笃行之、抓落实"上下功夫，务求把习近平法治思想的实践要求贯彻得更加扎实到位

深入学习贯彻习近平法治思想，重在实干，贵在落实。关键在于坚持以习近平法治思想为指导，深入推进全面依法治国，以扎扎实实的工作取得实实在在的成效。我们一定要求真务实，真抓实干，切实增强行动自觉。

着力推动学习宣传贯彻习近平法治思想走深走实，领航"新征程"。推动把习近平法治思想作为党委（党组）理论学习中心组重点学习内容、党校（行政学院）和干部学院重点课程，统筹各法治工作部门和各单位法治工作机构开展全战线、全覆盖的培训轮训，面向广大干部群众持续深入宣传习近平法治思想的精神实质和丰富内涵，让每一位法治干部、法治理论工作者都掌握习近平法治思想的精髓要义，凝聚全党全社会投身法治建设的思想共识和智慧力量。

着力落实全面依法治国顶层设计，构建"大格局"。推动各地区、各部门制定贯彻落实法治建设规划纲要的方案并推进实施，加快制定法治政府建设实施纲要，把依法治国、依法执政、依法行政共同推进，法治国家、法治

政府、法治社会一体建设提高到新水平。推动各级党委和政府加强对法治建设的组织领导，形成上下联动、齐抓共建、协同推动的工作格局，汇聚全面依法治国强大合力。

着力统筹法治建设各项任务，下好"一盘棋"。积极推进国家安全、科技创新、公共卫生、生物安全、生态文明、防范风险、涉外法治等重要领域立法，健全国家治理急需、满足人民日益增长的美好生活需要必备的法律制度，填补空白点、补强薄弱点。推动法治政府建设率先突破，加快转变政府职能，打造市场化、法治化、国际化营商环境。推进严格、规范、公正、文明、执法，让执法既有温度又有力度。推动深化司法责任制综合配套改革，加强司法制约监督，健全社会公平正义法治保障制度，提高司法办案质量和效率。推进普法和依法治理，发展新时代"枫桥经验"，完善社会矛盾纠纷多元预防调处化解综合机制，落实"谁执法谁普法"普法责任制，加强青少年的法治教育，提升全体公民的法治意识，真正使法治成为社会共识和基本准则。

着力解决法治建设的突出问题，唱好"重头戏"。深入贯彻中央全面依法治国工作会议精神，聚焦重大部署、重要任务、重点工作，制定工作方案，细化任务要求，务求取得突破。以解决地方立法工作存在违背上位法规定，立法"放水"，新技术新应用存在法律制度空白区，行政决策合法性审查走形式，运动式、"一刀切"执法，一些执法、司法人员不作为、乱作为等方面突出问题为着力点，深入实际、深入基层、深入群众，勇于担当、敢于碰硬，找出问题症结所在，提出措施对策，不断提高法治建设水平。

着力提高"关键少数"法治素养和能力，抓住"牛鼻子"。领导干部要强化法治意识，提高法治素养，做尊法、学法、守法、用法的模范。党政主要负责人要切实履行推进法治建设第一责任人职责，把法治素养和依法履职情况纳入考核评价干部的重要内容，强化法治责任。健全领导干部学法、用法制度，提高运用法治思维和法治方式深化改革、推动发展、化解矛盾、维护稳定、应对风险的能力。

着力推动各项工作落实，弘扬"好作风"。完善抓落实的工作机制，一项一项细化责任，一级一级压实担子，一件一件抓出成效，力戒形式主义、官僚主义。真抓实干促贯彻，扑下身子抓落实，推动中央全面依法治国工作会议各项任务落地见效，努力开创全面依法治国新局面。

（作者为中央依法治国办副主任、司法部部长）

坚持依法治国、依法执政、依法行政共同推进，法治国家、法治政府、法治社会一体建设

熊选国

坚持依法治国、依法执政、依法行政共同推进，法治国家、法治政府、法治社会一体建设，是习近平法治思想的核心要义"十一个坚持"之一，是对全面依法治国的工作布局，为我们从全局上、整体上把握全面依法治国提供了科学指引。

一、深刻把握全面依法治国的工作布局

习近平总书记强调，准确把握全面依法治国工作布局，坚持依法治国、依法执政、依法行政共同推进，坚持法治国家、法治政府、法治社会一体建设。这一重要论述体现了以洞察大势引领全盘布局、以目标愿景引领宏伟征程的大思路、大格局，对于指引我们深化全面依法治国实践具有纲举目张的重要意义。

"共同推进、一体建设"体现了将全面依法治国放在党和国家工作大局中思考谋划的全局思维。全面依法治国重在"全面"，涉及国家经济、政治、文化、社会、生态文明建设各个领域，关系改革发展稳定、内政外交国防、治党治国治军各个方面。在推进全面依法治国、实现中华民族伟大复兴中国梦的历史进程中，我们党越来越深刻认识到，治国理政须臾离不开法治。无论是我们党执掌政权、政府施政，还是经济运行、社会治理，党和国家各项工作只有纳入法治化轨道才能实现有序运转，涵盖广泛的法治建设任务需要有统筹各方的工作布局。习近平总书记以马克思主义政治家、思想家

的卓越智慧和非凡勇气，正式提出全面依法治国，并把它纳入"四个全面"战略布局，把"坚持依法治国、依法执政、依法行政共同推进，坚持法治国家、法治政府、法治社会一体建设"确定为全面依法治国的工作布局，这是在深刻把握社会主义法治建设所处历史方位、治国理政实践需要基础上的重大理论和实践创新，为我们在艰巨繁重的法治建设任务中把握整体工作格局提供了根本遵循。

"共同推进、一体建设"体现了整体部署、协同推进的系统思维。习近平总书记指出，全面依法治国是一个系统工程，必须统筹兼顾、把握重点、整体谋划，更加注重系统性、整体性、协同性。经过不懈努力，全面依法治国已经从搭建四梁八柱迈入统筹协调推进的新阶段，法治建设各环节、各领域彼此关联、相互影响，牵一发而动全身，零敲碎打、单兵突进已经不能适应事业发展的需要。只有在国家、政府、社会各个层面，治国、执政、行政各个方面构建系统完备、科学规范、运行有效的制度体系，才能实现法治建设各个环节相互配合、协同运转，从而最大限度地将制度优势转化为治理效能。"共同推进、一体建设"凝结着习近平总书记对法治建设所处阶段和当前形势任务的深刻洞察，是推进全面依法治国的科学思路和有效方法。

"共同推进、一体建设"体现了目标引领和重点突破相统一的辩证思维。依法治国是社会主义民主政治的基本要求，我们党是执政党，坚持依法执政，对全面推进依法治国具有重大作用。党的十九大描绘了2035年基本建成法治国家、法治政府、法治社会的宏伟蓝图，法治政府建设是全面依法治国的主体工程，承担率先突破的历史使命，法治社会建设是全面依法治国的基础工程，是增强人民群众法治获得感、幸福感、安全感的重要举措，法治国家是全面依法治国的总目标，明确了全面依法治国的性质和方向。这一工作布局坚持两点论和重点论相统一的马克思主义唯物辩证法，既以目标为着眼点，强化统筹谋划、顶层设计，又以关键领域为着力点，以重点问题突破引领带动全局工作发展。"共同推进、一体建设"是深入总结社会主义法治建设独特性和规律性得出的科学结论，是立足中国实际、总结中国经验、回答中国之问的精辟论断，使我们进一步明确新时代法治中国建设的前进方向。

二、坚持依法治国、依法执政、依法行政共同推进

依法治国、依法执政、依法行政是一个有机整体。依法治国就是广大人民群众在党的领导下，依照宪法和法律规定，通过各种途径和形式管理国家事务，管理经济文化事业，管理社会事务，保证国家各项工作都依法进行。依法治国是党领导人民治理国家的基本方略，依法执政是我们党执政的基本方式，依法行政是政府行政的基本准则。能不能做到依法治国，关键在于党能不能坚持依法执政，各级政府能不能坚持依法行政。

依法执政是我们党领导人民长期探索治国之道、不断深化对共产党执政规律认识的重大战略抉择。党的十一届三中全会后，我们党在理论和实践探索中逐步确立和形成了依法执政这一基本执政理念和执政方式。1982年党章提出"党必须在宪法和法律的范围内活动"，同年宪法规定各政党"必须以宪法为根本的活动准则""必须遵守宪法和法律"。党的十五大报告第一次明确提出依法治国基本方略，1999年修改宪法将这一基本方略作为重要的宪法原则。党的十六大将依法执政确立为党的基本执政方式。党的十八届四中全会明确指出"坚持依法执政，各级领导干部要带头遵守法律，带头依法办事"。这一历史进程，是我们党对依法执政及其在全面依法治国中重要地位作用的认识不断深化的过程。只有推进依法执政制度化、规范化、程序化，才能跳出"历史周期率"，把我们这样一个世界最大的执政党建设好，才能在长期执政中履行好为中国人民谋幸福、为中华民族谋复兴的初心使命。作为执政党的中国共产党是否依法执政，直接影响依法治国基本方略能否得到贯彻，影响社会主义法治建设的成败。我们要增强依法执政意识，坚持以法治的理念、法治的体制、法治的程序开展工作，推进党的领导入法入规，善于运用法治思维和法治手段巩固执政地位、改善执政方式、提高执政能力，保证党和国家长治久安。

依法行政是切实维护广大人民群众切身利益、落实依法治国基本方略的必然要求。习近平总书记强调，各级政府一定要严格依法行政，切实履行职责，该管的事一定要管好、管到位。我国绝大多数法律、行政法规、地方性法规由各级政府负责实施。执法主体多、涉及领域广、行为数量大，行政执法人员与群众打交道多，行政执法与群众利益关系密切。只有执法机关坚

持严格规范公正文明执法，才能切实维护社会公平正义、更好地满足人民群众的法治需求，才能树立执法机关公信力、带动全社会遵纪守法、保证法律法规有效实施。近年来，我们推动综合行政执法改革，全面推行行政执法公示、执法全过程记录、重大执法决定法制审核"三项制度"，加强环境保护、安全生产、食品药品、社会治安等重点领域执法工作，取得积极成效。当前，我国正处于社会转型的特殊历史时期，各项改革进入攻坚期和深水区，影响社会和谐稳定的因素大量存在，执法工作面临的形势和环境发生了复杂而深刻的变化。与此同时，执法领域仍然存在不少问题，既有执法不严格，该严不严、该重不重、查处不力等执法不作为问题；也有执法不规范、简单粗暴、选择执法、趋利执法等执法乱作为问题，亟待加以解决。我们要进一步牢固树立"执法为民"理念，深化执法体制改革，准确把握行政执法的功能和目标，开展精准执法、柔性执法，严防机械办案、趋利执法，让执法既有力度又有温度，做到执法要求与执法形式相统一、执法效果与社会效果相统一。

三、坚持法治国家、法治政府、法治社会一体建设

习近平总书记指出，法治国家、法治政府、法治社会三者各有侧重、相辅相成，法治国家是法治建设的目标，法治政府是建设法治国家的主体，法治社会是构筑法治国家的基础。这一重要论述深刻阐明了法治国家、法治政府、法治社会建设之间的关系，为我们推进一体建设指明了方向。

法治政府建设要率先突破。习近平总书记强调，法治政府建设是重点任务和主体工程，对法治国家、法治社会建设具有示范带动作用。各级政府承担着推动经济社会发展、管理社会事务、服务人民群众的重要职责，建设法治政府是建设法治中国的基本要求，是推进国家治理体系和治理能力现代化的重要抓手。建设法治政府不仅涉及行政立法、行政执法、执法监督，还涉及政府职能转变、行政体制改革、科学民主决策等内容；不仅要建设一切行政活动依法、合法、守法的政府，也要建设一切行政活动合理、科学、有度的政府。2015年，中共中央、国务院印发《法治政府建设实施纲要（2015—2020年）》。近年来，中央依法治国办一手抓法治政府建设示范创建、一手

抓法治政府建设督察，推动在规范行政决策程序、法规规章备案审核等方面出台有关条例规定，法治政府建设全面提速。但也要看到，这一领域仍然存在一些难啃的硬骨头，依法行政观念不牢固、行政决策合法性审查走形式等问题还没有根本解决。把握新发展阶段、贯彻新发展理念、构建新发展格局，我们要加快转变政府职能，坚持用法治给行政权力定规矩、划界限，完善行政决策合法性审查制度，规范决策程序，健全政府守信践诺机制，打造市场化、法治化、国际化营商环境，全面提高法治政府建设水平。

法治社会建设要加快推进。习近平总书记强调，要强化依法治理，培育全社会办事依法、遇事找法、解决问题用法、化解矛盾靠法的法治环境。建设法治社会既是全面依法治国的基础，也是一项长期工程，不能毕其功于一役，必须绵绵用力、久久为功。推动全民守法是建设法治社会的重要方面，如果一个社会大多数人对法治没有意识、对守法没有信心，就不可能建成法治社会。30多年来，我们已经实施了7个五年全民普法规划，以举国之力自上而下、驰而不息地把法律交给亿万人民，全社会法治意识明显提升。新时代，不论是人民群众对法治的新期待，还是现代传播技术的新发展，都对普法工作提出了新的更高要求。我们要推动普法工作与时俱进创新发展，在提高针对性、实效性上狠下功夫，制定实施好"八五"普法规划，落实"谁执法谁普法"的普法责任制，善于运用新技术和新方法，春风化雨、润物无声地提升全民法治素养。建设法治社会必然要运用法治思维和法治方式推进社会治理，依法防范风险、化解矛盾、维护权益，营造公平、透明、可预期的法治环境。人类社会发展的事实证明，依法治理是最可靠、最稳定的治理。我国有14亿人口，素有"以和为贵"的文化传统，国情决定了我们不能成为"诉讼大国"。我们要推动更多法治力量向引导和疏导端用力，完善预防性法律制度，坚持和发展新时代"枫桥经验"，健全社会矛盾纠纷多元预防调处化解综合机制，推进市域社会治理现代化，消未起之患、治未病之疾，促进社会和谐稳定，形成符合国情、体现时代特征、人民群众满意的法治社会建设生动局面。

坚持法治国家、法治政府、法治社会一体建设重在顶层设计。法治中国建设规划、法治社会建设实施纲要已经制定印发，我们将推动各地区、各部门制定落实方案并推进实施，抓紧研究制定新一轮法治政府建设实施纲要，把依法治国、依法执政、依法行政共同推进，法治国家、法治政府、法治社会一体建设提高到新水平。

（作者为司法部党组成员、副部长）

加强涉外法治工作

沈德咏　刘静坤

涉外法治工作是全面依法治国的重要组成部分，也是统筹国内、国际两个大局在法治领域的具体体现。改革开放以来，我国涉外法治工作不断发展，在促进对外开放、维护国家利益方面发挥了重要作用。习近平总书记在中央全面依法治国工作会议上强调："要坚持统筹推进国内法治和涉外法治。"在新发展阶段，我们要加快涉外法治工作战略布局，协调推进国内治理和国际治理，更好地维护国家主权、安全、发展利益，维护国际法治秩序。

历史和现实证明，以国际法为基础的国际秩序，是推动国际关系民主化、法治化、合理化，促进世界和平与发展的基石。国际法基本原则对形成和维护公正合理的国际法治秩序意义重大。20世纪50年代，我国与其他一些国家共同提出和平共处五项原则，为国际法基本原则的发展作出重大贡献。习近平主席指出：要致力于推进合作共治的共同开放，不应该任由单边主义、保护主义破坏国际秩序和国际规则，而要以建设性姿态改革全球经济治理体系，推动建设开放型世界经济。我国加强涉外法治工作，着眼于维护以国际法为基础的国际秩序，力促国际合作。我们主张国家不分大小、强弱、贫富，一律平等，尊重各国人民自主选择社会制度和发展道路的权利，反对干涉别国内政，维护以联合国宪章宗旨和原则为核心的国际秩序和国际体系，推动各国共同捍卫多边主义，反对霸权主义和强权政治，共同建设相互尊重、公平正义、合作共赢的新型国际关系，推动构建人类命运共同体。

加强涉外法治工作，需要积极参与国际规则的制定和完善，为世界和平与发展注入正能量。当前，国际规则发展进程加速，在外空、网络、大数据、人工智能等新领域，不少国家试图提出符合本国利益的国际规则方案。我们要及时跟进研究，提出契合国际法治和中国实际、为国际社会所普遍接受的建设性方案，增强我国在国际法治发展中的话语权和影响力。同时，加强国际执法司法协作，推动国内法律与国际规则衔接，积极参与国际法治建设。

当前，国际组织已成为全球治理的重要力量，在国际法治运行中扮演着重要角色。冷战结束以来，国际组织数量显著增长，规模进一步扩大。在全球气候变化、环境保护、大规模传染性疾病预防、反恐、应对金融危机等众多领域，国际组织都发挥着重要的组织协调作用，特别是发展中国家在国际组织决策过程中的发言权和影响力明显增强。加强涉外法治工作，需要加大国际法教育和研究力度，加大涉外法治人才培养力度，注重向国际组织输送涉外法治人才，为积极参与国际组织的政策制定、规则设计和日常管理提供人力资源。进一步提升与国际组织的协作水平，共同为全球治理变革贡献力量。

我国法律的域外适用，是涉外法治工作的重要环节。我们要立足全面对外开放的现实要求，加快我国法域外适用的法律体系建设，推进涉外法治重点领域立法，完善涉外法律法规体系，着力解决对外贸易、投资等领域规则不完善等问题。优化国内法律体系，及时修订和废止不适应国内外形势发展的法律法规，从而更好地发挥国内法域外适用的制度功能。面对一些国家没有国际法依据的单边制裁和所谓"长臂管辖"行径，必须运用法律武器坚决予以反击。综合利用立法、执法、司法等手段开展斗争，占领法治和道义制高点，不断增强涉外法律斗争的主动性，更好地服务高质量共建"一带一路"，更好地维护中国企业、公民在海外的合法权益。

加强涉外法治工作，还要注重防范化解国际法治领域的风险隐患，既要看到国际法治在稳定国际秩序、规范国际关系等方面的积极作用，也要有效防范化解国际法治领域存在的风险隐患。比如，有的国际条约主要由一些发达国家主导制定，在争端解决机制等方面未能充分考虑发展中国家的经济社会发展需要。加强涉外法治工作，要求科学研判国内各项发展战略在实施过程中可能出现的国际法律风险，充分评估相关国际条约和国际司法程序的潜在问题，提前制定风险防范和化解工作方案；灵活运用现有国际法律争端解决机制，探索推广新型国际法律争端解决机制。比如，围绕"一带一路"国际合作，推进国际商事法庭建设，推动我国仲裁机构与"一带一路"参与国家仲裁机构合作建立联合仲裁机制等，为解决国际法律争端贡献更多中国智慧和中国方案。

（作者分别为全国政协社会和法制委员会主任、中国政法大学全面依法治国研究院教授）

以习近平法治思想统领涉外法律服务

李昌道

筹备多年的环太平洋律师协会第30届年会在上海开埠178年后隆重开幕了，这是世界法治的盛会，是中国法治的盛会。作为一名从事法学教学和科研、立法、司法、执法、法治宣传和法律服务已60多年的"90后"老法律人，请允许我向参与本次年会举办的中央和上海市有关单位领导和专家，向全球首家诞生在亚洲的国际律师组织——环太平洋律师协会及中华全国律师协会、上海市律师协会等表示衷心的感谢！

盛世办盛会，上海是中国共产党的诞生地，是中国律师业的发祥地。记得2012年上海律师公会成立百年之际，上海市举办了隆重的纪念活动，我受邀撰文"律师文化，执业之本"，时任中共上海市委常委、市委政法委书记丁薛祥同志出席了大会。此情此景，犹在眼前。

本届环太平洋律师协会上海年会的举办正值中央提出习近平法治思想后不久，正值中国共产党建党一百周年即将来临之际，可谓机不可失，正逢其时。习近平法治思想提出统筹推进国内法治和涉外法治，本届年会是中外法治文明交流互鉴的法治盛宴，是传播习近平法治思想和推进涉外法律服务的全球盛会。

涉外法律服务要以习近平法治思想为统领。习近平总书记指出，中国坚持对外开放的基本国策，坚持打开国门搞建设，积极促进"一带一路"国际合作，努力实现政策沟通、设施联通、贸易畅通、资金融通、民心相通，打造国际合作新平台，增添共同发展新动力。以"一带一路"建设为重点，坚持"引进来"和"走出去"并重，遵循"共商、共建、共享"原则，这些重要论断为新时代中国企业"走出去"参与国际投融资活动和推进涉外法律服务提供了路径和方向。

推进涉外法律服务要以"一带一路"为抓手。构筑"一带一路"建设良好的法治环境需要集政治环境、经济环境、文化环境、社会环境、生态环境于大成。我们要构建中国特色的涉外法治体系建设，中国涉外法治体系要将我国的涉外法律体系和以联合国宪章为基础的国际法治体系相互连接和贯通，相互借鉴和融合，要注重将中国法律"走出去"，有中国人和中国企业的地方应当听到中国法治的声音，应当有中国涉外法律服务的影子。

推进涉外法律服务要加强教育和培育工作。我们要加强高校和科研机构涉外法治的教学和研究工作，培养一大批高水平的师资人才。我们要加强培育涉外律师工作，加强培育一大批爱党爱国、业务精湛、熟悉国际法治的精英法律人群体，特别是能在国际组织担任领导人，能发出中国声音、传递中国智慧的顶尖法治人才，要重视和使用好高端法治人才。

当前，中国经济已深度融入世界经济，经贸往来之密、要素流动之广、市场融合之深前所未有，中国的发展越来越离不开世界，世界发展也越来越"亲近"中国。在新的历史起点上，我们要充分利用国际国内两个市场、两种资源，发展更高层次的富有中国特色的开放型经济。

环太平洋律师协会作为著名国际律师组织，成立30年来团结亚洲和太平洋地区的商业律师，崇尚以"五通"为主要内容的全方位务实法律合作，有助于促进全球贸易、跨国投融资、跨国生产与服务网络的更快发展，是推进涉外法治工作的有机组成部分，是中外律师携手合作共赢的平台和纽带。

本次年会以线上加线下方式开展研讨，在新冠肺炎疫情背景下成功举办实属不易，必将载入历史！

最后，祝第30届环太平洋律师协会上海年会取得圆满成功！

（本文是著名法学家李昌道教授在环太平洋律师协会第30届上海年会上的演讲）

金融监管与创新发展篇

继往开来　砥砺前行　奋力谱写
资本市场高质量发展新篇章

易会满

30年前，伴随着改革开放的历史进程，经过早期的孕育、萌芽，以上海证券交易所、深圳证券交易所设立为标志，中国资本市场应运而生。今天，我们在这里共聚一堂，就是为了一起回顾我国资本市场30年不平凡的发展历程，在面向"十四五"的新起点上，总结经验、展望未来，进一步凝聚智慧和力量，携手谱写新时代资本市场高质量发展的新篇章。

一、资本市场30年取得了举世瞩目的发展成就

建立和发展资本市场是党中央深化改革开放、建立健全社会主义市场经济体制的重大战略决策和实践探索。30年来，资本市场在改革中前进，在开放中成长，从无到有、从小到大，实现了历史性突破和跨越式发展。特别是党的十八大以来，我们认真贯彻落实习近平总书记关于资本市场的一系列重要指示批示精神，全面深化资本市场改革，着力加强基础制度建设，市场体系的包容性不断增强，市场主体的竞争力稳步提升，双向开放的深度广度日益拓展，市场生态的向好趋势持续巩固。目前，我国股票市场、债券市场规模均位居全球第二，商品期货交易额连续多年位居世界前列，国际影响力与日俱增，为加快建设现代金融体系、服务经济社会高质量发展贡献了积极力量。

一是服务实体经济取得了显著成效。30年来，我们坚持服务实体经济的根本宗旨，从服务国企改革起步，到中小板、创业板、新三板、科创板相继推出，私募股权和创业投资规范发展，多层次资本市场体系渐趋完备。资

本市场促进资本形成、优化要素资源配置、完善现代产权制度、普及市场经济理念等重要功能日益得到各方认可，服务实体经济的覆盖面和深度持续拓展，在支持国家创新驱动发展、区域协调发展、国资国企改革和脱贫攻坚等国家战略中，发挥着独特而重要的作用。30年来，资本市场累计实现股权融资超过21万亿元。特别是近年来，我们更加聚焦服务科技创新，通过改革推动要素资源加速向科技创新领域集聚。科创板开板以来，IPO融资金额已占同期A股的近一半，资本市场促进科技、资本和产业高水平循环的枢纽作用明显增强。稳步发展交易所债券市场，存续余额近16万亿元，融资工具品种不断丰富，有效拓宽了实体企业特别是中小民营企业融资渠道。平稳推出了90个期货期权品种，基本覆盖国民经济主要领域，价格发现、风险管理等功能有效发挥。

二是深化改革不断向纵深推进。资本市场的发展史就是一部改革史。30年来，我们坚持问题导向、目标导向、结果导向，着力破除制约市场功能有效发挥的体制机制性障碍，系统谋划和推动了一系列重大改革落地。开创性地实施股权分置改革，消除了两类股份、两个市场、两种价格并行的制度性缺陷，为市场长远健康发展奠定了坚实基础。持续推进股票发行审核制度改革，在历经审批制、核准制等实践的基础上，为更好地发挥市场在资源配置中的决定性作用，以科创板为突破口试点股票发行注册制，并稳步扩展至创业板，探索建立了"一个核心、两个环节、三项市场化安排"的注册制架构，发行定价市场化程度、审核注册效率和可预期性大幅提高。紧扣深化金融供给侧结构性改革的主线，注重整体谋划、加强统筹协调，制定实施《全面深化资本市场改革总体方案》，明确了12个方面的重点改革任务，扎实推进交易、退市等关键领域的一揽子基础制度改革，制度的包容性、适应性进一步增强。

三是市场主体的创新活力和竞争力日益增强。30年来，资本市场有力地推动了我国现代企业制度和公司治理机制的建立健全，大大促进了金融体制改革和金融结构优化。从沪市"老八股"和深市"老五股"上市开始，建立并逐步完善信息披露制度，规范公司治理运行，坚决清理大股东占用和违规担保，持续推进市场化并购重组。目前上市公司已超过4100家，一批具有全球竞争力的企业进入世界500强，实体上市公司利润总额相当于全国规模以上企业的五成,已成为国民经济的"基本盘"、产业升级的"领跑者",经济运行"晴雨表"的功能日益提升。

行业机构方面,1987年首家专业证券公司在深圳特区创立,行业发展迅速起步,机构数量、资产规模快速增长,但由于内外部约束机制不健全,早期探索中积累了一些问题。我们采取风险处置、日常监管和推进行业发展"三管齐下"的措施,实施证券公司综合治理,有效解决了长期制约行业健康发展的顽症痼疾,推动证券行业走上了规范发展的轨道。证券公司业务种类不断丰富,服务能力持续提升,全面合规风险管理体系基本建立,资本实力明显增强,"合规、诚信、专业、稳健"的文化理念逐步成为行业共识。期货公司的规范运作水平和专业服务能力不断增强。公募基金、社保基金、保险机构、企业年金等境内专业机构力量不断发展壮大,长期资金"愿意来、留得住"的市场环境正在逐步形成,市场资金结构呈现趋势性改善态势。目前,公募基金管理资产近19万亿元,权益类基金比重近两年提高了14个百分点;备案的私募基金管理人近2.5万家,管理资产约为16万亿元。

四是高水平双向开放的新格局加快形成。开放是资本市场发展的内在要求,也是市场走向成熟的必由之路。从一开始,我们就坚持开门办市场,坚持"引进来、走出去"一体推进,推动境内企业到境外上市,建立健全QFII、RQFII制度,不断深化沪深港通等互联互通机制,并抓住"一带一路"倡议重要机遇,开展与境外市场的多种形式合作,积极参与国际金融治理。这两年,我们坚决落实国家关于金融对外开放的进度安排,加快推进市场、产品和机构全方位开放。行业机构外资股比限制全面放开,沪伦通、中日ETF互通相继落地,A股纳入国际主流指数的比重稳步提升。境外投资者持股市值不断提升,外资连续3年保持净流入。原油、铜、铁矿石等期货品种的国际影响力不断增强。同时,我们加快推进资本市场制度性、系统性开放,看穿式监管等特色制度得到国际同行的广泛认可,跨境监管合作、参与全球金融治理的能力进一步提升。

五是市场发展的法治根基不断夯实。法治兴,则市场兴。从最初依托部门规章、行政法规,到公司法、证券法、基金法相继出台及此后的一系列修订完善,我们逐步建立了一套既符合国际惯例又具有中国特色的资本市场法律规范体系,稳步将改革实践上升为制度规则,法治化运行的制度基础不断巩固。经过多年的不懈努力，新修订的《中华人民共和国证券法》（以下简称《证券法》）于2020年3月正式施行，在全面推行证券发行注册制、大幅提高证券违法违规成本、加大投资者保护力度等方面实现重大突破，《中华人民共和国刑法修正案（十一）》刚刚获得审议通过，期货法立法取得重大进展。以《证券法》修订为契机，我们加快完善投资者保护组织体系和制度机制，有效涵盖投资者适当性管理、持股行权、先行赔付、多元纠纷化解、支持诉讼、代表人诉讼等关键领域环节，为1.7亿名投资者更好地分享我国经济发展红利提供有力保障。在2019年世界银行营商环境评估中，我国保护中小投资者指标排名大幅提升至第28位。

六是市场监管和治理效能持续提升。证券期货监管从最初的分散管理到1998年开始实行集中统一的监管体制，我们坚守监管主责主业，持续完善查审分离体制，提升稽查执法效能，逐步形成了行政监管与行业自律相互补充，证监会机关、派出机构、交易场所、行业协会等各司其职、紧密协作的监管执法体系。30年来，资本市场在防范化解重大风险斗争中不断成长成熟，从早期果断处置"8·10"事件、"327"国债期货事件，到有效应对亚洲金融危机和国际金融危机的冲击，再到2015年应对股市异常波动，有经验，也有教训。自2019年以来，面对极其严峻的外部环境和新冠肺炎疫情的严重冲击，在国务院金融委的统一指挥协调下，我们沉着应对，资本市场韧性和抗风险能力明显增强。30年来，我们坚持实事求是，顺应资本市场的快速发展，监管理念、监管方式和手段与时俱进，动态完善。始终着眼于更好地处理政府和市场的关系，大力深化简政放权，持续加强监管透明度建设，推进科技监管，市场活力和运行效率不断提升，治理能力和治理水平稳步提高。30年来，在资本市场改革攻坚、风险防范、稽查执法等工作中涌现出一批又一批先进典型，锻造了一支勇于担当、敢于斗争的高素质专业化监管干部队伍，薪火相传、接续奋斗，为资本市场长期稳定健康发展提供了坚实的人才保障。

30年筚路蓝缕，30年砥砺奋进，这些成就的取得，是党中央、国务院坚强领导的结果，是市场开拓者和建设者大胆探索、锐意进取的结果，是市场各参与方和社会各界精心呵护、大力支持的结果，是系统广大干部职工辛勤工作和无私奉献的结果。这里，我谨代表证监会党委向各位老领导、老同志，向所有为资本市场改革发展稳定作出贡献的同志们和朋友们，表示崇高的敬意和诚挚的感谢！

二、资本市场30年积累了弥足珍贵的发展经验

习近平总书记深刻指出，"无论我们走多远，都不能忘记来时的路"。30年风雨探索、披荆斩棘，中国资本市场走出了一条符合国情的改革发展之路，积累的宝贵经验是资本市场进一步深化改革、推动发展的精神财富，必须倍加珍惜、传承创新，为开启新征程积蓄充沛力量。

30年的历程启示我们，必须始终坚持和加强党对资本市场的全面领导。我国资本市场白手起家，但仅用30年就走过了西方发达国家上百年的发展历程。30年来，无论是在股权分置改革的紧要关头，还是在防范化解重大金融风险攻坚战的吃劲阶段；无论是国际金融市场动荡冲击的艰难时刻，还是面对新冠肺炎疫情蔓延影响正常开市的重大抉择，资本市场之所以都能攻坚克难、化危为机，始终保持良好的发展势头，归根结底在于有党中央的坚强领导和中国特色社会主义的制度优势。实践证明，只有把党的政治优势、组织优势和资本市场发展的一般规律有机结合起来，自觉把资本市场改革发展放在党和国家工作全局中去谋划、去推动，才能够乘风破浪、攻坚克难、行稳致远。

30年的历程启示我们，必须始终坚持以人民为中心的发展思想。牢记全心全意为人民服务的根本宗旨，始终站稳资本市场监管的人民立场，这是新时代资本市场践行初心使命的核心要义。我国拥有全球规模最大的公众投资者群体，他们始终与资本市场共担风雨、共同成长。资本市场改革发展稳定，直接关乎亿万个家庭、数亿名群众的切身利益，尊重投资者、敬畏投资者，坚决打击各类违法违规行为，切实保护投资者的各项合法权益，是资本市场监管人民性的具体体现。这就要求我们在改革发展、监管执法的全流程，要想投资者之所想，虑投资者之所忧，解投资者之所难，积极构建公开、公平、公正的市场环境，更好地满足广大人民群众的财富管理需求，不断增强投资者的获得感。

30年的历程启示我们，必须始终坚持市场化、法治化、国际化的改革方

向。改革开放是决定中国命运的关键一招，也是资本市场持续发展的根本动力。党的十八大以来，习近平总书记关于资本市场的一系列重要论述中，改革的主线贯穿始终，改革的内容占据绝大多数。我们认真学习领会、坚决贯彻落实。实践证明，必须坚持用改革的方法破除市场发展的体制机制障碍，以刀刃向内的勇气不断自我革新。改革不仅拉近了市场与监管的距离，改善了市场预期，也激发了系统干部职工的斗志和士气。面向未来，我们必须进一步深化对资本市场发展规律的认识，尊重市场首创精神，坚持依法治市，学习借鉴国际最佳实践，把资本市场全面深化改革不断向前推进。

30年的历程启示我们，必须始终坚持把防范化解风险摆在突出位置。金融本质上是经营和管理风险的行业。做好改革发展工作必须坚持稳中求进、稳字当头。当前，我国资本市场的规模体量、结构层次与发展初期不可同日而语，在周期性、体制性、行为性等因素的叠加影响下，风险的传导机制更加隐蔽，突发性和传染性特征也更为突出，稍有不慎，容易形成系统性、区域性风险。特别是在当前国内外环境异常复杂的大背景下，我们必须坚持底线思维，保持战略定力，正确处理好稳与进、当前与长远、局部与全局的关系，努力把风险消除在萌芽状态，坚决打好防范化解重大金融风险的攻坚战、持久战。

30年的历程启示我们，必须始终坚持发挥各方合力。实践证明，资本市场是一个兼具政治、经济、文化、社会等特征的综合体，建设好、发展好资本市场是一项宏大的系统工程，离不开法治供给的持续加强，离不开货币、财税、产业等领域政策的协同发力，离不开地方党委政府的群策群力，离不开新闻舆论方面的引导监督和环境创造。我们提出"四个敬畏、一个合力"的监管理念，着力推动科学监管、分类监管、专业监管、持续监管，就是为了顺应资本市场规律，进一步聚合各方力量。自2019年以来，我们在加强基础制度建设、推动提高上市公司质量、吸引中长期资金入市、防范化解重点领域风险、打击证券违法违规行为等方面之所以能取得重大进展，靠的就是方方面面的大力支持和帮助。我们必须继续坚持系统观念，主动加强与各方面的沟通协调，积极寻求最大公约数，加快形成各方齐心协力、齐抓共管的良好治理生态。

三、乘势而上，开启资本市场高质量发展新征程

30年春华秋实，30年风华正茂。党的十九届五中全会描绘了"十四五"时期经济社会发展的宏伟蓝图，也对资本市场提出了新的更高要求。经过30年的积累，资本市场高质量发展的基础和条件正在不断形成和巩固，实体经济潜力巨大、宏观环境总体向好、居民财富管理需求旺盛、国际合作和竞争新优势不断增强，我国资本市场处于难得的战略机遇期。但与此同时，我们也清醒地认识到，资本市场发展也走过弯路、经历过坎坷，发展还不充分、不平衡，离市场和投资者的期盼还有差距；市场结构还不尽合理，上市公司结构、投资者结构和中介机构结构仍需优化完善；监管能力提升依然任重道远，对资本市场发展规律的认识和把握还要在实践中不断深化；健康的投资文化有待培育巩固，理性投资、价值投资的理念还需进一步倡导和弘扬；良性发展的市场生态需要持续涵养，完善资本市场治理还需久久为功。

我们将坚持以习近平新时代中国特色社会主义思想为指导，深入学习贯彻党的十九届五中全会和中央经济工作会议精神，立足"两个大局"，更加自觉站位新发展阶段、贯彻新发展理念、融入新发展格局，紧紧围绕打造一个规范、透明、开放、有活力、有韧性的资本市场的总目标，坚持稳中求进工作总基调，坚持"建制度、不干预、零容忍"，聚焦"全面实行股票发行注册制，建立常态化退市机制，提高直接融资比重"等核心任务，一步一个脚印，扎扎实实办好自己的事，为夺取全面建设社会主义现代化国家新胜利积极贡献力量。

我们将着力提高直接融资比重，科学把握各层次股票市场定位，完善各板块差异化制度安排，继续规范发展私募股权和创业投资基金，深入推进债券市场创新发展，积极稳妥发展金融衍生品市场和场外市场，努力形成功能互补、有机联系的多层次资本市场体系。加快推进投资端改革，壮大理性成熟的中长期投资力量，不断拓展市场深度、增强发展韧性。

我们将把支持科技创新放在更加突出的位置，切实发挥好资本市场在促进创新资本形成、激发企业家精神和人才创新活力等方面的独特优势。支持沪深交易所加快建设优质创新资本中心和世界一流交易所。支持各类市场主体建立健全长效激励约束机制，最大限度地调动创新发展的内生动力。

我们将以注册制和退市制度改革为重要抓手，加强基础制度建设。坚持尊重注册制基本内涵、借鉴国际最佳实践、体现中国特色和发展阶段三原则，稳步在全市场推行注册制。进一步畅通多元化退出渠道，强化优胜劣汰。统筹推进发行承销、交易、持续监管、投资者保护等领域关键制度创新，扎实推进制度型开放。

我们将持续推动提高上市公司质量，认真落实好国务院关于进一步提高上市公司质量的意见，持续优化再融资、并购重组、股权激励等制度安排，推动上市公司改革完善公司治理，提高信息披露透明度，争取各方支持，助力上市公司加快转型升级、做优做强，更好地发挥创新"领跑者"和产业"排头兵"作用。

我们将坚持底线思维，坚持以大概率思维应对小概率事件，着力健全市场风险的预防、预警、处置机制，努力维护市场平稳有序运行。全面贯彻"稳定大局、统筹协调、分类施策、精准拆弹"的方针，稳步推进重点领域风险有序化解，牢牢守住不发生系统性风险的底线。

我们将加快监管职能转变，深化"简政放权、放管结合、优化服务"改革，更好地激发市场主体活力。加强科技监管能力建设，推进科技与监管深度融合。加快健全证券执法体制机制，提升证券执法能力和专业化水平，持续优化市场生态。

我们将全面提升证监会系统党的建设质量，增强"四个意识"，坚定"四个自信"，做到"两个维护"，推动党建与业务深度融合，努力打造"忠、专、实"的监管干部队伍。坚持全面从严治党，持之以恒正风肃纪，廉洁从政，加强全流程、全链条的公权力监督制约，为资本市场高质量发展提供坚强政治保障。

（本文是中国证券监督管理委员会主席易会满在纪念中国资本市场30周年座谈会上的讲话）

中国资本市场助力高质量发展

易会满

在中国开启"十四五"建设、迈进全面建设社会主义现代化国家新征程的关键时刻，立足新发展阶段、贯彻新发展理念、构建新发展格局，已成为中国推动经济社会高质量发展的主题主线，也为全球广泛关注。资本市场作为现代经济体系的重要组成部分，如何更好地服务高质量发展，是摆在我们面前的重要课题。借此机会，我想结合当前中国资本市场的实际情况谈点看法，同大家作个交流。

一、资本市场在推动高质量发展中的使命担当

党的十九届五中全会和中央经济工作会议明确提出，要全面实行股票发行注册制，建立常态化退市机制，提高直接融资比重，促进资本市场健康发展。刚刚闭幕的全国人大四次会议审议通过的"十四五"规划纲要，对注册制改革、提高上市公司质量、大力发展机构投资者、深化资本市场对外开放等重点任务进一步作出部署。我们体会，党中央、国务院对资本市场高度重视，要求非常具体，重点也很明确，涉及方方面面的内容，期望非常高。中国资本市场经过30年的发展，在市场规模、体系结构、发展质量和开放水平等方面取得了长足进步。在新阶段、新起点上，我们认为，核心是要扎扎实实办好资本市场自己的事，在自身稳健发展的同时，更好地服务实体经济高质量发展。

我理解，资本市场在新发展阶段主要的使命担当表现在两个方面：一是市场化的资源配置功能。通过股权债权投资融资、并购重组等各种市场化机制安排，充分发挥市场在资源配置中的决定性作用，把各类资金精准高效转化为资本，促进要素向最有潜力的领域协同集聚，提高要素质量和配置效

率。二是激励约束机制。科技创新除了需要资本支持，更重要的是要充分激发人的积极性和创造性。资本市场特有的风险共担、利益共享机制能够有效地解决这个问题，从而加快创新资本形成，促进科技、资本和产业高水平循环，推动产业基础高级化、产业链现代化。

二、以全面深化改革推动资本市场实现结构性改善

围绕打造一个规范、透明、开放、有活力、有韧性的资本市场总目标，我们在国务院金融委的统一部署下，实施了新一轮全面深化资本市场改革，有效改善和稳定市场预期，资本市场正在发生深刻的结构性变化。回顾两年多来的实践，主要是推进了"建制度、不干预、零容忍"九字方针的落地，我们体会，集中体现在以下四个关键词。

（一）制度

制度是管根本、管长远的。资本市场的市场属性极强，规范要求极高，必须要有一套公开透明、连续稳定、可预期的制度体系，这样才能行稳致远。我们在这一轮改革中，始终把完善基础制度作为总纲，一方面，大力推动健全法治体系，有两大成果：推动完成《中华人民共和国证券法》修订，在证券发行注册制、显著提升证券违法违规成本、加强投资者保护等方面作出基本制度规范；推动《中华人民共和国刑法修正案（十一）》的出台，对欺诈发行、信息披露造假、中介机构提供虚假证明文件和操纵市场行为大幅提高惩戒力度。另一方面，以注册制改革为牵引，推动一系列关键制度创新，包括调整再融资和并购重组政策、优化交易结算和减持制度、发布实施退市新规，制度的适应性、包容性明显提升。我们将继续坚持稳中求进、久久为功，加快构建更加成熟、更加定型的基础制度体系，持续提升资本市场治理能力。

（二）结构

结构转变是从量变到质变、从规模扩张到质量提升的关键一环。制约当前资本市场高质量发展的因素很多，我认为最突出的还是结构性问题，这

里面主要包括融资结构、上市公司结构、中介机构结构、投资者结构、资金总量和期限结构等。我们始终坚持系统论、辩证法，注重用改革的思路和手段去破解结构性难题，以结构的可持续实现发展的可持续。实践证明，抓住了结构，就抓住了根本。比如，市场杠杆问题。市场波动很正常，我认为，只要没有过度杠杆，就不会出大事，关键是要有一个合理的资金结构。这几年，我们深刻吸取股市异常波动的教训，关注场内场外、境内境外、各类市场主体，坚持看得清、可穿透、管得住，通过一系列措施控制好杠杆资金规模和水平。目前，A股市场杠杆风险总体可控。又比如，提升专业投资的占比问题。这两年公募基金、阳光私募、券商资管发展比较迅速，投资者购买基金的比例在快速提升，这是很好的趋势性变化。但资管行业能否适应财富管理的新趋势、新要求，需要我们认真评判，尽量解决不平衡，缩小供需质量缺口，不能反复走弯路。今后重点是要立足中国国情，促进行业端正文化理念、提升专业能力、改善业绩考核、优化业务结构，体现差异化发展路径，真正取得投资者信任，做到自身价值和投资者价值共成长，为投资者结构改善作出更大贡献。

（三）生态

资本市场是一个复杂的生态系统。生态好了，大家才会对这个市场有信任、有信心，资源配置、财富管理、提高直接融资比重等功能才能有效发挥。我认为，监管就是要创造良好生态，维护公开、公平、公正的市场环境，让各方都愿意来、留得住。一方面，强化"零容忍"的震慑，让做坏事的人付出惨痛代价。我们一直致力于推动完善证券执法司法体制机制，构建行政执法、民事追偿、刑事惩戒的立体追责体系。比如，信息披露违法罚款上限从60万元提高到1000万元；欺诈发行最高刑期从5年提高到15年；建立了"明示退出、默示加入"的证券纠纷特别代表人诉讼机制，进一步畅通了投资者依法维权渠道。又比如，对发行人和中介机构"一案双查"，实施中介机构资金罚和资格罚并重，加大中介机构追责力度。另一方面，加快推动市场各方归位尽责。坚持"敬畏市场、敬畏法治、敬畏专业、敬畏风险，发挥各方合力"的监管理念，引导上市公司诚信经营、守正创新，大力弘扬"合规、诚信、专业、稳健"的行业文化，积极倡导理性投资、长期投资、价值投资的理念，各方共建共治共享的发展格局正在逐步形成。

（四）定力

资本市场外部环境复杂多变、参与主体诉求多样、市场行情有涨有跌，监管者往往面临着多元目标、两难甚至多难选择。我们必须保持足够耐心和定力，保持平常心、独立性，要坚持全面、辩证、专业、客观地看问题、做决策，尊重市场规律，按规律办事，不能人云亦云、似是而非。当然，要做到这一点难度很大，这两年我们坚持"九字方针"，扎扎实实办好自己的事，保持住了定力。一是树立正确的监管观。坚持监管姓监，坚定履行好法定职责，坚决防止监管真空，要让所有的金融活动都纳入监管。要精于监管、严于监管，敢于动真碰硬，不为噪音杂音所扰。二是贯彻"不干预"的理念。科学把握政府与市场、放和管的关系，把该放的放到位，把该管的坚决管住。要毫不动摇地坚持市场化、法治化方向，避免不必要的行政干预。三是提高监管透明度和可预期性。保持政策的连续性、稳定性，对看准的事不因市场一时的变化而左右摇摆，坚持一步一个脚印，积小胜为大胜。坚持阳光用权，坚持"公开为常态、不公开为例外"，自觉接受监督，做到廉洁用权，减少自由裁量。四是持续提升监管专业能力。坚持科学监管、分类监管、专业监管、持续监管，透过现象看本质，通过个性找共性，辩证把握事物规律。坚守初心使命，倡导专业精神，按照实质重于形式的原则把握监管目标，实现最优效果。

三、稳步推进股票发行注册制改革

注册制改革是这一轮全面深化资本市场改革的"牛鼻子"工程。我们坚持尊重注册制基本内涵、借鉴国际最佳实践、体现中国特色和发展阶段特征的三原则，从科创板试点注册制起步，再到创业板实施"存量+增量"改革，注册制改革已经取得突破性进展。总体来看，注册制的相关制度安排经受住了市场的检验，市场运行保持平稳，市场活力进一步激发，达到了预期的效果，各方总体是满意的。注册制改革作为新事物，我们一直非常关注市场的反映，始终保持向市场学习的态度，认真倾听、持续完善。我们也感受到，关于注册制的内涵和外延还需要市场各方进一步深入讨论，去伪存真、增进共识，确保改革行稳致远。这里我想就几个问题再谈些看法。

注册制要不要审？由于股票公开发行涉及公众利益，全球主要市场都有比较严格的发行审核及注册的制度机制和流程安排。美国监管机构有庞大的专业团队分行业开展审核工作。香港交易所和证监会实行双重存档制度，均有审核，只是侧重点不同。因此，注册制绝不意味着放松审核要求。现在科创板、创业板发行上市，交易所都要严格履行审核把关职责。证监会注册环节对交易所审核质量及发行条件、信息披露的重要方面进行把关并监督。从实践情况来看，这些安排行之有效，也很有必要。

只要信息披露就可以上市吗？注册制强调以信息披露为核心，发行条件更加精简优化、更具包容性，总体上是将核准制下发行条件中可以由投资者判断事项转化为更严格、更全面深入精准的信息披露要求。但中国的市场实际决定了仅仅靠形式上的充分披露信息还不够，中国股市有1.8亿个人投资者，这是哪个国家都没有的，我们必须从这个最大的国情、市情出发来考虑问题。我们始终强调信息披露的真实、准确、完整，在审核中对信息披露质量严格把关。同时，我们还要考虑板块定位问题、是否符合产业政策等。我们认为，这是当前阶段的必要务实之举。

中介机构已经适应了吗？从核准制到注册制，保荐机构、会计师事务所等中介机构的角色发生了很大变化，以前的首要目标是提高发行人上市的可批性，也就是要获得审核通过；现在应该是要保证发行人的可投性，也就是能为投资者提供更有价值的标的，这对"看门人"的要求实际上更高了。最近，在IPO现场检查中出现了高比例撤回申报材料的现象，从初步掌握的情况来看，并不是说这些企业问题有多大，更不是因为做假账撤回，其中一个重要原因是不少保荐机构执业质量不高。从目前情况来看，不少中介机构尚未真正具备与注册制相匹配的理念、组织和能力，还在"穿新鞋走老路"。对此，我们正在做进一步分析，对发现的问题将采取针对性措施。对"带病闯关"的，将严肃处理，绝不允许一撤了之。总的要进一步强化中介把关责任，督促其提升履职尽责能力。监管部门也需要进一步加强基础制度建设，加快完善相关办法、规定。

如何保持一、二级市场的平衡协调发展？近期，市场对IPO排队现象比较关注。有观点认为，既然实行了注册制，发行就应该完全放开，有多少发多少。我们认为，排队现象是多重因素造成的，总体上反映了中国实体经济的发展活力和资本市场的吸引力在逐步增强。这与历史上的"堰塞湖"是有区别的，以前IPO停停开开，预期不明朗，有的排队要两三年；注册制改革后，注册审核周期已经大幅缩短，接近成熟市场。要实现资本市场可持续发展，需要充分考虑投融资的动态积极平衡。只有一、二级市场都保持了有序稳定，才能逐步形成一个良好的新股发行生态。当前，我们正按照优化服务、加强监管、去粗取精、压实责任的思路，充分运用市场化、法治化手段，积极创造符合市场预期的IPO常态化。

《2021年政府工作报告》提出，要稳步推进注册制改革。我们将坚定注册制改革方向不动摇，继续坚持稳中求进，坚持系统观念，扎实做好科创板、创业板注册制试点评估，完善注册制全流程全链条的监督监管机制。重点是把握好实行注册制与提高上市公司质量、压实中介机构责任、保持市场平稳运行、明确交易所审核职能定位、加快证监会发行监管转型、强化廉洁风险防范六个方面的关系，为全市场注册制改革积极创造条件。注册制改革涉及利益复杂、影响深远、敏感性强，各方面都高度关注，需要各参与方共同努力，支持改革、呵护改革，把改革条件准备得更充分一些，推动这项重大改革平稳落地。

四、有序推动资本市场制度型对外开放

在2019年陆家嘴论坛上，我们宣布了中国资本市场进一步扩大对外开放的9条措施。从落地情况来看，政策是到位的，效果是好的。无论是市场、产品的互联互通，全面放开行业机构股比和业务范围，还是便利跨境投融资的制度安排，全面落实了准入前国民待遇加负面清单管理要求。截至2020年底，外资持续3年保持净流入，境外投资者持有A股资产突破3万亿元。中国资本市场的吸引力是强的，外资也获得了良好的回报，而且潜力还很大。当前，市场上也出现了一些有趣的现象。比如，部分学者、分析师关注外部因素远远超过国内因素，对美债收益率的关注超过LPR、Shibor和中国国债收益率，对境外通货膨胀预期的关注超过国内CPI。对这种现象我不做评价，但对

照新发展格局，建议大家做些思考。

从中国资本市场目前外资参与情况来看，持股市值和业务占比均不到5%，这个比例在成熟市场中并不高。下一步，我们将坚持资本市场对外开放，对机构设置，开办业务、产品持开放支持的态度。但同时，我们也要注重统筹开放与防范风险的关系，当前要注意两个方面的情况：一是防范外资大进大出。对于资本正常的跨境流动，我们乐见其成，但热钱大进大出对任何市场的健康发展都是一种伤害，都是要严格管控的。在这方面，我们应该加强研判，完善制度，避免被动。二是妥善处置中概股问题。对于这个问题，我们一直在寻求与美方相关监管机构加强合作，多次提出解决方案，但始终未得到全面的积极的回应。我们坚信，合作是共赢的选择，要想解决问题必须坐下来，分歧只能通过协商来解决，别无他路。

各位嘉宾、各位朋友，再次感谢大家长期以来对中国资本市场的关心和支持！热忱欢迎你们更广泛、更深入地参与中国市场，投资中国市场！

（本文是中国证券监督管理委员会主席易会满在中国发展高层论坛2021年会上的演讲，题目是编者所加）

落实新发展理念　推动上市公司高质量发展

阎庆民

很高兴参加由中国人民大学举办的一年一度的资本市场论坛。本次论坛恰逢我国资本市场建立30周年，意义十分特殊。上市公司是资本市场的基石，是中国企业的优秀代表。资本市场30年的发展史，也是上市公司群体波澜壮阔的奋斗史。上市公司既实现了量的增长，更取得了质的飞跃，折射了中国经济的转型升级和资本市场的成长蜕变。借此机会，我围绕上市公司发展与监管情况，与大家做个交流。

一、上市公司发展成就举世瞩目

我国上市公司起步于上海证券交易所的"老八股"和深圳证券交易所的"老五股"，最初仅有13家，总市值不足100亿元；2020年底已超过4100家，总市值为80万亿元，分别位居全球第三和第二。30年来，不同行业、不同规模、不同所有制的优质企业相继发行上市，并借力资本市场做大做强，成为我国经济中最活跃、最富创造力和竞争力的市场主体，为我国经济实力和综合国力的大幅跃升作出了积极贡献。上市公司发展突出表现为以下"四个不断"。

一是上市公司群体经营绩效不断提升。目前，实体上市公司数量仅占全国规模以上工业企业总数的1%，但利润总额只占近五成。特别是党的十八大以来，上市公司营业收入增长105%、净利润增长89%、净资产增长163%，上市公司作为实体经济"基本盘"、资本市场"动力源"的战略地位不断巩固。2020年，实体上市公司克服新冠肺炎疫情影响，率先复工复产，第三季度营业收入、利润总额同比分别增长11.1%、24.9%，增速较规模以上工业企业高出6.3个、9.0个百分点，成为推动经济恢复发展的"排头兵"，发展韧性进一步彰显。

二是上市公司群体结构不断优化。从控股类型来看，上市公司从国企"一枝独秀"，逐步转向国企、民企、外企"百花齐放"。截至2020年底，民营上市公司共有2627家，约占全部上市公司的2/3，其中科创板民营企业占比高达80%，体现了资本市场坚持"两个毫不动摇"基本方针、支持民营经济发展的鲜明导向。从行业分布来看，上市公司从局限于少数传统行业，到逐步涵盖国民经济90个行业大类，战略性新兴行业上市公司家数占比从2016年底的33.13%上升至2020年的42.63%。从市值规模来看，聚焦主业、稳健经营的大市值上市公司数量不断增多，2020年底市值超过1000亿元的公司已达126家，较2016年底增长125%，一批具有全球竞争力的企业进入世界500强，发挥了经济发展"压舱石"的作用。

三是上市公司群体创新活力不断增强。多年来，上市公司在创新驱动发展战略的引领下，持续加大研发投入，加快科技成果应用，已经成为创新要素集成、科技成果转化的"生力军"。2020年前三个季度，上市公司研发投入占营业收入的比重为2.03%，研发强度高于规模以上工业企业平均水平。目前，上市公司共拥有专利数量165.2万个，约占全国有效专利量的14%。特别是科创板开板后，已上市各类高新技术企业达200多家，汇聚了新一代信息技术、生物医药、高端装备等行业的优势企业，有力地推动了科技创新产业的蓬勃发展。

四是上市公司群体治理水平不断提高。治理能力是公司核心竞争力的重要组成部分。上市公司积极建立现代企业制度，规范"三会"运作，加强内部控制，完善激励机制，治理水平始终走在国内各类企业前列。上市公司累计现金分红10.45万亿元，特别是近年来现金分红金额逐年递增、屡创新高，2020年达1.4万亿元，接近同期股权融资金额，投资者回报力度不断加大。同时，上市公司积极履行社会责任，2019年扶贫投入458.9亿元；新冠肺炎疫情发生后，捐款、捐物超过75亿元，并在服务区域协调发展、绿色发展、"一带一路"等方面发挥了独特而重要的作用。

二、上市公司监管效能持续提升

监管与市场发展相生相伴。随着上市公司群体从无到有、从小到大，监管工作在实践中探索，在改革中加强，形成了以辖区监管责任制为基础，证监会机关、派出机构、交易所"三点一线"协同配合的监管体制，统筹抓好信息披露与公司治理监管，努力给市场和投资者一个真实、透明、合规的上市公司。上市公司监管突出表现为以下"四个持续"。

一是持续夯实法治基础，强化上市公司监管的制度保障。上市公司监管涉及主体众多，利益关系复杂，必须采用规则治理的方式。证监会持续推进上市公司监管制度建设，特别是党的十八届四中全会以来，深入贯彻全面依法治国基本方略，积极推动《中华人民共和国证券法》的修订，其中专章规定信息披露和投资者保护；推动出台《中华人民共和国刑法修正案（十一）》，大幅提高刑事惩戒力度；修订《上市公司收购管理办法》《上市公司重大资产重组管理办法》《上市公司治理准则》等规章规范性文件，指导沪深交易所配套完善相关自律规则。同时，会计、审计等领域的制度安排也不断健全。目前，上市公司监管制度"四梁八柱"初步确立，具体制度安排逐步优化，为市场发展和监管工作提供了有力的法治保障。

二是持续深化简政放权，纵深推进市场化改革。30年资本市场发展史，也是一部简政放权史。特别是党的十八届三中全会以来，证监会坚决落实全面深化改革战略部署，持续减少和简化行政许可事项，有序推进股票发行注册制改革，引导市场主体通过充分博弈优化资源配置。目前，上市公司日常监管领域仅保留3项许可事项，且审核效率大幅提高。2020年，全市场并购重组项目中经证监会审核的仅占2.79%，平均审核用时37天，远低于法定的90天标准；科创板、创业板发行股份购买资产已实行注册制，证监会注册时间不超过5个工作日。简政放权极大地激发了市场主体活力，我国上市公司并购交易规模稳居世界前列，资本市场成为并购重组的主渠道、盘活存量的主战场。

三是持续强化监管执法，全面提升监管震慑力。经过不懈探索，证监会建立了行政监管与自律管理密切配合、日常监管与稽查执法有机联动、现场检查与非现场监管相互衔接的执法机制，形成了持续监管、分类监管、精准监管、专业监管等重要理念。2006年，证监会在我国行政机关中率先设立独立的行政处罚部门，实行"查审分离"，提高了稽查执法质量和效率，树立了严格文明执法的良好形象。自2013年以来，证监会共作出涉及上市公司的行政处罚决定132项、市场禁入199人，依法查处了一批情节严重、影响恶劣的大案要案，向市场释放了从严监管和"零容忍"的强烈信号。

四是持续加强风险防控，坚决守住风险底线。我国资本市场中小投资者占比达96%，客观上风险识别和承受能力较弱，必须高度重视风险防范和化解工作，切实保护投资者合法权益。开展了大股东股票质押风险化解工作，高比例质押公司家数占全部上市公司的比例从高峰时的20%减少至目前的7%；积极推动风险公司压降，消除影响市场平稳运行的风险隐患。在监测预警和风险处置过程中，探索运用大数据、人工智能等技术，从多维度对上市公司进行画像，发现风险苗头和违规线索，监管的及时性、精准度不断提高。

三、进一步推动上市公司高质量发展

没有好的上市公司，就没有好的资本市场，提高上市公司质量是资本市场的永恒主题，也是党中央、国务院对资本市场的一贯要求。早在2005年，国务院就批转《证监会关于提高上市公司质量的意见》；2014年，国务院发布《关于进一步促进资本市场健康发展的若干意见》（以下简称新"国九条"），把提高上市公司质量作为促进资本市场健康发展的一项重要举措。近年来，习近平总书记先后5次在中央经济工作会议等重要会议上，对提高上市公司质量作出明确指示；2020年，国务院印发《关于进一步提高上市公司质量的意见》，时隔15年再次就这项工作作出全面部署。"十四五"时期，我国将进入新发展阶段，推动上市公司在新的起点上实现更高质量发展，是在"双循环"下强化资本市场枢纽功能、加快构建新发展格局的内在要求。为此，要着力抓好以下"四个进一步"。

一是进一步完善上市公司监管制度。基础制度带有方向性和根本性，强化制度的引领和规范作用，是2019年以来全面深化资本市场改革的鲜明特征。证监会将继续推动《中华人民共和国公司法》的修订和《上市公司监督管理条例》的制定，不断夯实监管工作的制度基础。同时，结合注册制改革进展与市场发展情况，借鉴国际最佳实践，健全信息披露、公司治理、并购重组、股权激励、员工持股、退市等各方面规则，加快构建更加成熟、更加定型的上市公司监管制度体系。

二是进一步压实主体责任。企业上市后，不仅获得了融资，还提升了规范性、透明度和市场知名度，这些都是投资者给予企业的支持。上市公司只有牢记回报投资者的初心，不断提升内在质量，创造更多财富，才能无愧于广大投资者的信任。上市公司及"关键少数"要强化高质量发展的内生动力，诚实守信，守法合规；完善治理，规范发展；专注主业，稳健经营；引领创新，防控风险，真正扛起提高质量的主体责任、第一责任。

三是进一步优化监管与服务。证监会将统筹处理好创新与监管、发展与安全、整体与局部等关系，一方面，持续推进"放管服"改革，支持上市公司高质量发展，更好发挥创新"领跑者"和产业"排头兵"作用；另一方面，严格履行监管主责主业，推动健全证券执法司法体制机制，落实"零容忍"要求，牢牢守住不发生系统性风险的底线。

四是进一步凝聚各方合力。资本市场具有涉及主体多元、参与机制多元、利益诉求多元的鲜明特征。发展好资本市场、提高上市公司质量，需要各方主体同向发力、同频共振，实现"共建、共治、共享"。证监会将坚持系统观念，不断强化与立法司法机关、宏观管理部门、行业主管部门、市场监管部门和地方政府等的协作联动，充分调动各方积极性，共同营造推动上市公司高质量发展的良好环境。

（本文是中国证券监督管理委员会副主席阎庆民在第二十五届（2021年度）中国资本市场论坛上的讲话）

努力在构建新发展格局中
实现更大作为

郑杨

近年来，全球政治经济格局深刻演变，世界处于百年未有之大变局。在此大背景下，习近平总书记提出了"逐步形成以国内大循环为主体、国内国际双循环相互促进的新发展格局"。"双循环"新发展格局是中国把握自身命运、应对世界变局的战略选择，是中国长期经济格局的再定位。商业银行应准确把握新时代世界政治经济发展的新变化、新趋势，深刻理解国家推动"双循环"新发展格局的精髓要义，在服务构建新发展格局中实现更大作为。

一、"双循环"新发展格局将对中国经济产生深远影响

"双循环"新发展格局是中国在世界经济格局再平衡过程中的重要战略应对，将对中国经济从全局到区域、从宏观到中微观的各个领域产生深远的影响。

"东部沿海三大都市圈+中西部崛起"的区域发展新格局将逐步形成。过去，中国经济发展的重心主要集中在东部沿海地区，中西部地区发展相对落后。但在新形势下，东部沿海外向型经济发展空间或将长期受到挤压，中西部地区发展的战略意义更加凸显。在"双循环"新发展格局下，中国经济区域发展战略重心将从"沿海优先"转向"东部沿海三大都市圈+中西部崛起"的新格局，中西部崛起将更好地与长三角一体化、京津冀协同发展、粤港澳大湾区建设形成良性互动的区域经济循环体系。国家将在进一步巩固三大都市圈经济发展优势的同时，加大对中西部地区的支持，扩大中产群体、拓展

新的消费增长点。目前，中国经济东西部之间差距仍然较大，如果实现均衡发展，投资和消费增长空间巨大，将有助于夯实"双循环"新发展格局的基本盘。

扩大消费内需成为内循环的核心关键。做大消费市场是化解国内巨大产能、畅通国内大循环的核心关键。内循环以满足国内需求为出发点和落脚点，重点是完善三方面布局：一是做大中产群体，培育壮大消费内需，提升消费空间；二是从供给侧下功夫，打造与消费需求相匹配的高质量供给体系，提升消费品质；三是加强消费基础设施建设，多渠道构建消费场景，打造消费新模式，提升消费体验。最终通过打通国内生产、分配、流通、消费各个环节，发挥中国超大市场规模优势，带动国内大循环体系的持续发展。2019年，国内消费在GDP中的占比为55%，较美国等发达经济体70%以上的水平仍有较大提升空间。

扩大有效投资需求成为促进内循环的重要抓手。消费内需的提升是慢变量，而投资需求的扩大是恢复市场信心、促进经济内循环的快变量。新形势下，投资的领域和方式将有所变化，重点围绕"两新一重"等领域扩大有效投资、开拓投资新局，补短板、强弱项，避免造成新一轮产能过剩；同时，激励民营企业家重拾信心再出发，推动民间投资更多参与国家各领域重大项目建设，鼓励更多民营企业参与国有企业混合所有制改革。特别是发挥市场经济条件下新型举国体制优势，扩大科技创新领域投资，加强科技创新和技术攻关，强化关键环节、关键领域、关键产品保障能力。

产业链、供应链固稳成为畅通"双循环"的重要基石。产业链、供应链的完整、稳定关乎国际国内两个循环的畅通和国家经济的安全。产业链供应链稳，生产运行才能稳；生产稳，企业经营才能稳；企业稳，就业民生才能稳。尽管中国超强的制造能力为"双循环"新发展格局的形成奠定了基础，但制造能力的发挥需要建立在完整、稳定的产业链、供应链布局上。未来，中国将着力推动制造业加速向数字化、网络化、智能化发展，提高产业链、供应链稳定性和现代化水平，承接外资撤出后留下的市场空间和制造业产能。重点是巩固并形成三方面优势：一是巩固传统产业优势（稳链），二是强化优势产业领先地位（强链），三是加快布局战略性新兴产业形成未来优势（补链）。同时，在空间布局上，东部、中西部及东北部地区的产业布局将形成一定的梯度，体现国内大循环的产业比较优势。

以更大力度的开放巩固国际循环是应对外部挑战的坚定战略方向。合作发展是人类社会进步的永恒主题。当今世界处于全球化时代中的逆全球化阶段，但全球化的大方向并没有改变。中国经济早已与世界经济深度融合，国内大循环的运转也离不开全球科技、资本、产业、政策等各领域的协同合作。尽管世界各国间矛盾凸显，但也并非铁板一块，欧洲、日本等主要经济体与美国在很多全球性问题上存在明显的利益划分和协调问题，中美在共同应对恐怖主义、气候变化、新冠肺炎疫情等诸多领域仍有广泛合作基础。因此，"双循环"新发展格局仍然是深化改革开放大局下的"双循环"，不是有内无外，也不是有外无内。强化内循环并不意味着不重视外循环，更不是放弃国际市场单干。可以预期，中国将进一步加大开放力度，以更加开放包容的姿态，向世界打开大门，以超大规模市场优势、更大力度的金融对外开放，实现中国与世界市场更深层次的融合发展，赢得更大的战略空间。

二、"双循环"新发展格局对银行业更好地服务实体经济提出更高要求

"双循环"新发展格局对中国经济产生的深远影响，既为银行业服务实体经济指明了方向，也对银行业更好地服务实体经济提出了更高要求。

一是需要切实提高站位，更好地服务国家重大战略。商业银行应从金融服务实体经济、保障国家战略落地的角度，拿出更多实效举措、创新服务方式，推动完善"双循环"的空间布局。比如，全力支持京津冀协同发展、长三角一体化发展、粤港澳大湾区建设，推动形成三大国际级城市群，打造引领高质量发展的动力源，特别是服务上海发挥对内对外两个扇面的枢纽作用，推动上海成为国内大循环的中心节点和国内国际双循环的战略连接；进一步加大对长江经济带发展、黄河流域生态保护和高质量发展的金融支持力度，探索金融服务"一江一河"流域绿色发展新模式；创新支持雄安新区和海南自贸港建设，助力这两个以改革促发展的重点区域实现突破性发展。

二是需要进一步加大金融创新力度，更好地支持做大消费内需基本盘。商业银行应充分发挥走在科技应用最前沿的优势，加快推动银行零售业务转

型，利用各类新兴技术搭建平台、丰富场景，赋能社会百业，实现经营的数据化、线上化、智能化、个性化和生态化，提升消费的可得性和便利性，让金融无感隐没在人们的日常生活中，更好地服务实体经济和民生。同时，加强对直播消费、在线教育、网上娱乐、线上医疗等新型消费、升级消费领域的金融服务，培育消费增长新引擎，进一步挖掘消费内需发展潜力和市场空间。与此同时，还应利用好各类金融科技，持续加强金融消费者权益保护，尤其是加强对消费者个人隐私信息的保护，为培育健康和可持续发展的消费内需营造良好的发展环境。

三是需要围绕重点关键领域，全力支持扩大有效投资。持续加强对新型基础设施建设、新型城镇化建设、交通水利等重大工程建设的金融支持，为"双循环"体系供需两侧的畅通夯实基础；进一步加大制造业特别是高技术制造业中长期融资支持力度，运用各类创新政策工具提升对绿色金融、普惠小微等领域服务的差异化和精准性；综合运用股、债、贷等各类金融工具，提升服务科技企业的能力，在各细分领域扶持培育一批具有核心关键技术的科技"独角兽"企业，推动形成国内科技大循环，助力数字经济实现爆发式增长。

四是需要加大金融精准支持，保障产业链、供应链完整稳定。当前全球产业链、供应链格局正加速重构，国内产业链、供应链面临较大冲击。商业银行可利用区块链、云计算、物联网等信息技术，构建供应链金融服务平台，精准掌握产业链、供应链运行状况，畅通资金流、信息流和物流，打通产业链、供应链的堵点断点，运用金融力量助力企业组织生产，更好地保障产业链、供应链稳定运转。对于行业龙头或核心企业应进一步加强资金支持并提供综合金融服务，确保不出现产业断点；对于供应链上下游的中小微企业，应运用生态思维、产业金融思维，提升批量化获客及金融服务的能力和质效。此外，商业银行还应着力提升并购金融服务能力，助力国内制造企业转型升级。

五是需要把握政策机遇，稳步推动形成开放经济新格局。商业银行应利用好国家在上海、深圳、海南等区域试点更大力度开放政策的契机，把握政策红利，更好地推动中国经济全面融入世界经济发展。要以金融制度创新和对外开放为引领，发挥自贸金融、离岸金融、海外机构等联动发展优势，加快产品服务创新，助力"一带一路"倡议和国内企业国际化发展。同时，积极支持和服务金融要素市场建设，深化与国际先进资产管理机构的合作，加快发展资产管理和资产托管业务，更好地服务境外投资者参与国内资本市场投资，推动上海成为全球人民币金融资产配置中心。

三、浦发银行努力在构建新发展格局中实现更大作为

浦发银行将立足贯彻新发展理念，紧紧围绕影响构建新发展格局、实现高质量发展的突出问题，主动担当、积极作为，更好地服务实体经济做实、做强、做优。

一是持续做好谋篇布局，在服务国家重大战略上实现更大作为。浦发银行一直以来都高度重视并积极支持长三角一体化、京津冀协同发展、粤港澳大湾区建设等各项国家重大战略，加强金融服务顶层设计，举全行之力推动各重大战略落地见效。以服务长三角一体化为例，浦发银行在业内率先通过总行层面的体制机制创新，联动各区域分行、集团子公司，统筹运用各类资源进行对接。截至2020年底，浦发银行在长三角区域全口径融资支持达1.96万亿元，位居股份制银行前列。下一步，浦发银行将以深入谋划全行"十四五"规划为契机，强化资源的战略布局，在深耕长三角的同时，持续服务好其他重大区域战略，更好地推动形成国内经济大循环。

二是持续深耕科技金融，在提升产业链、供应链稳定性和竞争力上实现更大作为。浦发银行一直致力于探索科技金融新模式，助力培育具有市场竞争力的优质科创企业，推动国内产业发展高端化。自2019年下半年以来，以科创板设立为契机，打出"融资+融智+融技+投资"服务组合拳，为科技企业提供全周期、全流程、跨市场、智能化的金融服务方案。截至2020年底，科创板已上市企业近80%是浦发银行的合作客户。下一步，浦发银行将发挥科技金融的领先优势，继续探索创新，更好地服务国内产业链、供应链的稳链、固链。

三是持续发力普惠金融，在助力稳企业、保就业、促消费上实现更大作为。新冠肺炎疫情发生以来，浦发银行坚定贯彻落实中央策略部署，持续加大对受新冠肺炎疫情影响企业、普惠小微企业等市场主体的金融支持力度，

推出无还本续贷、延期还本付息等多项举措；主动让利实体经济，新冠肺炎疫情发生以来新发放贷款平均利率为3.78%，最低利率仅为3.05%，减费让利实体经济超过260亿元；积极支持抗疫特别国债发行；强化科技赋能，推出各类"无接触"服务，支持企业复工复产和社会民生；积极助力各类购物节，推动消费复苏。下一步，浦发银行将加快数字化技术应用，推进全景银行建设，构建数字化服务新模式，提升服务普惠小微企业能级，助力稳企业、保就业、促消费。

四是持续拓展自贸金融，在服务国内国际"双循环"互促共进上实现更大作为。在自贸区探索实施更高水平、更大力度的改革开放，是新一轮对外开放的重大创新举措。浦发银行积极学习贯彻落实习近平总书记关于浦东开发开放30周年庆祝大会的讲话精神，围绕更好服务高水平制度型开放，坚持以上海自贸区及临港新片区为试验田，持续打造自贸、离岸、海外分行、境外投行四位一体的国际金融服务平台。下一步，浦发银行将抓住区域全面经济伙伴关系协定（RECP）签署对扩大多边贸易和投资带来的机遇，发挥自贸金融领先优势，加快推动本外币一体化跨境资金池等各类创新业务，提升跨境金融综合服务能力，全方位满足境内外企业的各类跨境金融需求，促进国际贸易和投资的自由化、便利化，助力"一带一路"倡议深入推进，更好地服务中国融入世界经济。

（作者为中共上海市委委员，党的十九大代表，上海市政协常委，浦发银行党委书记、董事长）

金融法治推动繁荣

张宁

十分高兴参加环太平洋律师协会第30届年会的金融论坛，金融和法治是孪生兄弟，作为一名从事金融工作40多年的金融人，也是金融法治人，看到我们国家在短短数十年在法治的引领下，金融市场得到长足发展，某种程度上走完了西方数百年发展的历程，实属不易。

1993年司法部和中国证监会创设证券律师制度，在上海遴选了首批18位证券律师，这18人中走出了上海市律师协会会长、中华全国律师协会副会长，还走出了环太平洋律师协会会长。当年我应上海市司法局领导之邀为首批证券律师授课，人称"证券律师第一课"，他们中有的律师至今还保存着当年听课的笔记，令人记忆深刻；2009年，上海市律师协会和律师学院及金茂凯德律师事务所举办《资本市场律师实务》研修班，我为606名律师做了开班演讲，学员中很多人现在已经成为资本市场法律服务的生力军。本次金融论坛中，汇集了国内外的优秀金融律师及金融从业者，来自五湖四海，在人民银行工作的巢克俭局长专程从北京来到上海，可谓高朋满座，共襄盛举。

改革开放40多年来，随着计划经济向市场经济转轨，中国的金融业和金融市场变化非常大，取得了令人瞩目的成就。40多年来，中国建立起了系统完整的金融组织体系，已初步建立起由中国人民银行进行宏观调控，由银保监会、证监会分业监管，国有商业银行和其他新型商业银行为主体，政策性银行、非银行金融机构、外资金融机构并存，功能互补和协调发展的新的金融机构组织体系。建立和不断完善货币、证券、期货、黄金等各类金融要素市场。可以说，世界上市场经济体系完备国家拥有的金融机构和金融市场，中国基本都建立了。金融机构不仅种类非常齐全，而且数量十分庞大，极大地满足了人们日益增长的金融需求。特别重要的是，除了政策性金融机构，其他商业性金融机构基本都实行股份制，建立起现代企业管理制度，完全按照市场经济规则进行严密管理，机构运作效率明显改善，能够更好地适应并服务经济社会发展。中国用了40多年的时间走过了一些发达市场走了100多年的历程，时间虽然短，但是我们走得还算比较快，跟得上国际的步伐，而且走得比较平稳。

2020年12月，我回顾证券市场30年历史的专著《证券兴起》公开出版后，市场反响热烈，证券市场30年的发展历程也是法治贯穿始终的历史。伴随着中国证券市场的不断繁荣，相关业务的不断创新，非诉讼类的法律事务也在不断地增多，我国的金融证券律师数量也呈线性增长。在这跨越式的发展当中，广大的中国律师们很好地扮演了资本与金融市场"看门人"的角色，用自己的职业操守与专业水平，为资本市场尤其是证券市场贡献了重要的法治力量。

随着我国市场化、法治化、国际化水平的不断提高，党的十九届四中全会发布的《关于坚持和完善中国特色社会主义制度、推进国家治理体系和治理能力现代化若干重大问题的决定》提出重要治国理念，证券金融行业及金融市场的法治建设、监管优化及整体的经济环境都将得到进一步提升，中国的上市公司和资本市场将在经济发展过程中发挥着越来越重要的作用。

在此背景下，律师行业将迎来新一轮的快速发展期，中国律师应当在逐步提高自身服务质量的同时，对内积极参与到经济改革的各个细分层面，在新型的细分领域开辟金融"蓝海"市场，对外应不断深入与各个国家与地区金融法律从业者的沟通与交流，在国际化的法律事务市场中把握时代机遇，积极投身于对外法律服务业务。

金融业因法治而多彩，因交流而绚烂，让我们深入交流，走深走实，不断提高金融市场、金融机构和金融证券律师业的发展水平，金融互鉴，推动繁荣，促进我国金融市场及金融机构朝着法制化、市场化、国际化方向行稳致远。

（本文是著名金融专家和仲裁员，中国证券监督管理委员会上海监管局原党委书记及局长，上海证券交易所原党委副书记及监事长，第十一届、第十二届上海市政协常委及经济委员会副主任，第四届、第五届上海仲裁委员会委员张宁同志在环太平洋律师协会第30届上海年会金融论坛上的主旨演讲）

上海国际金融中心建设篇

上海国际金融中心建设法治保障
大有可为

徐逸波

2020年基本建成与人民币国际地位和我国综合经济实力相适应的国际金融中心，是以习近平同志为核心的党中央交给上海的光荣任务。2020年也是上海证券交易所成立30周年。30年来，在党中央、国务院和历届上海市委、市政府的领导下，在中央有关金融监管机关的大力支持下，上海以市场化、国际化和法治化对标国际金融中心建设，久久为功，取得卓越成绩。今天与会的各位领导和专家长期以来参与国际金融中心建设的方方面面，付出艰辛努力，作出巨大贡献，在此我向大家致以崇高的敬意！

2009年8月1日施行的《上海市推进国际金融中心建设条例》提出了上海国际金融中心建设的重要区域"陆家嘴金融城"和"外滩金融集聚带"，还提出了支持金融法律服务机构发展、鼓励法律服务机构拓展金融法律服务领域。

我欣喜地看到，外滩金融创新试验区法律研究中心、上海股权投资协会及上海国际服务贸易行业协会等多年来致力于上海国际金融中心建设与法治保障，做了不少有益的工作。值得一提的是，2013年11月11日，在举办的外滩金融法律论坛上成立了外滩金融创新试验区法律研究中心，7年来，在著名法学家、上海市人民政府参事室原主任李昌道教授和环太平洋律师协会会长李志强律师等一批法学、法律界专家学者和律师的不懈努力下，一批国内外顶尖专家潜心研究的金融法治理论和实务研究成果助力外滩金融创新试验区等上海国际金融中心重要承载区建设，为上海国际金融中心建设提供了法治保障。在此，我谨向所有关心支持和帮助上海国际金融中心建设与法治保障的专家学者、企业家、金融家表示衷心的感谢！

金融活，则经济活。最近龚正市长提出，金融是上海城市的核心功能。上海国际金融中心建设有基本建成之年，但金融中心建设与法治保障只有进行时，没有完成时。法治保障需要立法、司法、执法、法治宣传和法律服务等多方面齐心协力，需要构建法治保障共同体。

（本文是上海市政协副主席徐逸波在上海国际金融中心建设与法治保障国际研讨会上的开幕致辞）

持之以恒推进外滩金融创新试验区建设

巢克俭

作为上海国际金融中心建设"一城一带"战略布局中的核心承载区,黄浦深耕外滩金融集聚带建设已有30年,追溯到20世纪,已超过100年的历史,所以黄浦这个外滩金融集聚带是有历史积淀的。20世纪二三十年代,上海是远东国际金融中心,外滩约有177幢优秀的历史保护建筑,当年这些保护建筑里都是各类金融机构。上海不仅是中国近现代金融的发祥地,也一直是金融服务业的兴盛之地,有着深厚的底蕴和独特的魅力。2019年黄浦区金融业的附加值超过1000亿元,约占全上海市金融业附加值的16%,约占地区生产总值的40%,10年间翻了近两番。2019年,外滩金融呈现出逆周期的趋势,成为上海国际金融中心建设的硬核品牌。

第一,坚持打造法治发展环境,厚植金融发展沃土。李强书记上任伊始就强调营商环境,在打造最优营商环境的课题中,我们坚持的首要一条:法治是最重要的营商环境。金融中心的建设主要是市场化的推动,在市场化的推动中,最核心的架构就是法治。就像证券市场,这么多年我们最重要的就是坚持三公原则,只有投资者都得到充分的保障,他们才有信心。全世界的金融中心都是法治基础架构最为完备、法治建设最为先进的区域。我们要努力打造上海市最优的营商环境,以资源要素的畅通流动、企业办事的快捷高效、行业发展的交流便利、宜居宜业的精致舒适来提升我们的吸引力,降低区域的综合成本。我们将持续推进一网通办、一网同管,这两张网的建设能不断地提高专业服务业的辐射能级和服务高端产业发展的水平。同时,我们也一直在讲全世界的金融中心都是商业中心和文化中心,在上海几个中心都集聚在一地的唯有黄浦,所以我们一定要把不同的功能更好地融合在一起,全面助力上海国际金融中心的建设。

　　第二，坚持推动金融开放创新，激活金融市场活力。开放是目前我国金融市场坚持的最重要战略之一，对于上海来说，开放是我们最重要的抓手和最重要的资源，因为有了开放我们这个区域才会更加集聚活力。全国各地，尤其是北京、广东等地都在全面加强金融业发展。上海比北京、深圳有独特优势的一点就是外资，黄浦就是第一个拿到野村东方国际合资牌照的区域。DBS证券已经在筹建，工银安盛和交银汉维已入户黄浦，所以开放不仅对上海是最重要的抓手，对黄浦也是最重要的抓手。未来，开放为专业服务业提供的机会会很多，其市场会非常大。我们不要担心竞争，只有充分的竞争，才能得到最好的服务，所以我们要一手抓开放，一手抓创新。未来，我们要进一步强化功能建设，更多地运用市场机制来搭建创新交流平台，进一步实现金融和区域经济的深度融合。我们还将在空间上大力实施外滩金融集聚带的南延西扩战略，将原来只有3公里的外滩南延，形成有8.3公里的金融集聚带的南线。另外，外滩还有141幢老建筑可以功能重塑。把这些具有悠久历史的、有着深厚金融基因的楼宇释放出来，同时把底楼开放给公众，引入文化功能和商业功能，真正把商业、文化和办公结合起来。

　　第三，坚持提升金融监管水平，守住防范金融风险的底线。金融创新和金融风险控制是一个硬币的两面，我们不能对任何一面进行偏废，没有金融防范的金融创新不可持续，但是只讲金融风险控制、不讲金融创新会缺失未来发展的潜力。所以我们一方面要大力发展持牌金融机构，尤其在我国社会主义初级阶段，在信用体系还没有完备的阶段，类金融和准金融的模式还需慎重使用；另一方面，我们要着力推动系统性法治建设。黄浦区非常注重生态环境的建设，我们有上海新金融研究院、五道口金融学院、复旦泛海国际金融学院，还有李扬学部委员牵头的国家金融实验室等。下一步，我们要深入总结金融风险防范监管的实践经验，形成更多规律性的认识，努力固化行之有效的机制路径方法，为超大城市金融监管治理贡献更多的防护经验。奉法者强则国强，金融业的繁荣与发展离不开法治的支撑，我们一定要在党中央的领导下，在上海市委、市政府的领导下，在推进上海国际金融中心建设过程中，充分运用法治思维，强化资源要素的配置效率和辐射力，提升金融产业的发展能级和引领力，将外滩金融品牌打造成为促进畅通"双循环"、推动高质量发展的重要推动力。

（本文是时任黄浦区人民政府区长、现任中国人民银行反洗钱局局长巢克俭博士在2019年9月29日举办的上海国际金融中心建设与法治保障国际研讨会上的主旨演讲摘要）

持续推进外滩金融创新试验区法律研究

李昌道

今天黄浦江畔高朋满座，蓬荜生辉。上海国际金融中心建设与法治保障国际研讨会隆重举行，《外滩金融创新试验区法律研究（2020年版）》举行首发式，我谨向所有支持上海国际金融中心法治建设和外滩金融创新试验区法律研究工作的专家学者、中外企业家、金融专家和律师表示衷心的感谢！

外滩金融创新试验区法律研究中心（以下简称中心）成立于2013年11月11日举办的外滩金融法律论坛2013年会上，时任黄浦区四套班子正职领导见证。在社会各界特别是黄浦区人民政府的大力支持下，为社会贡献了一批金融法治实务研究成果，还走出去参与中外金融法治研究。2019年12月，黄浦区人民政府区长巢克俭在阿根廷见证了中拉金融法治研究中心的成立。

7年来，中心向国家最高立法机关建言《中华人民共和国证券法》修法建议获得采纳，向全国政协提出的10多篇社情民意获得录用，自2016年起每年出版《外滩金融创新试验区法律研究》专著，会同上海上市公司协会、上海股权投资协会和上海国际服务贸易行业协会等举办中国企业海外投融资法律研究系列研讨会，线上与线下活动结合，受众达上万人。中心每年组织评选金融市场经典案例，邀请著名金融专家张宁同志做精彩点评，一批金融市场可复制、可推广的经典案例得到传播，助力实体经济的不断发展。

今天借此机会，我还要向长期坚持这项有意义工作的我的忘年交、环太平洋律师协会会长李志强律师表示感谢，作为上海开埠177年来首位担任国际主要律师组织会长的本土律师，李志强律师以满腔热情投入法治研究与服务，精神可嘉，难能可贵。

（本文是李昌道主任在《外滩金融创新试验区法律研究（2020年版）》首发式上的致辞）

人民币国际化进程中跨境人民币业务的制度改进

李本　袁航

2020年10月26日，党的十九届五中全会审议通过了《中共中央关于制定国民经济和社会发展第十四个五年规划和二〇三五年远景目标的建议》（以下简称《建议》），为未来中国国民经济和社会发展定下了基调。就人民币国际化而言，《建议》指出要"稳慎推进人民币国际化，坚持市场驱动和企业自主选择，营造以人民币自由使用为基础的新型互利合作关系"。相比过去的常用表述"稳步推进人民币国际化"而言，"稳慎推进"则强调未来我国在推动人民币国际化时要更加注重风险防范，金融开放要稳扎稳打。当前跨境人民币业务的制度改进是稳慎推进人民币国际化的关键环节，如何改进跨境人民币业务制度从而实现人民币国际化与风险防范的平衡是本文所要探讨的问题。

一、跨境人民币业务制度对人民币国际化的相关推进

人民币国际化是人民币在国际社会充分发挥价值尺度、交换媒介和储藏价值的职能而被广泛用作贸易计价及结算货币、投资货币和储备货币的过程和状态。[①]由于我国还未完全开放资本项目、建立浮动汇率制及构建支撑发达金融市场的法律制度，人民币国际货币职能的发挥受到来自国内制度的阻碍。然而，资本项目管制、汇率制度和金融市场制度的改革和完善不是一蹴

---

① 韩龙，人民币国际化重大法律问题之解决构想[J]. 法学，2016（10）：41.

而就的，必然是一个长期的过程。而以跨境人民币支付清算制度①和人民币跨境循环制度②为核心的跨境人民币业务制度则为人民币国际化的推进提供了法治保障。

中华人民共和国成立初期，为了巩固国家货币币值，稳定金融，国务院在1951年公布了《中华人民共和国禁止国家货币出入国境办法》，自此在法律层面禁止了人民币出入国境，凡携带或私运人民币出入国境者，一律没收。一直到1993年，国务院发布了《中华人民共和国国家货币出入境管理办法》，在6000元的限额内允许中国公民出入境和外国人入出境携带人民币。从2003年开始，国家外汇管理局允许境内机构对外贸易中以人民币作为计价货币，为港澳地区银行个人人民币业务提供清算安排；2005年解决了边境贸易使用人民币结算及进出口核销问题，并与蒙古国等八个周边国家签订了边境地区双边本币支付结算协议。总之，外汇管理政策在涉外交往中使用人民币计价已无障碍，在结算方面政策限制也逐步减少，但受人民币计价结算不能出口退税、清算渠道不畅等因素影响，人民币跨境业务推广受限，使这一时期跨境人民币业务主要以边境贸易、对台小额贸易以及港澳个人人民币业务为主，业务量小。

2008年，由美国次贷危机引发的金融海啸席卷全球，各国经济发展疲软，这对严重依赖对外贸易的我国经济造成严重影响。受国际金融危机的影响，美元、欧元等主要结算货币汇率大幅波动，我国及周边国家和地区的企业在使用第三国货币进行贸易结算时面临较大的汇率波动风险。随着我国与东盟等国家和地区的贸易、投资和人员往来关系迅速发展，以人民币作为支付手段的呼声越来越高。③2009年4月8日，国务院决定在上海和广东的四个城市进行跨境人民币试点工作。为了使跨境人民币业务规范化运行、有法可依，2009年7月1日，中国人民银行会同五个部委联合发布了《跨境贸易人

---

① 跨境人民币业务制度是指引居民与非居民选择用人民币进行相互之间各类跨境业务结算的一系列规范体系。

② 本文以国际收支平衡表为划分依据，将其划分为经常项下的人民币跨境循环制度和资本项下的人民币跨境循环制度，囊括了贸易、直接投资、证券投资等各个领域。

③ 中国人民银行有关负责人就《跨境贸易人民币结算试点管理办法》有关问题答记者问，2009年8月24日，中华人民共和国财政部网站。

民币结算试点管理办法》（以下简称《试点管理办法》）。该办法规定了试点企业的选择、清算模式、人民币购售和资金拆借、贸易真实性审核、出口退税政策、国际收支申报和人民币对外负债登记、总量控制、信息共享及监督管理九大部分，跨境贸易人民币业务政策的框架初步形成。为了配合《试点管理办法》的施行，更具可操作性的《跨境贸易人民币结算试点管理办法实施细则》于7月3日颁布。随后人民银行又发布了一系列的文件，跨境人民币业务范围不断扩大，2011年业务范围扩展至直接投资和证券投资，2013年进一步扩展至境外放款、对外担保等跨境融资业务，2014年允许跨国企业集团开展跨境人民币资金集中运营业务，明确了沪港通有关跨境人民币结算的事宜。

2015年"8·11"汇改后，人民币结束单边升值预期进入贬值通道，贬值预期显著加剧，这降低了境外机构投资者持有人民币计价资产的动机。此外，伴随着通过贸易渠道流向海外的人民币规模增加，受人民币跨境业务制度的制约，境外人民币持有者只能将人民币用于从中国进口产品，人民币回流渠道单一，严重影响境外持有者对人民币的信心。海外人民币存量的攀升也使境外持有者对人民币保值增值的需求增加，人民币境外持有者迫切需要以人民币计价的资产以实现自身利益最大化。这一时期跨境人民币业务制度对人民币国际化的推动进入了一个瓶颈期。为打破人民币投资货币职能实现进程中的各项壁垒，跨境人民币业务制度顺势而变。

在贸易融资领域，2016年1月22日，中国人民银行发布《关于扩大全口径跨境融资宏观审慎管理试点的通知》，该通知构建了基于微观主体资本或净资产的跨境融资宏观审慎约束机制，其改变了跨境融资逐笔审批、核准额度的前置管理模式，为每家金融机构和企业设定与其资本或净资产挂钩的跨境融资风险加权余额上限，其中为促进人民币的国际使用，企业贸易信贷、人民币贸易融资和金融机构吸收的人民币存款等被动负债，以及其他部分业务类型均不纳入跨境融资风险加权余额计算。4月29日，中国人民银行发布《关于在全国范围内实施全口径跨境融资宏观审慎管理的通知》，将本外币一体化的全口径跨境融资宏观审慎管理试点扩大至全国范围内的金融机构和企业。11月29日，中国人民银行印发《关于进一步明确境内企业人民币境外放款业务有关事项的通知》，进一步规范境内企业人民币境外放款业务，引导境外放款跨境人民币结算有序开展。2017年1月13日，中国人民银行发布《关于全口径跨境融资宏观审慎管理有关事宜的通知》，进一步完善了跨境融资宏观审慎管理框架，便利境内机构充分利用境外低成本资金，降低实体经济融资成本。此外，该通知废止了此前关于全口径跨境融资宏观审慎管理的政策，进行了必要的法规清理。

在银行存款领域，2016年1月20日，中国人民银行办公厅印发《关于调整境外机构人民币银行结算账户资金使用有关事宜的通知》，境外机构人民币银行结算账户内的资金，可以转存为定期存款，利率按人民银行相关规定执行。

在证券投资领域，2014年11月，中国人民银行发布《关于人民币合格境内机构投资者境外证券投资有关事项的通知》，允许取得国务院金融监督管理机构许可的境内金融机构可以人民币开展境外证券投资，进一步拓宽了人民币"走出去"渠道。为进一步规范和促进人民币合格境内机构投资者境外证券投资业务的常态化开展，2018年5月，中国人民银行发布《关于进一步明确人民币合格境内机构投资者境外证券投资管理有关事项的通知》，对人民币合格境内机构投资者和托管银行开展境外证券投资的信息报送进行了明确，同时还完善了宏观审慎监管框架，明确不得投资境外非人民币产品，不得境外购汇，人民银行可根据跨境资金流动等宏观形势进行审慎管理等。在人民币回流方面，2011年12月，中国证券监督管理委员会（以下简称证监会）、中国人民银行和国家外汇管理局联合发布《基金管理公司、证券公司人民币合格境外机构投资者境内证券投资试点办法》，允许获得证监会批准及国家外汇管理局投资额度的基金公司、证券公司人民币合格境外机构投资者运用在香港募集的人民币资金开展境内证券投资业务。2012年4月，经国务院批准，香港地区人民币合格境外机构投资者（RQFII）试点额度扩大500亿元人民币。同年11月，香港地区人民币合格境外机构投资者试点额度扩大2000亿元人民币。[①]2013年3月，证监会、中国人民银行及国家外汇管理局再次联合发布《人民币合格境外机构投资者境内证券投资试点办法》，进一步扩大人民币境外机构投资者主体范围，不再局限于基金管理公司和证券公

---

① 中国人民银行2020年发布的《2020人民币国际化报告》。

司，同时废止了2011年发布的规范性法律文件。2016年1月，中国人民银行办公厅印发《关于调整境外机构人民币银行结算账户资金使用有关事宜的通知》，允许境外机构在中国境内银行业金融机构开立的人民币银行结算账户的资金，可以转存为定期存款，利率按中国人民银行相关规定执行。2018年6月，证监会、中国人民银行及国家外汇管理局发布《关于人民币合格境外机构投资者境内证券投资管理有关问题的通知》，进一步规范人民币合格境外机构投资者境内证券投资管理。

在股票市场领域，中国人民银行与证监会分别于2014年11月和2016年11月联合发布《关于沪港股票市场交易互联互通机制试点有关问题的通知》及《关于内地与香港股票市场交易互联互通机制有关问题的通知》，沪深港通的开通促进了境内资本市场的开放，增加了人民币在资本项目下流出流入的渠道。

在外汇市场领域，2017年2月28日，为提高外汇市场开放水平，推动银行间债券市场对外开放，国家外汇管理局发布《国家外汇管理局关于银行间债券市场境外机构投资者外汇风险管理有关问题的通知》，允许银行间债券市场境外机构投资者可以在具备资格的境内金融机构办理人民币外汇衍生品业务，但仅限于对冲以境外汇入资金投资银行间债券市场产生的外汇风险敞口。该文件使参与中国银行间外汇市场的境外投资者不再仅限于中国人民银行公告〔2015〕第31号所规定的境外央行类机构。

纵观2009年以来的跨境人民币业务制度的历史沿革，试点企业和区域从局部到全国范围，跨境人民币业务范围从跨境贸易结算到直接投资、贸易融资和证券投资等领域，可以发现跨境人民币业务制度与境外对接的广度和深度的水平越来越高。但是也应当认识到我国的跨境人民币业务制度依然存在一些问题，跨境人民币支付清算制度面临结算最终性的要求和国内相关法律之间的冲突，跨境人民币循环制度则存在渠道开拓和监管的问题，这些问题的存在都影响着人民币国际化与风险防范之间平衡的实现。

二、跨境人民币业务制度存在的主要法律问题

（一）跨境人民币支付清算制度存在的主要法律问题

当前国际货币进行清算主要采用实时全额、定时净额以及实时全额和定

时净额相结合三种方式，而这些结算方式的运作，都需要有关支付结算的法律来予以保障。比如有关结算最终性的法律规定了结算结果的不可撤销性。此外，2001年国际支付清算体系委员会（CPSS）①制定了《系统重要性支付系统核心原则》（以下简称CPSIPS），为各国支付系统的建设提供指导。在这份文件中，CPSIPS规定了支付系统的结算最终性问题。CPSIPS指出，各国应加强结算的法律基础，确保结算最终性，如消除"零点法则"②及保证轧差合同的可执行性。同时，CPSIPS还对最终结算时间提出了要求，在其原则4中规定，支付系统的最终结算应当在生效日即时提供。③2005年CPSS制定了《中央银行支付结算系统的监管》，该文件对中央银行等机构的监管职责进行了细化，完善了支付系统的监管框架。中央银行从监管的原则、职责、范围、活动和合作五个方面来对支付系统进行监管。④

2008年国际金融危机爆发后，国际证监会组织（IOSCO）吸取了金融危机的教训，于2012年联合CPSS制定了《金融市场基础设施核心原则》（PFMI），其主要内容包括两大部分：一是指导金融市场基础设施安全、高效运行的24项原则；⑤二是规定了相关金融监管部门的5项职责。在结算最终性方面，PFMI高度重视结算最终性，并将其作为原则8单独列出，规定了金融基础设施提供最终结算的时间。在监管方面，PFMI规定了相关金融监管部门对包括支付系统在内的金融市场基础设施的5项职责，并对规制、监管和监督提供了有效、一致的指导。目前，PFMI已被欧盟、美国等货币国际化经济体

---

① 国际支付清算体系委员会（CPSS）由十国集团中央银行发起成立，其致力于支付结算体系的发展与改革，推动建立稳健、高效的支付结算系统。CPSS通过向成员中央银行提供交流的平台，使各中央银行能够就其国内的支付、清算、结算系统及跨境多币种结算机制的发展问题共同进行研究和探讨。中国人民银行于2009年7月正式加入CPSS。

② "零点法则"指的是破产机构在宣布破产之日（含午夜后）进行的交易，通过法律的执行自动无效。通常，破产公告由法院在工作日的某个时点对外发布，破产机构被法院宣告破产时，"零点法则"所产生的后果是当日凌晨至宣告之时这段时间内的所有交易都是无效交易。

③ 毛术文. 人民币国际化清算的法律问题研究[D]. 武汉：中南财经政法大学，2018：44–47.

④ 毛术文. 人民币国际化清算的法律问题研究[D]. 武汉：中南财经政法大学，2018：44–47.

⑤ PFMI中各原则不是完全独立的，其中一些原则相互依赖，一些原则互为补充。有时，一些原则涉及共同的重要主题。例如，原则2（治理）和原则23（透明度）分别提到了治理和透明度在管理风险和支持稳健的公共政策方面的作用。因为治理和透明度的重要性和相关性，其在其他原则中也被涉及。

通过立法的方式正式纳入其法律体系。中国人民银行也于2013年以通知的方式将其纳入我国的法律规范中。

我国有关支付系统结算最终性的法律法规，可见于《大额支付系统业务处理办法》《人民币跨境支付系统业务规则》等中国人民银行制定的规范性文件，与《中华人民共和国企业破产法》（以下简称《企业破产法》）存在以下冲突：一是结算最终性要求与破产无效行为的冲突。《企业破产法》规定法院在受理企业破产申请后，债务人对个别债权人的债务清偿无效。若人民币跨境支付系统中的某个清算参与者被宣告破产的情形下，在跨境人民币支付清算中该清算参与者对人民币跨境支付系统中其他参与者支付义务的履行，可能被法院认定为是对个别债权人的清偿，从而发生清算结果无效的问题。二是结算最终性要求与破产管理人代履行合同选择权的冲突。《企业破产法》规定破产管理人有权解除破产企业破产前生效的合同。破产管理人的这种解除权将给CIPS二期所采用实时全额与定时净额相结合的混合结算模式时支付结算效力的确定性带来冲击。三是结算最终性要求与破产撤销权的冲突。企业进入破产程序后，破产管理人拥有撤销权、否认权和索回权。而跨境支付清算中的结算最终性制度无法与《企业破产法》确立的破产撤销权相对抗。因为破产撤销权存在于法律当中，而结算最终性制度则存在于规范性法律文件中，也即前者的法律效力更高，当后者与前者不一致时，以前者的规定为准。这也就意味着如果境外银行参与到人民币支付清算中，其中某一参与者进入破产程序，那么在支付清算中的其他参与者将可能面临已经发生的支付清算结果被进入破产程序的该参与者的债权人申请撤销的法律风险。[①]

我国当下关于跨境人民币支付清算的法律法规主要是规范性文件层面的，法律效力较低。而有关支付清算的规范往往专业性极强，因而该领域的规范很多时候具有特殊性，这也就意味着与普通法律的规则不一致。但是由于关于跨境人民币支付清算的法律位阶偏低，所以在与位阶较高的普通法律冲突时不能适用这部分法律，进而不能够充分保障跨境人民币业务的开展。

---

① 毛术文. 人民币国际化清算的法律问题研究[D]. 武汉：中南财经政法大学，2018：140-142.

（二）人民币跨境循环制度存在的主要法律问题

当前，人民币投资避险工具虽然有了长足发展，但在可投资范围和深度上都有待挖掘，不能够满足境外持有人民币主体的保值、增值的需求，影响境外主体持有人民币的意愿。当前，除了进口境内商品和服务及存放银行所受约束较少，境外人民币进行其他合法运用的渠道受到较多限制，如政策和规模限制。因为目前我国缺少人民币衍生品及其他以人民币为标的的资产，境外人民币回流境内的渠道有限，境外持有人民币的主体在遇到人民币价格大幅波动的情形下，缺少对冲工具以降低持有大量人民币的风险，从而不能满足境外主体持有人民币的保值、增值的需求，进而导致境外主体持有人民币的意愿不高，最终使人民币跨境循环的发展受到制约。

此外，离岸人民币市场中人民币投资避险工具也十分匮乏。目前，以中国香港为代表的离岸人民币市场虽然获得较快发展，但相对于快速增长的离岸人民币来源来说，投资渠道依然十分匮乏，产品不够丰富，离岸市场缺乏深度。而反观美元国际化之路，可以发现美元离岸市场的发展在很大程度上推动美元成为世界货币。显然，由于目前人民币离岸金融市场缺乏深度，无法支撑这些投资需求，使境外主体选择持有人民币的意愿受到一定程度的影响。

人民币的大规模跨境无疑会对我国的金融市场、国内经济稳定带来一定影响，对人民币的跨境监管就显得十分必要，但目前我国的跨境人民币支付依然存在监管漏洞和监管盲区的现象。一是我国对境外人民币融资的法律法规不健全，存在监管漏洞。由于境外人民币融资的资金不实行表内的财务处理方式，一些商业银行为了盲目扩大业务规模、追求利润而钻政策的漏洞，往往把境外人民币融资的资金拿到表外处理，这增加了我国对该部分资金的监管难度，不利于国家对跨境人民币融资规模的掌控，易引发金融风险。二是监管机构对跨境资金的监管存在盲区，比如，我国国家外汇管理局对外币外债进行监管，而负责跨境人民币业务的中国人民银行则不对人民币外债进行监管，这就造成对人民币跨境进行监管的漏洞。

跨境人民币业务的发展不仅涉及以跨境人民币支付清算制度和人民币跨境循环制度为核心的跨境人民币业务制度的改革，同时也不得不受整个国内的金融体制发展的掣肘，其中境内利率和汇率改革滞后也影响着人民币的跨境循环。在利率市场化改革方面，我国债券市场尚不发达，公开市场规模较小，使中国人民银行对利率的调控难以通过市场化的方式进行。此外，我国商业银行收入的最大来源依然是利差收入，利率市场化改革所带来的利差变动会给商业银行的经营造成冲击。在汇率市场化改革方面，由于银行间外汇市场较为封闭，人民币汇率受人为因素影响较多，人民币汇率市场化水平依然较低，汇率缺乏弹性。

综上分析，虽然我国现有的跨境人民币业务制度已基本搭建起来，但仍然存在较为突出的问题，跨境人民币业务制度的改进应以跨境人民币支付清算制度和人民币跨境循环制度为抓手，有针对性地解决支付系统结算最终性与《企业破产法》的冲突，对支付清算制度的法律规范进行系统化并提高其法律位阶，丰富人民币投资避险工具的种类，深化人民币离岸市场，梳理人民币跨境监管中的问题，逐步完善国内金融体制改革。总之，只有系统化解决才能使人民币国际化行稳致远。

三、跨境人民币业务制度的改进建言

（一）跨境人民币支付清算制度的改进建言

基于上文的分析可以看到，我国的跨境人民币支付清算制度框架已经形成，这推动了人民币的跨境流动，促进了人民币国际化的发展。但是我们也可以看到，关于跨境人民币支付清算制度的规范性文件出台的时间跨度长，出台的背景不尽相同，内容零散，缺乏体系，这难免造成跨境人民币支付清算制度存在着一些前后不一致及缺位的现象。为了进一步保障跨境人民币业务安全健康运行，我国应采用统一的立法模式，即制定专门规范跨境人民币支付清算的统一法律。

1. 明确结算最终性的法律地位。一方面，我国可在未来制定的跨境人民币支付清算统一法律规范中明确支付系统结算最终性的法律地位，例如，规定"支付业务在支付系统完成资金清算后即具有最终性，破产程序对其开始前的系统参与人的权利与义务不具有溯及力，但支付系统规则另有规定的除外。"之所以要授予支付系统关于结算最终性规则的最终决定权，主要是因为严格的结算最终性需要牺牲掉部分流动性，不同的支付系统可以根据其系统参与者需求或系统本身的特点，来建立与其业务特点相适应的结算最终性规则。[1]另一方面，我们也应对影响结算最终性实现的上位法进行修订，为结算最终性的确立清理障碍。例如，《企业破产法》中"零点法则"的存在将可能导致支付系统出现严重的信用风险、流动性风险及潜在的系统风险。为避免支付系统结算最终性与"零点法则"之间的冲突，我国应对《企业破产法》进行相应的修订。[2]

2. 将符合系统重要性标准的行内支付系统纳入监管范围。CPSS规定的支付结算系统的"准系统"标准主要包括个别机构清算处理的金额或交易量、市场占有率、平均处理或清算支付款项的规模、客户支付款项经由该机构内部账户清算的程度、客户的数量或类型、竞争对手的家数及该机构的财务资源等。目前，我国部分大型国际化商业银行承担着人民币境内代理行和境外清算行的职责。这些清算行是人民币跨境的关键纽带，具有较高的集中度，其发生的风险具有较强的传导性，理应属于纳入监管的"准系统"。因此，中国人民银行应重视具有系统重要性的行内支付系统，将其纳入重点监管范围，强化对具有系统重要性的行内支付系统的监管。而对其他一般支付系统由中国人民银行发布指导性原则，实施一般性监管。

3. 提升跨境人民币支付清算制度的法律位阶。目前，跨境人民币支付清算制度散见于法律、行政法规及规范性文件中，对于同一种制度往往有多份法律规范，不同制度之间更是难以衔接，这些都可能造成参与者适用上的困难。因而我国应对跨境人民币支付清算制度进行梳理，及时开展法律汇编、进行法律清理等活动，从而解决跨境人民币支付清算制度适用上的难题。此外，由于当前有关跨境人民币支付清算制度的相关法律规范都主要集中在规范性文件层面，法律位阶低。作为专业性极强的法律领域，对该领域的规范往往具有特殊性，这也就意味着会与上位法相冲突。而由于跨境人民币支付清算制度的效力低，从而造成许多制度无法适用，因此我国应积极推进跨境

---

① 毛术文. 人民币国际化清算的法律问题研究[D]. 武汉：中南财经政法大学，2018：150.

② 何银秋. 关于破产法影响支付系统结算最终性的问题研究[J]. 时代金融，2019（24）：109.

人民币支付清算的立法，提升其法律位阶。

（二）人民币跨境循环制度的改进建言

跨境人民币业务中跨境循环制度本身的改进应围绕境外持有人民币主体的需求展开。此外，由于跨境循环涉及我国国内金融市场的宏观环境，因此跨境循环制度的改进也应对宏观的金融体制进行改革，以期使两者相契合。

1.加强对人民币跨境循环空间拓展的法律保障。

首先，要针对国际社会对人民币的不同需求，拓展人民币跨境循环流动渠道，引导人民币跨境循环向良性化发展。一是拓宽人民币跨境循环的渠道。例如，研究关于个人跨境人民币管理的问题，满足个人开展跨境人民币业务的需求。二是增加各类人民币跨境循环渠道的额度。在当前资本账户未完全开放的情形下，进一步增加沪港通等各种跨境循环渠道的额度，有利于增加境外主体持有人民币的意愿。但额度的增加应当在确保风险可控的前提下进行。三是创新人民币跨境循环产品并提供法律保障。为满足境外人民币多样化资产配置的需求，应加快推进人民币跨境业务和产品创新。例如，我国2019年推出的人民币原油期货就是重要举措，我国应在此基础上进一步开发人民币期货的品种。

其次，要完善人民币跨境循环过程，强化人民币离岸市场的发展。在不断完善人民币跨境循环流出、流入渠道的前提下，离岸市场长期健康发展离不开人民币的境外流转。其中，金融衍生品市场的发展对人民币离岸市场的发展有重要意义。随着离岸市场的发展，离岸市场的人民币规模将日益增大，境外持有主体便迫切需要一些金融衍生品工具对冲手中所持的人民币风险头寸。此外，对收益较高、风险较大的人民币资产需求也会明显上升。

2.提高国内金融体制与人民币跨境循环的匹配度。

跨境人民币循环制度的发展离不开国内金融环境的改善，而与人民币跨境循环密切相关的国内金融体制便是利率和汇率制度。首先，在汇率形成机制方面，应发挥人民币汇率自律机制的作用，完善中间价报价机制，推进汇率的市场化改革，让人民币汇率更好地体现其自身价值。汇率市场化意味着汇率的波动性增强，但这同时意味着给市场带来更大的风险。所以，根据经济形势的发展变化，中央银行可以通过建议的方式来调整全国外汇市场自律机制主导的人民币中间价"三锚机制"中各锚所占比重，从而让市场有明确的预期。[1]其次，在利率市场化改革方面，积极建设和完善基准利率体系，包括建设回购定盘利率、上海银行间同业拆放利率（Shibor）和贷款基础利率（LPR）。加快LPR形成机制改革，提高商业银行的风险定价能力，为下一步的利率并轨创造条件，让利率机制发挥金融资源配置的作用。这就要求中央银行尽快取消存贷款基准利率，增加商业银行对贷款风险定价的意愿。此外，还应完善中期借贷便利（MLF）的利率形成机制，使MLF利率能够反映中国宏观经济的变化，从而使商业银行的贷款定价更灵活。[2]

3. 建立健全人民币跨境循环监测体系。大规模境外人民币的回流会给国内金融市场带来更多不确定因素，也给我国对人民币跨境循环制度中关于人民币回流监管方面带来能力上的挑战。由于目前我国关于人民币回流的监管还不是很完善，这将不利于国家监控流动性风险，以及有效预防海外热钱对我国实体经济的冲击。目前，我们可以从以下几个方面来健全人民币跨境循环的监测体系：一是控制人民币跨境融资的总规模。要对人民币贸易融资的规模设置额度限制，防止规模过大。同时，要将人民币外债规模的监控纳入中国人民银行的监管体系内，实时监测人民币的回流量。总之，要将人民币融资的规模控制在可控的范围内。二是建立健全关于跨境人民币融资业务的法律规范，明确银行办理人民币跨境融资业务的财务处理标准，防范银行盲目追求业务规模和利润的扩大，利用监管漏洞逃避监管而将跨境人民币融资业务移出表外，这将极大影响我国对人民币跨境融资规模的掌控。三是细化和完善信息交换机制。首先，应畅通国内各金融监管机构之间的信息交流渠道。由于资金跨境流动往往涉及多个金融监管部门，而每个部门的监管侧重点不尽相同，若能够将各自进行跟踪监测的数据实时分享，将有利于从综合层面防范因人民币跨境流动所造成的风险的发生，同时也能够防范一些不法分子钻监管的漏洞。其次，应加强国家和地区层面之间的信息交换。尽管一国主权货币不论是否流出境外最终都在一国的清算体系中存放，但流出境

---

① 李本，盛琳杰. "一带一路"背景下人民币汇率形成机制改革深化问题[J]. 区域与全球发展，2018（1）：5.

② 彭兴韵，LPR改革推进利率市场化[J]. 中国金融，2019（17）:42.

外的货币毕竟在另一个主权国家，若能与其他国家和地区的监管当局加强合作，将有利于对跨境人民币的监管。

四、结语

面对复杂多变的国内国际形势，我国确立了形成以国内大循环为主体、国内国际双循环相互促进的新发展格局，这就要求我们越开放越要注重安全发展，人民币国际化也将更加稳慎推进。新发展格局下，我国应以跨境人民币支付清算制度和人民币跨境循环制度为抓手，补足跨境人民币业务制度的短板，缩短与国际标准的差距，为人民币国际化夯实基础。

（作者李本为上海大学法学院教授，国际法研究中心主任；作者袁航为上海市嘉定区人民检察院检察官助理）

解读《中华人民共和国民法典》
新规对金融行业的影响

李志强

2020年5月28日，十三届全国人大三次会议表决通过了《中华人民共和国民法典》（以下简称《民法典》），中华人民共和国历史上第一部《民法典》于2021年1月1日起正式实施。这部《民法典》被誉为"社会生活的百科全书"，将影响国家经济、社会发展的方方面面，也是中国法制建设的重要里程碑。《民法典》统筹了民法总则、物权编、人格权编、合同编、婚姻家庭编、继承编、侵权编等大块内容，吸收历年司法解释，不仅对现有的民法体系进行修订完善，而且增设多个制度安排，以顺应新时代发展的需求。

《民法典》最直接的一个意义是让民事法律在一个框架下协调统一起来。此前我国民事领域的法律都以单行法的形式存在，这些单行法律存在交叉和不一致的地方，影响法律的效果和执行效率，而《民法典》则让各民事单行法"百川归海"，形成统一的民事法律体系。自《民法典》施行起，现行的《婚姻法》《继承法》《民法通则》《收养法》《担保法》《合同法》《物权法》《侵权责任法》等民事单行法律就要废止了。

市场经济的本质是法治经济，金融行业也不例外，金融业务的发展和创新同样是建立在民法的关系之上的，二者存在着既相互制约又相互促进的关系。一方面，金融业务的发展必然受到民法规则的规制和约束；另一方面，民法规则的演进，也能够为金融业的发展和创新提供方向和指引。由此可见，《民法典》的出台，对金融行业的影响是深刻的。本文主要结合金融行业相关法律纠纷和服务的实践，从法律角度分析《民法典》对金融领域及其他方面的影响。

一、对金融行业的直接影响

我国金融法律框架复杂，政策更替频繁，不过都离不开两个基础，一个基础是金融公法，主要规范金融市场主体的行为，维护市场秩序以及防范风险等；另一个基础就是民商法，各类金融活动都是以物权和合同关系为基础的，各种金融创新也都是建立在基础的民商事法律关系上的。《民法典》虽然很少有直接规范金融行业的法条，但物权编、合同编中的相关法条，又与金融行业具有非常密切的联系，会直接影响金融行业中的相关活动。这是因为物权编中的担保物权本身具有直接融资功能，而所有建立在契约之上的金融交易活动都归于合同编的框架之下。

新颁布的《民法典》，尽管很少有直接对金融行业进行规制的法条，但其中物权编、合同编的相关法条，是金融制度体系中的民商法基础，将会直接影响金融机构的市场交易行为，从而给金融行业带来一定的影响。

（一）抵押物物权变动的效力

《民法典》第四百零六条规定："抵押期间，抵押人可以转让抵押财产。当事人另有约定的，按照其约定。抵押财产转让的，抵押权不受影响。抵押人转让抵押财产的，应当及时通知抵押权人。抵押权人能够证明抵押财产转让可能损害抵押权的，可以请求抵押人将转让所得的价款向抵押权人提前清偿债务或者提存。转让的价款超过债权数额的部分归抵押人所有，不足部分由债务人清偿。"这一规定颠覆了《物权法》中关于未经抵押权人同意，禁止转让的强制性规则。而在金融业务中，金融机构往往是抵押权人，所以之前的业务中过分依赖抵押权的金融活动，如商业银行常见的抵押经营贷款、抵押消费贷款等，可能将面临重新安排交易模式与具体合同条款的情况，以保障债权安全。

本条修订最大的亮点在于，当事人无明确约定，抵押人可以在未经抵押权人事先同意的情况下，转让抵押财产并发生物权变动效力，相较于旧法必须经过抵押权人事先同意存在较大的差别，进一步促进物的流转；因弱化了抵押权人对抵押财产的控制能力，为了保护抵押权人的利益，将抵押权与抵押财产捆绑，赋予抵押权追溯力；体现抵押权人和抵押人、受让抵押标的物的第三人之间实现利益平衡，既充分保障抵押权不受侵害，又不过分妨碍财产的自由流转，充分发挥物的效益。本条修订对涉及不动产的金融业务影响较为明显，因不动产公允价值变动或者不动产流转之价格波动，对金融机构实现抵押权造成了一定影响。实践中，应根据具体个案情况的不同而进行分析。

（二）保证人承担保证责任默认推定类型的变更

《民法典》第六百八十六条规定："保证的方式包括一般保证和连带责任保证。当事人在保证合同中对保证方式没有约定或者约定不明确的，按照一般保证承担保证责任。"这一规定改变了现行《担保法》第十九条的规定："当事人对保证方式没有约定或者约定不明的，按照连带责任保证承担保证责任。"

在具体的金融业务中，金融机构往往处于债权人角色，而保证人承担一般保证还是连带保证责任，对于债权人实现债权而言，有着巨大的差别。具体来说，一般保证人拥有"先诉抗辩权"，即只有债权人向债务人提起诉讼并且经过强制执行之后，仍然不能实现债权的情况下，才可以向保证人主张承担保证责任。因此，在"后民法典时代"，金融机构在签订保证合同时，一定要注意保证方式的约定，否则将被推定为一般保证，这显然是对债权人不利的。保证推定方式由连带责任调整为一般保证，在各类金融业务保证合同中应当明确写明"由担保人承担连带保证责任"，否则将被推定为一般保证，对债权人实现债权担保造成影响。

（三）新增加了"将有的应收债权"作为新的质权种类

《民法典》第四百四十条规定了质权的种类，其中第（六）项规定了"现有的以及将有的应收账款"可作为债务人或者第三人有权处分的权利进行出质。而《民法典》第十六章则将保理合同作为一种新增的有名合同，单独作为一章进行规制。其中，第七百六十一条规定："保理合同就是应收账款债权人将现有的或者将有的应收账款转让给保理人，保理人提供资金融通、应收账款管理或者催收、应收账款债务人付款担保等服务的合同。"这是对保理合同的定义。

综上所述，在《民法典》的定义中，质权的标的明确包含了"将有的应收账款"，也就是说保理合同可以涵盖对未来形成的应收账款。当然，对于权属不清、应收余额无法准确计量的，不应列入未来应收账款范围。在目前的保理业务ABS中，主要针对的是既定形成的保理债权发行专项计划，《民法典》增加了对于未来将有的应收账款可以作为保理合同范围的规定，从而为未来的金融创新提供了法律依据，扩大了可以作为基础资产进行证券化的资产范围。

（四）明确了保理债权登记的效力及其排他性

《民法典》第七百六十八条规定："应收账款债权人就同一应收账款订立多个保理合同，致使多个保理人主张权利的，已经登记的先于未登记的取得应收账款；均已登记的，按照登记时间的先后顺序取得应收账款；均未登记的，由最先达到应收账款债务人的转让通知书中载明的保理人取得应收账款；既未登记也未通知的，按照保理融资款或者服务报酬的比例取得应收账款。"

此条规定是对目前保理业务中存在的重复融资现象处理问题的重要补充，是《民法典》中关于保理合同规定的最大的闪光点。在这之前，由于没有具体的规定，在中登网进行应收账款登记仅仅起到了公示作用，并不能够像应收账款质押登记一样具有设立担保物权的明确法律后果。此条规定明确了重复融资时登记与未登记的不同受偿后果，是对保理业务在中登网登记效力的确认，这必将有效督促保理人完善业务登记，从而促进整个行业应收账款转让交易信息的公开化与精确化，从而有效遏制债权重复转让、重复融资等行为给债权人造成的法律风险。

（五）无正当理由变更基础债权，不对保理商发生效力

《民法典》第五百四十五条规定："债权人可以将债权的全部或者部分转让给第三人，但是有下列情形之一的除外：（一）根据债权性质不得转让；（二）按照当事人约定不得转让；（三）依照法律规定不得转让。当事人约定非金钱债权不得转让的，不得对抗善意第三人。当事人约定金钱债权不得转让的，不得对抗第三人。"同时，第七百六十五条规定："应收账款

债务人接到应收账款转让通知后，应收账款债权人和债务人无正当理由协商变更或者终止基础交易合同，对保理人产生不利影响的，对保理人不发生效力。"

上述规定，债权人与债务人约定金钱债权不得转让，无法对抗保理商，为保理商受让金钱债权提供天然的法律保障。同时，按照债权转让一般原理，原债权人与债务人不再具有债权债务关系，依照合同相对性，原债权人与债务人之间的约定，不对保理商发生效力。因基础债权与原债权人合同履行情况密不可分，实践中不乏因原债权人供货不符合要求，债务因基础交易合同权利，要求调减合同金额、延期付款或其他合理抗辩。因此，上述规定中所谓的"正当理由"应严格限制在基础交易合同约定事项或者法律规定的情形。

二、对金融行业的其他潜在影响

《民法典》并非凭空新设的一部法律，而是在现有的法律法规及相关规范的基础上，进行统一、汇总、修订、增删后形成的法典化的民商事领域的"百科全书"。因此，虽然《民法典》条目众多，但是其基本原则延续现有单行法的理念和原则，更多是在一些具体的法律规定上进行调整、统一、明确。因此，这部《民法典》也将潜在化地影响作为市场经济上层建筑的金融行业。

（一）居住权的确立

以前实施的《物权法》并没有将居住权作为用益物权纳入其中。《民法典》首次将居住权明确纳入法条之中，并以单章进行规制，标志着"居住权时代"的来临。《民法典》第三百六十六条规定："居住权人有权按照合同约定，对他人的住宅享有占有、使用的用益物权，以满足生活居住的需要。"

居住权的设立有两种方式：第一种是房屋的产权人和居住权人通过书面形式的居住权合同进行约定，并办理登记；第二种是通过遗嘱方式设立。如果是通过遗嘱设立居住权的，居住权自继承开始设立，而不以登记为居住权设立的前提。但是在继承开始后，居住权人仍然应当尽快去办理居住权登记，否则将限制居住权人的权利行使，且在所有权人处分房屋时也无法对抗第三人。

居住权的设立，意味着强调以不动产产权或所有权为中心的抵押融资业务可以进行再创新，给无论是个人业务还是法人业务以调整的可能。未来，相关金融产品将很有可能以居住权为核心，设计新的金融产品或金融衍生品。

（二）婚姻财产的明确

《民法典》对于夫妻共同财产的范围也做了两处修改。首先，《民法典》将投资收益明确列为夫妻共同财产。当然，《婚姻法司法解释二》第十一条第（一）款也将个人财产投资取得的收益列为夫妻共同财产，而《民法典》则直接将投资收益上升到法律的层面固定下来，给予投资收益这一财产"法律正式编制"，具有更强的法律保障效力。其次，《民法典》明确将劳务报酬纳入夫妻共同财产之中。现代社会，自由职业者越来越多，夫妻或个人的收入方式正处于多元化，除了正式编制的工作收入，还有大量的劳务报酬存在。因此，《民法典》相较于《婚姻法》，明确把劳务报酬也纳入夫妻共同财产之中。同时，《民法典》第一千零六十四条规定："夫妻双方共同签名或者夫妻一方事后追认等共同意思表示所负的债务，以及夫妻一方在婚姻关系存续期间以个人名义为家庭日常生活需要所负的债务，属于夫妻共同债务。"如果超过了家庭日常生活需要所负的债务，则可能不属于夫妻共同债务，则对银行的贷款安全产生不利影响。这就要求银行在开展个人贷款业务时，尽量明确该贷款的用途是用于家庭日常生活需要，只有这样在发生贷款纠纷时才可以主张该笔贷款属于夫妻共同债务，应当由夫妻共同承担。

对银行等金融机构的个人金融业务来说，《民法典》对婚姻财产的明确界定，无疑明确了贷款业务中个人或夫妻双方的财产范围，为金融机构事前信贷审核与事后财产追索提供了明确指引。

（三）电子合同的效力

《民法典》第五百一十二条规定："通过互联网等信息网络订立的电子

合同的标的为交付商品并采用快递物流方式交付的，收货人的签收时间为交付时间。电子合同的标的为提供服务的，生成的电子凭证或者实物凭证中载明的时间为提供服务时间；前述凭证没有载明时间或者载明时间与实际提供服务时间不一致的，以实际提供服务的时间为准。"

此规定从法律上确立了电子合同具有与纸质合同相同的法律效力，提升了交易效率。未来，银行、保险公司等金融机构的相关业务绝大部分可通过电子合同的方式，以线上的方式实现。但与此同时，《民法典》对于个人信息保护也做了纲领性的规定，从第四编第六章的诸多规定来看，目前国家对于以信用信息、敏感信息为核心的个人信息保护日趋加强，也为未来线上交易的信息保护提出了更高要求。

（四）格式合同与线上消费金融

《民法典》第四百九十六条规定："格式条款是当事人为了重复使用而预先拟定，并在订立合同时未与对方协商的条款。采用格式条款订立合同的，提供格式条款的一方应当遵循公平原则确定当事人之间的权利和义务，并采取合理的方式提示对方注意免除或者减轻其责任等与对方有重大利害关系的条款，按照对方的要求，对该条款予以说明。提供格式条款的一方未履行提示或者说明义务，致使对方没有注意或者理解与其有重大利害关系的条款的，对方可以主张该条款不成为合同的内容。"

在消费金融领域，尤其在线上金融领域，任一金融App内置协议，用户只有点击"同意"或"退出"的选择，其并不具有一般合同中双方可协商、可切磋或"讨价还价"争取双方合意等的条件。对该类当事人为了重复使用而预先拟定，并在订立合同时未与对方协商的条款，我们通常称为"格式条款"。上述《民法典》的新规，增加了"与对方有重大利害关系的条款"的提示义务，同时，提供格式条款的一方未履行提示或者说明义务的责任后果变得明确。如格式条款提供方未履行提示或者说明义务，致使对方没有注意或者理解与其有重大利害关系的条款的，对方可以主张该条款不成为合同的内容。

从此角度出发，对于线上金融机构而言，在合同审查时要着重注意两个方面：一是对格式条款是否构成合同内容的审查，如果对方没有注意或者理解与其有重大利害关系的条款的，该条款不成为合同的内容；二是构成合同内容的格式条款是否有效的审查，即不合理地免除或者减轻格式合同提供方责任、加重对方责任、限制对方主要权利的合同无效。《民法典》关于格式条款的规定多适用于to C的合同，即在双方缔约地位不平等的情况下，强者与弱者之间的合同。而《民法典》更倾向于保护C端。现如今，格式合同审查机制的变化，便要求金融机构因地制宜地进行有效调整。

（五）贷款性金融业务的合规性

《民法典》第六百八十条规定："禁止高利放贷，借款的利率不得违反国家有关规定。借款合同对支付利息没有约定的，视为没有利息。借款合同对支付利息约定不明确，当事人不能达成补充协议的，按照当地或者当事人的交易方式、交易习惯、市场利率等因素确定利息；自然人之间借款的，视为没有利息。"

《民法典》中"禁止高利放贷"规定的适用范围并不局限于自然人之间的民间借贷。在消费金融行业，不乏小额贷款公司、与助贷平台合作的银行等机构发放或变相发放年利率超过36%贷款的现象，虽然当前的司法实践已普遍将各类金融机构借贷纳入不超过年利率24%的范围，超出部分法院不予认可，但鲜有机构被追究刑事责任，而《民法典》的出台或将改变这一局面，也会促使持牌机构规范展业。近年来，金融市场中出现了P2P爆雷、校园贷、消费贷等非法金融业务，在广大人民群众中造成了不良影响。但从实践中来看，司法机关很少能够有效监管和打击这类经济犯罪，或者即使打击了，力度也有限。这其中原因之一就是缺少有效的法律法规进行指导，在其造成实际损失之前，甚至无法给这类犯罪定性。只有爆雷之后，才能根据相关的规定进行追责，往往于事无补。高利贷，之前都是通过司法解释而非法律形式出现的，如《最高人民法院关于审理民间借贷案件适用法律若干问题的规定》《关于办理非法放贷刑事案件若干问题的意见》，其中甚至从未出现"禁止高利放贷"的字样。

现行的司法解释规定了"两点三区"的规则，年利率在24%以内的受法律保护，24%~36%的属于自然债务，债务人可清偿可不清偿，超过36%的部分不受法律保护。这仅仅是表面现象，虽然暗地里的管理费、手续费、保证金等名目拉低了表面利率，但是实际仍在放高利贷。《民法典》严禁高利贷，规范了金融环境，这对于银行和投资有着非常重大的影响。

三、结语

《民法典》作为金融法律体系的基础性法律制度，正式实施之后，对众多金融业务会产生深远影响，也为未来金融行业的发展与创新提供了更多机遇。如何把握"风口"与时代脉搏，成为摆在当今每一个金融从业者面前的现实问题。但更重要的是，它给了我们每一个人更多的筹划空间去进行探索，实现法律规制框架下的金融"大繁荣"。

（作者李志强为金茂凯德律师事务所创始合伙人，一级律师，环太平洋律师协会主席）

"一带一路"研究篇

把握区域合作新契机
开拓两国共赢新局面

蔡建春

新冠肺炎疫情给全球经济社会运行和国际金融市场稳定带来巨大影响，风险日益增多，挑战层出不穷。但可喜的是，近几个月来，《区域全面经济伙伴关系协定》（RCEP）成功签署、中欧投资协定谈判如期完成，这些标志性的区域合作成果表明，坚持相向而行、互利共赢，是我们当下应对风险挑战、推动共同发展的正确选择。资本市场是全球经济的重要连接点，加强双边、多边资本市场高质量合作，为疫情后全球经济复苏增动能、添动力，我认为具有非常重要的现实意义。

中日经济金融合作具有坚实的基础和悠久的历史。目前，两国在产业链、供应链和价值链的融合已达到较高水平，中国连续12年成为日本的第一大贸易伙伴国，2020年前11个月，中日贸易总值达3100亿美元。在我国利用外资的国别中，日本排名第一，截至2019年底，日本累计对华投资额已超1100亿美元。

资本市场近年来也渐显潜力，促进两国合作提质升级。上海证券交易所（以下简称上交所）和日本证券交易所（以下简称日交所）是目前亚洲市值最大的两家交易所，也是全球排名前五的交易所，两国交易所股票市值合计超过13万亿美元。多年来，两国交易所不仅共同在世界证券交易所联合会（WFE）中担任董事，代表亚洲交易所积极参与国际行业治理，也在业务合作上长期保持互动。特别是在首届中日资本市场论坛上，两国交易所成功签署中日ETF互通合作协议，开辟了中日两国资本市场合作的新篇章。

中日ETF互通，我认为有三大创新：一是创造性地推动了中日资本市场合作迈入实质性阶段，加强了两国在经贸畅通和资本融通上的联动效应；二是创造性地发展了全球资本市场间的互联互通模式，并获业内高度认可，丰富了两国交易所产品线和投资者跨境资产配置工具箱；三是创造性地建立两国市场机构的牵手机制，激发了市场主体的合作潜力和竞争动力。开通一年半以来，中日ETF互通首批产品运行平稳，表现良好，4只投资日本方向产品开通以来平均收益率约为25%，4只投资中国方向产品开通以来平均收益率近30%。

中日资本市场合作已迈出坚实的第一步，我建议两国接下来要探索更深入、更广泛的合作领域。一是发挥中日ETF互通等已有成熟机制的作用。我们要继续扩大产品规模、增加产品种类和拓展互通范围，尤其是探索上交所科创板与日交所特色市场的合作空间。二是探索在REITs市场的交流互鉴。J-REIT为日本提供了长期稳定的金融资产，也为日本经济发展提供了重要动力。目前，上交所正在紧锣密鼓地推进基础设施领域公募REITs落地，期待未来我们在这一领域开展对话。三是加强绿色金融领域交流合作。日本是全球ESG投资第三大市场，日交所近年来推出了一系列有特色的ESG产品服务。上交所也高度重视绿色金融和可持续发展工作，多措并举地支持绿色企业融资，推进绿色投资和深化绿色国际合作。未来，我们可探索从资本市场合作角度践行可持续发展理念，共同应对气候变化等全球性挑战。

新年要有新气象，相信在中日双方共同努力下，在中日资本论坛这个高效、畅通的交流机制的引领下，中日合作将不断开花结果，全面开拓两国共赢的新局面。

（本文是上海证券交易所总经理蔡建春在2021年1月举行的第二届中日资本市场论坛上的演讲摘要）

互惠共赢　携手共进

——简论IPBA与RCEP共赢共进之关系

李志强

2020年11月15日，第四次《区域全面经济伙伴关系协定》（RCEP）领导人会议举行，会后东盟10国和中国、日本、韩国、澳大利亚、新西兰共15个亚太国家正式签署了《区域全面经济伙伴关系协定》。该协定的签署，标志着当前世界上人口最多、经贸规模最大、最具发展潜力的自由贸易区正式起航。中国国家主席习近平在第十七届中国—东盟博览会和中国—东盟商务与投资峰会开幕式上的致辞中明确指出，"中方欢迎《区域全面经济伙伴关系协定》完成签署，希望尽早生效。中方愿同东盟方携手努力，畅通贸易、促进投资，相互开放市场，推动双方产业链、供应链、价值链深度融合"，再次表达了对未来国际区域合作建设的美好期许。

罗马不是一天建成的，该协定建立在多国长期不懈的努力之上。RCEP早在2012年就由东盟发起，历时8年，其间举行了3次领导人会议、19次部长级会议、28轮正式谈判，至今终于成功签署。这更加坚定了我长久秉持的信念，那就是，尽管近年国际社会产生了包括中美贸易摩擦在内的一系列贸易摩擦，但在生产全球协作、市场全球共享的大背景下，摩擦对抗只是历史曲折，合作共赢方为时代主流。

RCEP与环太平洋律师协会（IPBA）之间也存在着互惠共赢、携手共进的美好未来，加强的国际区域合作必将成为IPBA这一国际律师组织进一步发展的宝贵历史机遇。

首先，RCEP将为IPBA提供广泛的服务机会。RCEP是一个全面、现代、高质量、互利互惠的自贸协定。该协定涵盖人口超过35亿人，占全球人口的47.4%，协定范围内各国国内生产总值占全球的32.2%，外贸总额占全球的

29.1%。可以说，RCEP是目前全球涵盖人口最多、最具潜力的自贸区机制。一旦贯彻落实，将进一步促进国际产业和价值链的融合，为区域经济一体化注入强劲动力。

RCEP的签署与生效将直接推动IPBA现有成员律师业务的繁荣发展。值得注意的是，RCEP涵盖了货物贸易、服务贸易、投资等多种形式的经济合作事务。而跨国业务正是IPBA成员律师之间长久以来合作的专长与传统。这些类型多样的跨国经济业务在协定生效后不断增长，必将为IPBA的成员们提供更多、更优的法律服务业务机会，拓展跨国法律服务业务类型，使会员朋友们享受更多国际区域经济协同发展的红利。

其次，IPBA本身作为区域律师合作机制，能够借助RCEP这一历史机遇进一步发展壮大、提升质量。

RCEP签署生效所带来的国际区域经济发展新格局、经济增长新趋势有目共睹，这也将促使更多各国本土律师放眼国外，关注、重视涉外业务，并积极谋求与他国律师在可靠、高效的合作机制下共同开展涉外法律服务。IPBA正是这样值得信赖、运行稳定且具有优秀声誉的跨国法律服务合作平台。未来，IPBA将有机会吸引更多的区域优秀法律服务人才加入，壮大成员队伍，强化交流学习，增进彼此互信，共享合作成果。同时，随着区域跨国经济合作的频繁化、多样化、复杂化，IPBA成员们面临的挑战也会更大，要求也会更高，这也将促使我们不断学习成长，与时俱进，提高自身法律服务水平，从而维护IPBA组织的实力与声誉。

各位嘉宾朋友，其实在听闻RCEP成功签署后，我一直在想：相比其他国际律师组织，如国际律师协会（IBA），IPBA在RCEP框架内独特的核心竞争力是什么？

我的答案是，作为环太平洋地区的区域性国际律师组织，我们的会员中恰好有很大一批来自RCEP缔约国的、熟悉这些国家经济法律业务的当地律师。这些法律人才，将是未来开拓RCEP框架内涉外业务的宝贵财富。独特的队伍构成、紧密的相互协作，正是IPBA未来在国际区域经济合作中的核心竞争力和吸引力。

最后，IPBA的运作也将有助于RCEP框架下商事合作的顺利开展，助力RCEP贯彻落实。

RCEP的签署是缔约各国之间关于自由贸易的一次全新尝试，各国贸易往来中的许多疑难杂症有待探索解决，不同习惯、规则下的交易有待法律服务保驾护航。IPBA的许多成员长期深耕本国经济法律事务，兼具区域国际视野，有能力为RCEP框架下跨国交易提供专业、安全的解决方案。同时，IPBA本身也能对涉外法律问题中的疑难杂症提供群策群力、协作解决的良好渠道。在各方面条件的有力保障下，我相信IPBA能够助力维护RCEP项下商事合作的合规、稳定，协助解决可能出现的国际商事争端，从而为国际社会经济合作贡献一份力量。

机不可失，时不再来。RCEP正是当前及未来国际经济合作格局的范例与代表，作为IPBA的主席，我在此呼吁大家抓住历史机遇，紧随发展潮流，为自己、为IPBA、为区域经济合作做一些实事、好事，让我们互惠共赢、携手共进！

（本文是环太平洋律师协会主席李志强在环太平洋律师协会2020年系列视频研讨会上的致辞）

跨国、跨区域协作　解锁国际私法公证服务新模式

张铮　蔡勇

随着经济全球化发展，人员之间的跨国流动日益频繁，因工作、学习、婚姻等原因在国外居住的中国同胞数量日趋庞大，因同样原因到我国定居的外国友人数量也越来越多，随之而来的民商事法律服务需求日渐多样化、复杂化。

2020年初，突如其来的新冠肺炎疫情在全球各地先后暴发，感染确诊人数每天都在创新高。疫情打乱了人们习以为常的生活和工作节奏，自然人的全球流动受到了前所未有的限制。相应地，各地人们对委托他人即可替代自己亲力亲为的委托类公证书的需求达到了史无前例的程度。

为满足在法华人、跨国家庭、在华法籍人士及法国企业的公证法律需求，2020年4月，上海市静安公证处与四川省成都市律政公证处携手打造了一支"您身边的国际私法公证专家"法律服务团队。团队成员包括在两家公证处中担任国际公证联盟（UINL）专业委员会委员、长期研究中法两地公证法律的资深公证员等专业人士。团队与法国公证同行一起，探索跨国、跨区域协作公证服务新模式，为两国公民和企业在疫情常态化下解决国际私法中的疑难法律问题做了有益的探索。

团队自成立以来，已经为数十位涉及跨国事务的中国公民和法国公民办理了公证文书或提供法律咨询服务，在上海、成都等地的法国社团及法国本土都产生了较为热烈的反响。法国公证界的智囊机构——法国公证研究及信息和文献中心（CRIDON）于2020年6月2日在其官方网站的醒目位置，以新闻发布向全法国的公证人推荐这个国际业务团队。许多中国公民和法国公民纷纷向团队寻求帮助，解决他们生活和工作中遇到的疑难问题。据不完全统

计，自2020年4月至今，团队受理的案例类型主要涉及跨国继承、婚姻契约和委托等事项。其中，委托类案件占比为50%，婚姻契约类案件与跨国继承类案件平分秋色。

2020年9月，在上海工作的法国公民阿兰先生（化名）联系到团队的公证员，寻求办理一份涉及接受房产赠与的委托公证。

委托公证是最为常见的公证业务类型之一，似乎这个案件很容易就可以获得办理。但事实上，由于两个国家法律制度的不同，这份委托公证其实并不简单，承办公证员不仅需要熟悉两国的法律制度，而且还需要与法国公证人进行协作。

难点1：两国公证法律规定存在差异，需要运用外语进行兼顾双方要求的公证文书制作

根据法国国内法，凡是涉及同意或接受赠与的委托书、涉及设立抵押的委托书及涉及购买期房的委托书，都必须以"公文书"的形式做成。法国《民法典》第1369条规定："公文书是指具有此种文书制作权限和资格的公务助理人员按照规定要式受理的文书。"其中，公证人制作的文书即为最典型的公文书。以公文书形式做成的委托书，其文书由公证人直接起草，并由委托人和公证人签名后生效。

根据最新的法国国家政策规定，从2019年1月1日开始，法国驻外使领馆不再行使公证职能，居住在国际公证联盟成员国或地区（目前包括中国在内有89个）的法国公民可向当地公证人求助，因为这些国家的公证文书被视为等同于法国公证人出具的"公文书"。例如，侨居在上海的十几万名法国籍侨民如遇到公证需求，向上海的公证机构申请办理公证是最简便的首选项。

在中国，委托公证书的形式与法国等其他大陆法系国家存在着较大的差异，因此要求中国的公证员娴熟运用专业外语能力，与法国公证人进行充分的沟通和交流，方能对其提供的委托书进行"改造"，以使其能够同时符合中国和法国两国的要求。

难点2：承办公证员必须熟悉法国民事法律，以确保当事人对委托书的内容和后果有充分的了解

在涉及委托书必须以"公文书"形式做成的民事行为（赠与、抵押、购买期房等）时，法国不认可英美法系公证人制作的"证明"式文书（如法国最高法院2016年4月14日的一份判决，裁定不认可澳大利亚公证人制作的公证书，因为澳大利亚公证人仅对当事人在法国公证人提供的委托书上的签名进行了证明），只认可来自大陆法系国家公证人制作的文书。按照大陆法系公证制度的基本原则，公证人在做成公文书时，应当确保当事人阅读了文书的全部内容，必须就文书的内容向当事人阐明法律规定，确认当事人清楚地了解委托书的法律意义及后果。

法国公民阿兰先生申请的委托公证，根据法国国内法，委托书中必须体现出赠与合同的所有细节和法律关系，并且承办公证员必须确保阿兰先生能够充分理解这些内容。这就需要中国公证员必须熟悉法国国内法的相关规定。而该赠与涉及法国《民法典》里关于"提前安排遗产的分割赠与""虚有权赠与""赠与人用益权的保留""未亡配偶连续用益权的保留""受赠人死亡时，赠与财产返回权的保留"等诸多专业问题，牵涉的法律关系极为复杂。事实上，国际私法公证专家团队受理的其他用于法国的各类公证委托，如房产抵押、买卖等，其委托书也都必须清晰地展示所涉及契约的全部细节和相关法律规定。所以，受理此类文书对中国公证员来说是一个非常大的挑战。

此时，上海、四川公证团队展现出深厚的国际私法素养。两位公证员熟谙中法两国婚姻家事法律，不仅可以娴熟地运用外语与法国公证人和当事人直接进行无障碍交流，快速高效地对法方提供的委托书等文件进行修改，而且能够确保当事人对委托书的内容和后果有充分的理解。

在各种细节准备妥当以后，张铮公证员在上海静安公证处接待了法国当事人阿兰先生，当面审核材料，进行身份识别验证。蔡勇公证员则在千里之外的成都市律政公证处办公室通过远程视频方式"虚拟出席"，并用法语当场为阿兰先生详细解释了所签委托书及相关文件的具体内容。最终阿兰先生顺利地在上海张铮公证员面前签署了所有文件，完成了委托书的办理。

团队还与法国公证人积极沟通，并提供了专业法语翻译、代办公证书双认证、公证处直接快递公证书至法国公证人事务所等延伸服务，让当事人获得了便利，节约了时间和金钱成本。阿兰先生对团队的高水平服务感到非常满意，法国公证同行也发来邮件，对张铮、蔡勇两位公证员的协作表示感谢。

此案的顺利办理，也给了我们不少启发。随着我国国力不断增强，中国公证在国际公证舞台上日益发挥着重要作用。我们新一代的中国公证人面对时代赋予的千载难逢的机遇，除不断夯实自身的专业素质外，积极提升专业外语水平成为是否能在国际公证舞台上"发声"的核心竞争力。作为与国外公证同行交流的桥梁，熟练运用专业外语才能拓宽全球化视野、提升前瞻性眼光，踏踏实实、一个案件一个案件地落地。上海、四川两地公证机构的此次合作正是为此做了有益的探索和尝试。

（作者张铮系公证员，上海市静安公证处副主任、国际公证联盟（UINL）国际公证合作委员会（CCNI）委员、中国公证协会涉港澳台外事委员会委员、上海公证协会文化建设和宣传委员会委员；作者蔡勇系公证员，四川省成都市律政公证处家事法律服务中心主任、中国公证协会公证理论研究委员会委员）

企业融资与投资贸易篇

提高直接融资比重

易会满

党的十九届五中全会提出，要全面实行股票发行注册制，建立常态化退市机制，提高直接融资比重。这是以习近平同志为核心的党中央在面向"十四五"这一新的历史起点作出的重大决策部署，也是"十四五"时期资本市场实现高质量发展的战略目标和重点任务，我们必须深刻学习领会，坚决贯彻落实。

一、充分认识提高直接融资比重的重大意义

党的十八大以来，习近平总书记就提高直接融资比重、优化融资结构、增强金融服务实体经济能力作出一系列重要指示。发展直接融资是资本市场的重要使命。在党中央、国务院的坚强领导下，近年来我国资本市场改革发展明显加速，设立科创板并试点注册制成功落地，创业板、新三板等一系列重大改革相继推出，对外开放持续深化，直接融资呈现加快发展的积极态势。截至2020年9月末，直接融资存量达79.8万亿元，约占社会融资规模存量的29%。其中，"十三五"时期，新增直接融资38.9万亿元，占同期社会融资规模增量的32%。

"十四五"时期是我国开启全面建设社会主义现代化国家新征程的第一个五年。提高直接融资比重，对于深化金融供给侧结构性改革，加快构建新发展格局，实现更高质量、更有效率、更加公平、更可持续、更为安全的发展，具有十分重要的意义。

（一）提高直接融资比重是服务创新驱动发展战略的迫切要求

党的十九届五中全会强调，要坚持创新在我国现代化建设全局中的核

心地位，把科技自立自强作为国家发展的战略支撑。从国际经验看，激发市场主体创新创造活力，加速科技成果向现实生产力转化，需要充分发挥直接融资特别是股权融资风险共担、利益共享机制的独特作用，加快创新资本形成，促进科技、资本和产业的紧密融合。

（二）提高直接融资比重是完善要素市场化配置的关键举措

党的十九届五中全会提出，要健全要素运行机制，完善要素交易规则和服务体系。发展直接融资可将不同风险偏好、期限的资金更为精准、高效地转化为资本，促进要素向最具潜力的领域协同集聚，提高要素质量和配置效率，推动产业基础高级化、产业链现代化。从境外经验来看，以直接融资为主导的经济体，在产业结构转型升级中往往能够抢占先机，转型过程也更为平稳顺畅。

（三）提高直接融资比重是深化金融供给侧结构性改革的应有之义

习近平总书记深刻指出，深化金融供给侧结构性改革要以金融体系结构调整优化为重点。我国融资结构长期以间接融资为主，信贷资产在金融总资产中的比重超过70%。提高直接融资比重，有助于健全金融市场功能、丰富金融服务和产品供给、提高金融体系适配性，有助于稳定宏观杠杆率，更好地防范化解金融风险。

（四）提高直接融资比重是建设更高水平开放型经济新体制的重要途径

合作共赢仍是世界经济发展的主流，对外开放始终是我国经济发展的重要动力。在新冠肺炎疫情冲击下，国际贸易投资明显下降，全球产业链、供应链遭遇梗阻，供需两端受挫。面对困境，我们需要加快打造更为开放融合的直接融资体系，进一步便利跨境投融资活动，积极促进内需和外需、进口和出口、引进外资和对外投资协调发展，助力全球产业链、供应链进一步连接、优化、巩固。

二、提高直接融资比重面临的机遇与挑战

直接融资的发展根植于实体经济。当今世界正经历百年未有之大变局，

新冠肺炎疫情全球大流行使这个大变局加速变化。在党中央的坚强领导下，我国已率先控制住疫情，经济长期向好的趋势持续巩固，在高质量发展轨道上稳健前行、不断升级。"十四五"时期，我国将加快构建以国内大循环为主体、国内国际双循环相互促进的新发展格局，这为提高直接融资比重提供了宝贵的战略机遇。

一是实体经济潜力巨大。凭借超大规模的市场容量、完整的产业体系和8亿多素质不断提高的劳动力，我国产业发展升级的势头依然强劲，实体经济潜能将进一步释放，对资本要素的需求将加快扩大。二是宏观环境总体向好。货币、财政、产业、区域等宏观政策协同持续增强，法治保障不断强化，有利于扩大直接融资的生态体系正逐步形成。三是居民财富管理需求旺盛。我国人均国内生产总值已跨越1万美元关口，中等收入群体超过4亿人，居民扩大权益投资的需求快速上升，为资本市场发挥财富管理功能、提高直接融资比重创造了重要条件。四是我国资本市场的国际吸引力不断增强。随着金融扩大开放和全面深化资本市场改革的持续推进，境内资本市场正在发生深刻的结构性变化，日益成为全球资产配置的重要引力场。

同时，我们也要清醒地认识到，我国间接融资长期居于主导地位，存量规模大，发展惯性和服务黏性强，市场对刚性兑付仍有较强预期。资本市场新兴加转轨特征明显，发展还不充分，制度包容性有待增强；中介机构资本实力弱、专业服务能力不足；投资者结构还需优化，理性投资、长期投资、价值投资的文化有待进一步培育；市场诚信约束不足，有的方面管制仍然较多，跨领域制度协同还需加强。提高直接融资比重，必须坚持问题导向，加快破解这些体制机制性障碍。

三、提高直接融资比重的重点任务

"十四五"时期，提高直接融资比重，要坚持以习近平新时代中国特色社会主义思想为指导，贯彻新发展理念，围绕打造一个规范、透明、开放、有活力、有韧性的资本市场，强化资本市场功能发挥，畅通直接融资渠道，促进投融资协同发展，努力提高直接融资的包容度和覆盖面。

（一）全面实行股票发行注册制，拓宽直接融资入口

注册制改革是资本市场改革的"牛鼻子"工程，也是提高直接融资比重的核心举措。习近平总书记多次对股票发行注册制改革作出部署。要坚持尊重注册制的基本内涵，借鉴国际最佳实践，体现中国特色和发展阶段特征，及时总结科创板、创业板试点注册制的经验，稳步在全市场推行以信息披露为核心的注册制。同时，全面带动发行、上市、交易、持续监管等基础制度改革，督促各方归位尽责，使市场定价机制更加有效，真正把选择权交给市场，支持更多优质企业在资本市场融资发展。

（二）健全中国特色多层次资本市场体系，增强直接融资包容性

形成适应不同类型、不同发展阶段企业差异化融资需求的多层次资本市场体系，增强服务的普惠性，是提高直接融资比重的关键。要科学把握各层次资本市场定位，完善差异化的制度安排，畅通转板机制，形成错位发展、功能互补、有机联系的市场体系。切实办好科创板，持续推进关键制度创新。突出创业板特色，更好地服务成长型创新创业企业的发展。推进主板（中小板）改革。深化新三板改革，提升服务中小企业能力。稳步开展区域性股权市场制度和业务创新试点，规范发展场外市场。积极稳妥发展金融衍生品市场，健全风险管理机制，拓展市场深度、增强发展韧性。

（三）推动上市公司提高质量，夯实直接融资发展基石

形成体现高质量发展要求的上市公司群体，是提升资本市场直接融资质效的重要一环。要持续优化再融资、并购重组、股权激励等机制安排，支持上市公司加快转型升级、做优做强。进一步健全退市制度，畅通多元退出渠道，建立常态化退市机制，强化优胜劣汰。推动上市公司改革完善公司治理，提高信息披露透明度，更好地发挥创新领跑者和产业排头兵的示范作用，引领更多企业利用直接融资实现高质量发展。

（四）深入推进债券市场创新发展，丰富直接融资工具

债券市场是筹措中长期资金的重要场所，对于推动形成全方位、宽领

域、有竞争力的直接融资体系发挥着不可替代的作用。要完善债券发行注册制，深化交易所与银行间债券市场基础设施的互联互通，进一步支持银行参与交易所债券市场。加大资产证券化产品创新力度，扩大基础设施领域公募不动产投资信托基金试点范围，尽快形成示范效应。扩大知识产权证券化覆盖面，促进科技成果加速转化。

（五）加快发展私募股权基金，突出创新资本战略作用

私募股权基金是直接融资的重要力量，截至2020年9月末，登记备案的股权和创投基金管理人近1.5万家，累计投资超过10万亿元，在支持科技创新中发挥着日益重要的基础性、战略性作用。要进一步加大支持力度，积极拓宽资金来源，畅通募、投、管、退等各环节，鼓励私募股权基金投小、投早、投科技。出台私募投资基金管理暂行条例，引导其不断提升专业化运作水平和合规经营意识。加快构建部际联动、央地协作的私募风险处置机制，切实解决"伪私募、类私募、乱私募"突出问题，促进行业规范健康发展。

（六）大力推动长期资金入市，补足直接融资源头活水

长期资金占比是影响资本市场稳定的重要因素，也是决定直接融资比重高低的核心变量之一。要加快构建长期资金"愿意来、留得住"的市场环境，壮大专业资产管理机构力量，大力发展权益类基金产品，持续推动各类中长期资金积极配置资本市场。加大政策倾斜和引导力度，稳步增加长期业绩导向的机构投资者，回归价值投资的重要理念。鼓励优秀外资证券基金机构来华展业，促进行业良性竞争。

四、凝聚提高直接融资比重合力

提高直接融资比重是一项系统工程，必须从经济金融全局的高度加强统筹谋划，有效发挥市场主体、监管机构、宏观管理部门、新闻媒体等各方合力。

一是促进直接融资和间接融资协调发展。直接融资比重的提升，离不开间接融资领域相关改革的同向发力。要健全市场化利率形成和传导机制，提

高金融资产定价的有效性，增加直接融资的吸引力。落实好资管新规，统一监管标准，推动行业切实回归本源、健康发展。二是进一步完善直接融资配套制度。加强顶层设计，完善有利于扩大直接融资、鼓励长期投资的会计、审计、财税等基础制度和关键政策。推进市场高水平对外开放，拓宽境外投资者进入股票、债券市场的渠道，增强外资参与便利度。完善统计制度，构建分层、分类、具有可扩展性的直接融资统计指标体系，更好地反映社会融资的真实构成和发展趋势。三是构建有利于提高直接融资比重的良好市场生态。坚持市场化、法治化导向，以全面贯彻新《证券法》为契机，落实"零容忍"要求，加强立法、行政、司法的协同配合，健全行政执法、民事追偿和刑事惩戒相互衔接、互相支持的立体、有机体系，切实加大投资者保护力度，增强投资者信心，促进市场良性循环。

（本文出自《中共中央关于制定国民经济和社会发展第十四个五年规划和二〇三五年远景目标的建议》辅导读本，作者为中国证券监督管理委员会主席）

中美汇率稳定问题再厘清

李本　田小雨[①]

中美两国间在汇率问题上的讨论由来已久，中美无论是在战略，还是在中美全面经济对话的框架下，都曾对汇率问题进行过讨论。目前及未来，汇率也将一直是两国在经贸关系发展中重点关注的问题。近年来，由于中美间贸易失衡，美方就人民币汇率稳定问题频频向中国施压并提出要求中美之间汇率稳定。而汇率问题既是纠缠在中美经贸关系间的问题，也是G20、国际货币基金组织（IMF）等多边和全球金融平台中重点讨论的问题，应放在全球规制的框架下解决。人民币汇率制度是否符合IMF的监管规则？汇率问题是否是中美之间贸易失衡的原因？我国可采取何种举措，化解中美汇率问题对垒以促进解决中美间贸易失衡问题？本文将对此进行探析。

一、国际货币基金组织框架下人民币汇率制度合法性分析

汇率是各国货币之间进行交换的兑换比率。汇率主权作为国家货币主权的重要组成部分，是指一国自主确定和调整本币与其他货币间兑换比率或比价的主权行为，他国无权干涉。随着金融全球化的日益扩张，国家货币主权受到一定程度冲击，各国为了消除绝对汇率主权造成的"以邻为壑"竞相贬值的汇率政策，纷纷让渡部分货币主权建立国际组织，以协调各国的汇率政策，稳定国际汇率秩序。

其中，IMF是最具代表性的政府间国际组织。IMF专司国际货币事务，对各国汇率稳定问题负有监管职责。在国际金融体系里，主权国家享有货币主

① 本文为国家社科基金2016 年一般项目"人民币加入特别提款权的法律问题及对策研究"（项目编号：16BFX201）的阶段性成果。

权，能够独立自主制定本国货币和汇率政策，但同时也要受到IMF框架下相关规则的约束，承担维护国际金融秩序稳定的相应国际义务。人民币汇率制度是否符合国际监管规则规制要求？以下分两个层面探讨。

（一）人民币汇率制度是否符合IMF汇率稳定要求

《国际货币基金组织协定》（以下简称《协定》）第一条便规定了成员国在汇兑安排方面应当承担的宗旨性义务，即"促进汇率的稳定，保持成员国之间有秩序的汇兑安排，避免竞争性通货贬值"。IMF对于成员国在汇兑安排方面的义务更多地集中于《协定》第四条和第八条的相应规定，其核心是避免操纵汇率，避免被指控操纵汇率的前提是汇率稳定。

IMF框架下汇率稳定涵盖法律基本点如下。

1. 汇率稳定是成员国内部金融稳定和汇率外部稳定的统一。

外部稳定一词首先由2007年《对成员国汇率政策监督的决议》（以下简称《决议》）引入，外部稳定意味着不会或不太可能导致破坏性汇率变动的国际收支状况。这种国际收支状况表现为，经常项目大体处于均衡状态（相当于没有根本性汇率失调），且资本和金融项目不会造成资本流动的突然风险。但目前对"经常项目的平衡状态"这一核心标准并无明确的法律界定，这也成为IMF难以攻克的技术"瓶颈"。判断"经常项目的平衡状态"，很大程度上取决于研究方法，然而没有任何一种研究方法得到普遍认可。从逻辑链来看，我国"十二五"规划将人民币汇率制度改革的目标定为"完善人民币汇率形成机制，保持人民币汇率在合理、均衡水平上的基本稳定"，这个"基本稳定"和《决议》及其配套文件的规定中对外部稳定的经常项目大体处于均衡状态的描述是一致的，但同时应注意保证资本和金融项目不会造成资本流动的突然风险。[①]

成员国内部金融稳定是成员国汇率基本稳定的首要含义。具体根据《协定》第四条可阐释为两条：各成员国应该努力使各自的经济和金融政策实现在保持合理价格稳定的情况下促进有序经济增长这个目标，同时适当顾及自身国情；努力创造有序的经济和金融条件及不致经常造成动荡的货币制度，

---

① 李本. 人民币入篮后的"不可回撤义务"与践行路径[J]. 社会科学研究，2017（1）：68–74.

以此促进稳定。①假如任何成员国的国内经济、金融形势不允许其推行稳定的经济政策，则该国便没有义务维持其绝对稳定的汇率。②

2. 汇率稳定是动态的、相对的稳定。

IMF对汇率稳定负有监督之责，虽然其监督职能更多带有指导意义。③多边汇率体系的稳定来自成员国的稳定，各成员国的经济发展状况不一，加上其他各种政治经济因素的影响，如脱欧、大选等诸多因素都可能造成短期汇率波动。而在全球经济下行趋势下，各国采取竞争性货币贬值也可能造成不定期的汇率波动，加之各国在汇率主权上都会争取国内金融利益的最大化，汇率稳定必然是动态的和相对的。这一点认知对于人民币初入货币篮子的我国尤为重要，也契合我们汇率市场化改革需要。④

美国要求中国进行市场经济改革，题中应有之义也应包括汇率市场化改革。汇率市场化改革就应尽量减少政府干预，实现清洁浮动。政府至多只能进行某些预期引导。汇率应由做市商根据市场行情及交易基础产生，有上下浮动才是正常。当然，如果汇率波动异常，过大过快，影响国内经济基本面，国家可以采取特殊情况下的相应预期引导。不然，为了所谓的稳定而动摇国家整体经济调控权及利用价格杠杆维持金融秩序的主权，可能得不偿失。

自2005年7月21日起，我国开始实行以市场供求为基础、参考一篮子货币进行调节、有管理的浮动汇率制度，不再单一盯住美元，致力于形成更富有弹性的人民币汇率机制。2015年8月11日，中国人民银行进行了汇率中间价形成机制的重大改革，被称为"8·11汇改"。此次汇改规定，将"上日银行间外汇市场收盘价"作为汇率中间价形成的最主要参数，由此把确定中间价的主导权交给市场。⑤汇率市场化改革在某种意义上意味着对市场自律机制的呼唤，实行汇率自律机制意味着汇率双向性波动增强。因而，在接受更多来自全球的经济传导时，汇率出现波动在所难免，但只要不影响中长期的动态稳

① 李本. 人民币入篮后的"不可回撤义务"与践行路径[J]. 社会科学研究，2017（1）：68-74.
② 李本. 人民币入篮后的"不可回撤义务"与践行路径[J]. 社会科学研究，2017（1）：68-74.
③ 李本. 国际货币基金组织改革的职能转向[J]. 法学，2010（4）：133-141.
④ 李本. 人民币入篮后的"不可回撤义务"与践行路径[J]. 社会科学研究，2017（1）：68-74.
⑤ 李本. 人民币汇率形成机制的自律协调制度分析[J]. 华东政法大学学报，2018（5）：147-155.

定就属于正常的汇率稳定的阈值。美国倘若要求限缩人民币正常汇率稳定阈值，实质上会阻挠中国汇率市场化改革。

IMF所要求的汇率稳定是基本稳定，而且以保证国内金融秩序稳定为前提。特殊情况下，主权国家有权为了国内经济稳定而采取相应稳定汇率举措。当前我国采用的人民币汇率中间价形成模式为"三锚定价"，即"上日收盘汇率+一篮子货币汇率变化+逆周期因子"，其中逆周期因子的引入有效对冲了市场情绪的顺周期波动，缓解了外汇市场可能存在的"羊群效应"[①]，使中间价报价更加真实反映我国经济运行基本面情况，国内金融秩序得到稳定。我国将"保持人民币汇率在合理、均衡水平上的基本稳定"作为人民币汇率制度改革的目标也完全符合IMF对汇率基本稳定的要求。

（二）人民币汇率制度是否违反IMF不操纵汇率要求

操纵汇率一词来源于《协定》第四条第三节成员国所应当承担的汇率义务：各成员国应该"避免操纵汇率或国际货币制度来阻碍国际收支的有效调整或取得对其他成员国不公平的竞争优势"。但对于什么构成汇率操纵，《协定》未提供任何说明。2007年《决议》从客观要件和主观要件两个方面为界定操纵汇率提供了进一步指导。从客观方面来看，成员国实施了实际影响汇率水平的政策，这种政策可能造成汇率变动，也可能阻止汇率变动；从主观方面来看，成员国实施这些政策是出于造成汇率低估的根本性汇率失调的主观目的，并且造成这种失调的目的在于扩大净出口。根据《决议》的规定，判断一国是否构成操纵本国汇率，主要取决于成员国实施该政策时的目的和动机。基于此，我国所实施的一系列政策并不构成对人民币汇率的操纵。

首先，近年来我国一直维持着国际收支持续顺差，从而累积了巨额的外汇储备，但人民币升值的趋势却不显著，这就导致很多国家指责我国故意操纵人民币汇率，妨碍国际收支的有效调整，以获得扩大出口的竞争优势。其实，在此种情况下，我国继续维持人民币汇率的基本稳定，避免大幅度升值，并不违背IMF的相关协定，反而是积极承担义务的体现。人民币汇率制度

---

① 李本. 人民币汇率形成机制的自律协调制度分析[J]. 华东政法大学学报，2018（5）：147–155.

经历了由官方定价的固定汇率制、双重汇率制、单一盯住美元的有管理的浮动汇率制到参考一篮子货币有管理的浮动汇率制的历史演变。不同时期的不同汇率安排，都是为促进国内经济的稳定增长、实现国际收支的有效调节及维持国内金融秩序的稳定，而非刻意追求贸易顺差，增加外汇储备。因为，在一定程度上，巨额的外汇储备不但容易引发与他国之间的贸易摩擦，使对外贸易环境恶化，而且中央银行对金融和货币政策的调控难度也将增加。在国内缺乏汇率风险管控能力的情形下，倘若人民币汇率不能保持基本稳定而升值过大，将会使我国庞大的外汇储备价值严重缩水，严重时可致使国内经济陷入困境。其次，人民币汇率虽然在某种程度上会影响我国外贸产品的出口及在国际市场上的竞争力，但最为根本的原因是我国具有劳动力低廉的价格优势，出口的产品大多属于劳动密集型产业。因而这种价格上的优势并不是通过操纵人民币汇率而取得的。

从另一个角度来看，若维持人民币汇率绝对稳定将有违IMF不操纵汇率的要求。为减小中美之间的贸易逆差，我国承诺扩大对美国产品的进口。在单边扩大进口的情形下，正常状态应意味着人民币贬值压力上升。如果在此种情形下要求汇率绝对稳定，显然人民币汇率无法真实反映涉外经济及国际收支状况，从而拉大名义汇率和实际汇率存在的差异；甚至还有极端情形，即使中国单边扩大美国产品进口，但贸易顺逆差关系并没有大的改善，中国为了维持汇率的绝对稳定，只能采取在外汇市场上抛售外汇解决，这种快捷稳定汇率的做法并不反映外汇市场的真实供求情况，将有违IMF不操纵汇率的要求。

综上分析，我国人民币汇率制度符合IMF相应的监管要求。根据汇率主权理论，只要人民币汇率制度不违背汇率主权让渡所承担的国际法义务，对人民币汇率制度的确定和改变仍然是中国的国家主权，他国无权干涉。在中美两国之间，应以尊重他国汇率主权为前提，基于双边共识持续推动多边共识，在G20机制下和各国共同为稳定全球金融秩序作出相应贡献。[1]

---

[1] 李本，游广. 厘清及破解：人民币入篮与汇率主权让渡问题[J]. 上海对外经贸大学学报，2017（4）：29-35+72.

二、汇率问题是否是构成中美之间贸易失衡的原因之一

目前中国与全球200多个国家和地区有贸易关系，与其中90%以上的国家和地区的贸易是基本平衡的，甚至中国是逆差的，唯独对美国却存在巨额的贸易顺差。尤其是自2005年中国启动人民币汇率制度改革以来，人民币实际汇率升值已超过30%，但中美贸易顺差额却总体保持上涨态势。因而，中美之间的贸易不平衡无法从人民币汇率上找到答案，归根结底是由两国经济结构、产业竞争力和国际产业分工等因素决定的，并非操纵汇率等人为因素导致的。在同样的汇率水平下，中国在劳动密集型产品上是顺差，而在资本技术密集型产品、农产品和服务贸易方面都是逆差，可以在一定程度上说明贸易逆顺差与汇率水平无关，而与产品竞争力相关。从经济结构来看，美国经济以服务业为主，低储蓄、高消费使得本国生产无法满足国内消费需求，需要进口大量产品。从国际分工来看，中国贸易顺差与跨国公司全球产业布局密切相关，大批外资企业来华投资，组装制造产品，销往全球市场。所以，一味对人民币汇率施压，既违反国际通行规则，也不能解决美方所关切的贸易逆差以及国内就业问题。

此外，世界贸易组织（WTO）一揽子协议所规制的国际贸易基本分类有传统货物贸易、技术贸易（或称知识产权贸易）及服务贸易三大类。而中美之间的贸易逆差存在统计假象，即美方所坚持的贸易逆差并没有将服务贸易包括在内。据商务部统计的数据，2006—2016年，中美服务贸易总额增长3.3倍，美国对中国服务贸易顺差额增加超过30倍，2016年达到557亿美元，占中国服务贸易逆差总额的23%，美国已成为中国服务贸易逆差最大的来源国。[①]在服务贸易中，金融服务是美国贸易顺差的重要来源之一。金融业是美国的优势产业，同时也是我国发展相对薄弱的领域。根据国际贸易中的比较优势理论，如果两个贸易伙伴国都专注于生产各自国家具有比较优势的商品并进行国际贸易，则两者都能从中获益。中美间贸易互补性很强，比较优势具有很大差异，比如，中国可向美国出口劳动密集型商品，而美国可向中国提供

---

① 商务部.关于中美经贸关系的研究报告[R/OL]. http://images.mofcom.gov.cn/www/201708/20170822160323414.

金融业服务，这样既能促使两国的经济福利最大化，也符合我国加快扩大金融开放的政策导向。

三、以进一步跨境金融服务开放来化解中美汇率问题对垒

金融业开放是进一步推进改革开放、参与全球经济秩序新建构、推动WTO改革的切入口，也是促进中美经贸关系持续健康稳定发展的"润滑剂"。在2018年的博鳌亚洲论坛上，习近平总书记又一次提到，要加快金融业的对外开放，"对外开放要宜早不宜迟，宜快不宜慢。"①从历史经验来看，不开放就意味着"挨打"和落后。今后的竞争不是看谁封闭，而是看谁更开放，是对开放的竞争。②金融服务业的开放，与过去的制造业或其他行业的开放在性质上其实是一致的，即允许外资银行、保险公司、证券公司等在中国提供金融服务，而非允许其资本不受限制地跨境自由流动。引入外资金融服务机构可以促进内地金融服务业的竞争，提高其专业服务水准，境内的金融机构在适应新型业务产品竞争时会完善和打造开放、适应未来全球化发展与竞争的金融生态圈，有助于提升国内金融机构"走出去"的能力，做全球化的布局，进而推动人民币的国际化。

根据《服务贸易总协定》（GATS）第一条第二款的规定，服务贸易有四种模式：（1）跨境交付，是指自一个成员国境内向其他成员国境内提供服务；（2）境外消费，指在一成员国内对来自其他成员国的消费者提供服务；（3）商业存在，指一成员国的服务提供者在其他成员国境内设立机构并为其他成员国提供服务；（4）自然人流动，指一成员国的自然人到任何其他成员国境内提供服务。跨境金融服务也即一国境内的服务提供者向另一国境内的消费者或投资者提供金融服务。③相较于商业存在的形式，以跨境交付的方式提供金融服务，对服务提供国和服务接受国的金融市场建设都提出较高的

---

① 参见习近平在博鳌亚洲论坛2018年年会开幕式上的主旨演讲，http://www.xinhuanet.com/world/2018-04/10/c_1122659873.htm。

② 郑永年. 中国经济改革下一步[DB/OL]. http://zhengyongnian.blogchina.com/593579679.html.

③ General Agreement on Trade in Services. https://www.wto.org/english/docs_e/legal_e/26-gats_01_e.htm.

要求。

我国在跨境交付模式上的开放程度相对较低。就我国来说，根据《中华人民共和国加入议定书》及其附件9的"中华人民共和国服务贸易具体承诺减让表"，在GATS框架下我国仅承诺特定的金融服务可以跨境交付的方式提供。比如，在保险领域除再保险、国际运输保险、大型商业险经纪等外不作承诺；在银行业，仅金融数据信息和与银行服务相关的咨询、中介等附属服务作出了承诺；在证券服务方面，仅规定了外国证券机构可直接从事B股交易。[①]在跨境金融服务上的保守承诺，很大程度上是因为加入WTO伊始国内金融市场建设十分薄弱，金融服务市场尚未成熟，监管机制及跨境支付系统的不完善也使我国无法应对跨境资金流动带来的巨大风险。

随着改革开放的不断深化，我国金融领域开放格局持续扩大，跨境金融监管进一步提升，跨境人民币支付系统（CIPS）的建成为跨境资金安全、高效、便捷的流动保驾护航。目前，中国在跨境金融服务领域大有可为，较之传统货物贸易，美方优势也更多地体现在金融服务领域，因而我国可适当借鉴现代化的跨境金融服务条款，进一步扩大跨境金融服务。

（一）WTO框架下多边跨境金融服务贸易规则

跨境金融服务贸易规则可分为WTO框架下的全球多边跨境金融服务贸易规则和双边或区域贸易协定下的跨境金融服务条款。乌拉圭回合谈判中，金融服务贸易作为服务贸易的一个重要组成部分，被纳入世界多边贸易体系中。金融服务贸易规则形成了以GATS及其附件为基础，以在WTO主持下各成员在金融服务谈判中所达成的一系列最终文本为补充的多边法律体系。由于GATS是调整所有国际服务贸易的一般规则，仅是框架性规定，文本中并没有对成员方在市场准入和国民待遇承诺方面规定最低标准，在金融服务领域占据优势的发达经济体对此并不满意，欧共体和美国、日本等主要发达经济体建议在GATS框架内以其他方式作出金融服务的具体承诺，以推进金融服务

---

① 参见 "中华人民共和国服务贸易具体承诺减让表"，http://www.gov.cn/gongbao/content/2017/content_5168131.htm。

贸易自由化，扩大自己的优势。①最终部分成员达成《关于金融服务承诺的谅解》（以下简称《谅解》），但就其性质而言，该谅解不属于GATS的一部分，因为它取代了GATS中关于市场准入和国民待遇的条款，所以该《谅解》不具有普遍约束力，成员方并不都负有遵守义务。因而GATS远不能达到金融服务业发达国家的要求。

（二）现代化跨境金融服务条款的规则借鉴

由于多哈回合谈判长期停滞，WTO框架下的多边贸易规则已无法满足相关国家的利益诉求。近年来，世界主要经济体日渐加快了双边和区域性贸易安排的谈判步伐，更新和升级跨境金融服务领域的贸易规则是谈判的核心内容之一。其中，日本、加拿大、澳大利亚等11国谈判所达成的《全面与进步跨太平洋伙伴关系协定》（CPTPP）及美国、加拿大、墨西哥三国最新达成的《美国—墨西哥—加拿大协定》（USMCA）都是目前为止规格较高的区域性贸易协定，其涉及领域较广，均对跨境金融服务有着较GATS更为细致和促进自由化的安排。

虽然美国退出了其曾主导的《跨太平洋伙伴关系协定》（TPP），但后来达成的CPTPP仍保留着TPP的诸多规则，体现着强烈的"美式规则"色彩，对我国仍有借鉴意义。CPTPP将金融服务的规定安排在第11章及其附件中，在GATS的基础上增加了有关投资组合管理服务和电子支付与清算两项跨境业务的开放。

投资组合管理是投资人出于回避风险的原因，通常持有多样化投资组合，以实现分散风险、使投资回报率实现最大化。其相关内容规定在附件B Section A中："一方应允许在另一方领土内设立的金融机构为其领土内的集合投资计划提供投资建议服务以及项目组合管理服务。"CPTPP虽明确允许了一方成员国以跨境提供的方式向另一方成员国提供投资组合管理服务，但该条款排除了两类服务的开放，即托管人服务及与管理集合投资计划无关的保

---

① 张宇馨. 国际金融服务贸易[M]. 北京：对外经贸大学出版社，2015.

管服务和执行服务。[①]关于投资组合计划的内涵由各成员国根据国内法具体确定，并在附件B中予以说明。

有关电子支付与清算的内容规定在Section D，"一方应允许另一方的人员从另一方的领土向其领土内的支付卡交易提供电子支付服务。双方可就跨境提供电子支付服务订立条件。"[②]该条款反映了美国等发达国家希望将电子支付服务自由化从"商业存在"扩展到"跨境提供"的诉求。[③]2010年，我国与美国曾就"电子支付服务"发生争端，即DS413案。在专家组发布的裁决报告中，驳回了美方关于外国电子转接清算服务提供商可以通过跨境方式提供服务的主张，但也裁定中国银联所从事的转接清算服务属于"所有支付与汇划服务"，是中国"服务贸易承诺表"中承诺开放的金融服务，外国的供应商可以商业存在的方式在中国提供相关服务。[④]因而，在电子支付服务领域，可适当借鉴CPTPP中电子支付服务跨境提供自由化的安排，同时对电子支付的定义与范围进行审慎界定，施加相应的监管要求和基于公共政策目标采取的措施。

USMCA共有34章内容，从其章节内容来看，既有对WTO传统议题的深化，如货物贸易中的市场准入、农产品、纺织品等方面；也有对经济全球深入发展呼唤新规则的回应，如投资、跨境服务贸易、数字贸易、金融服务（特别强调跨境金融服务）、知识产权保护等。此外，还有如国有企业竞争中性问题、宏观经济政策协调及汇率问题等当前特别关注问题的规则。[⑤]从某种意义上看，USMCA可被看作是美国版WTO现代化改革的方案。此外，美国贸易代表罗伯特·莱特希泽也曾表示，USMCA将成为未来美国与其他国家贸易谈判的协定模板。因此，通过对USMCA文本进行分析，不仅可从中找到美

---

① Comprehensive and Progressive Agreement for Trans-Pacific Partnership Chapter11, https：//www.mfat.govt.nz/assets/Trans-Pacific-Partnership/Text/11.-Financial-Services-Chapter.pdf.

② Comprehensive and Progressive Agreement for Trans-Pacific Partnership Chapter11, https：//www.mfat.govt.nz/assets/Trans-Pacific-Partnership/Text/11.-Financial-Services-Chapter.pdf.

③ 石静霞，杨幸幸. TPP金融服务规则评析[J]. 社会科学家，2017（11）：113-120.

④ 贺小勇. 中国执行DS413案专家组裁决的法律思考[J]. 世界贸易组织动态与研究，2013（3）：25-33.

⑤ 贺小勇. 美墨加协定（二）WTO视角下的USMCA [OB/OL] https：//www.wowodx.com/guojishangwu/6415bbf43a924c7db3b93b315e262f3a.html.

方的利益关切点，以促进双方经贸合作的进一步发展，还有利于参与全球经济秩序的新构建，提出促进WTO改革的中国方案。

就跨境金融服务领域而言，USMCA较CPTPP又更进一步开放。首先，在传统开放的保险领域，墨西哥承诺增加开放"任何其他风险保险，如果投保人能够证明在墨西哥没有一家保险公司获准经营此类保险业务。"[①]保险领域跨境服务的进一步开放，将为扩大开放中的实体企业提供更多优质服务，丰富的保险产品有助于降低企业"走出去"的风险。其次，USMCA改变了CPTPP的规定，将跨境金融服务贸易纳入市场准入的条款中[②]，间接扩大了跨境金融服务贸易领域的开放，这样也增强了跨境金融服务规则的可操作性。

四、结语

我国承诺在IMF框架下，保持人民币汇率在合理、均衡水平上的基本稳定，不轻易人为压低人民币汇率，以足够履行相应国际义务。在中美两国之间，应以尊重他国汇率主权为前提，发掘两国间贸易互补优势，解决贸易失衡问题。当下，我国可以进一步开放跨境金融服务为契机，扩大金融业高水平双向开放，深化中美经贸合作，实现互利共赢。

（作者李本为上海大学法学院教授，博士生导师，法学博士；作者田小雨为上海大学法学院2018级国际经济法专业硕士研究生）

---

① United States–Mexico–Canada Agreement Chapter 17, https: //usmca.com/financial–services–usmca–chapter–17/.

② United States–Mexico–Canada Agreement Chapter 17, https: //usmca.com/financial–services–usmca–chapter–17/.

相约崂山扩宽外滩金融创新试验区法律视角

李昌道

2020年，在这百年未遇的特殊年份即将收官之时，相会崂山金融法治研讨会暨金茂凯德（青岛）律师事务所成立仪式今天隆重举行，我表示热烈祝贺！

20年前，我的忘年交、现环太平洋律师协会会长李志强律师与青岛律政大咖辛瑞芳主任开启沪青律师联盟合作之门，时任上海市人民政府参事室主任的我受邀参加在海仑酒店举行的联盟成立典礼，见证了沪青法律合作之盛事。今天，从联盟到加盟，从两家成一家，联盟合作结出丰硕成果，全国优秀律师事务所将入驻人杰地灵的胶东半岛——青岛。作为一名从事法学教学、科研、司法、执法、法治宣传和法律服务将近70载的老法律人，我感到由衷的高兴。

上海国际金融中心建设与法治保障国际研讨会隆重举行，《外滩金融创新试验区法律研究（2020年版）》举行首发式，我谨向所有支持上海国际金融中心法治建设和外滩金融创新试验区法律研究工作的专家学者和中外企业家、金融专家及律师表示衷心的感谢！

外滩金融创新试验区法律研究中心（以下简称研究中心）成立于2013年11月11日举办的外滩金融法律论坛2013年年会上，时任黄浦区四套班子正职领导见证。在社会各界特别是黄浦区人民政府的大力支持下，研究中心为社会贡献了一批金融法治实务研究成果，还走出去参与中外金融法治研究。2019年12月，黄浦区人民政府区长巢克俭博士在阿根廷见证了中拉金融法治研究中心的成立。

7年来，研究中心向国家最高立法机关建言《中华人民共和国证券法》修法建议获得采纳，向全国政协提出的10多篇社情民意建言获得录用，自2016年起每年出版《外滩金融创新试验区法律研究》专著，汇同上海上市公司协会、上海股权投资协会和上海国际服务贸易行业协会等举办中国企业海外投融资法律研究系列研讨会，通过线上线下活动，受众达上万人。研究中心每年组织评选金融市场经典案例，邀请著名金融专家张宁同志做精彩点评，一批金融市场可复制、可推广的经典案例得到传播，助力实体经济的不断发展。

今天借此机会，我还要向长期坚持这项有意义工作的我的忘年交、环太平洋律师协会会长李志强律师表示感谢。作为上海开埠177年来首位担任国际主要律师组织会长的本土律师，李志强律师以满腔热情投入法治研究与服务，精神可嘉，难能可贵。

（本文是著名法学家李昌道教授在相会崂山金融法治研讨会上的视频致辞）

筑梦青岛　相约崂山　共话法治

万振东

今天是个美好的日子。青岛持续一周的阴沉天气，今天终于放晴，这也预示着金茂凯德（青岛）律师事务所的事业一定会蒸蒸日上。

在这样的日子里，我们共同参与崂山金融法治研讨会，更重要的是，一起见证金茂凯德（青岛）律师事务所成立。首先，我代表青岛市司法局、青岛市司法行政系统，向论坛举行和律师事务所成立表示热烈祝贺！

法治是最好的营商环境，因为法治是可预期的，是最公平的。近年来，青岛市高度重视法律服务业发展，市委、市政府就加快法律服务业发展提出若干工作要求，出台若干激励政策。仅2020年，市委王清宪书记就多次对律师业发展作出批示，并在市委常委会上特别强调要加快律师业发展、实现律师业倍增。这既是对青岛市律师业发展的激励，也是对我们做好律师工作的鞭策。因为相比经济社会发展需要，青岛市律师业发展仍然面临较大压力，要实现跨越式发展仍然任重道远。

崂山区不仅是青岛市的金融聚集区，而且一直高度重视法律服务资源集聚。崂山区在青岛市率先出台鼓励法律服务业发展的政策，起到了很好的示范引领和带头作用。继崂山区之后，其他若干区市也相继出台鼓励政策，这成为各区市间在发展上形成竞争的开始。这种竞争是良性的，是有利于整个青岛市发展的。正是在这种环境氛围下，上海金茂凯德律师事务所选择来到崂山区，来到青岛金融集聚区。

上海金茂凯德律师事务所是全国优秀律师事务所，是上海市专业服务贸易重点单位、涉外法律服务示范单位，在涉外法律服务、金融证券、基建投资、争议解决等业务领域享有业内盛誉，已为200多家企业境内外上市并购融资提供优质高效法律服务。

我和李志强律师有过几次接触。通过接触，深切感受到他的情怀，以及他对法律的尊崇、对律师这个职业的敬畏与热爱。所以当他提出要来青岛设所，我表示大力支持，并推荐落户崂山。因为崂山有金融财富聚集区，这和上海金茂凯德律师事务所的业务专长高度契合。

本次崂山金融法治研讨会办得很好。研讨交流本身能够为我们带来一种非常有深度、有针对性、有时效性的法治宣传。当前，在新发展格局中，中央赋予青岛"双循环""双节点"定位，我们将在习近平法治思想引领下，继续加快律师业发展，积极打造"一带一路"国际合作新平台，支持包括金家岭金融聚集区在内的各个功能区开展全流程制度创新。希望金茂凯德（青岛）律师事务所成立后，能够充分发挥自身优势，抢占先机，本土引智，发展队伍，快速融入，努力为青岛市企业"走出去"，参与"一带一路"建设提供高质量综合配套法律服务。

最后祝各位来宾、各位朋友工作顺利、万事如意！祝金茂凯德（青岛）律师事务所蒸蒸日上、蓬勃发展！

（本文是青岛市司法局党委书记、局长万振东在2020年12月19日举行的相约崂山金融法治研讨会上的开幕致辞）

打造金家岭金融聚集区
法律服务新高地

王孝芝

2020年我们收获很多，上海金茂凯德（青岛）律师事务所落地青岛就是我们金家岭金融聚集区金融法治工作收获的重要成果之一。在此我谨代表青岛金家岭金融聚集区工委、管委，对此次活动的举办表示热烈祝贺，对各位嘉宾朋友的到来表示衷心的感谢和诚挚的欢迎！

青岛金家岭金融聚集区是国家级金融综合改革试验区的核心区和主阵地，位于青岛市崂山区，规划占地面积达23.7平方公里。在市委、市政府的领导下，崂山区凝心聚力谋发展，矢志不渝地推动金家岭金融聚集区建设，全力打造国际财富管理中心、全球创投风投中心和未来金融科技中心。省委常委、市委书记王清宪多次带队来金融聚集区调研，省委书记刘家义、全国政协副主席梁振英等领导先后到金融聚集区视察调研，均对青岛金家岭金融区的发展寄予厚望。

回首2020年，青岛金家岭金融聚集区紧紧围绕"瘦身、强体、放权、搞活"的要求，稳步推进功能区改革，在砥砺奋进中书写了精彩答卷。青银金融租赁公司开业运营，光大银行和青岛银行理财子公司"双子星"开业，崂山区成为继北京西城区之后第二家同时拥有两家理财子公司的区市。"税收亿元楼计划"启动，楼宇经济全面起势，金融聚集区内税收过亿元楼宇已达21座。中国基金业协会登记的私募基金管理人达137家，备案私募基金达347只，管理基金规模达713亿元，分别占全市的41%、43%、70%。2020年中国财富管理金家岭指数发布，青岛在区域财富管理总指数中列第五位。目前，青岛金家岭金融聚集区汇聚金融和类金融企业1052家，其中有大型法人机构18家，占青岛市的80%。2020年前三个季度，实现金融业增加值128.85亿元，占青岛市的20.5%；金融业增加值增速14.1%，比青岛市高5.6个百分点，助力金融业跃升为崂山区第一支柱产业。这些成绩的取得来之不易，离不开金融同行们的大力支持，更离不开区域金融法治环境的优化。

法治是最好的营商环境，没有金融法治体系做支撑，金融聚集区发展不会走得很远。在市委政法委、市司法局等部门的指导下，青岛金家岭金融聚集区全力打造"金融法治"这张亮丽的名片。青岛市中级人民法院专门设立金融法庭，崂山法院专门设立金融审判庭；青岛仲裁委专门设立国际金融仲裁院。崂山区正在谋划打造青岛"金智谷"。"金智谷"项目将整合区内律师事务所、会计师事务所、信用评估、仲裁机构等专业力量，通过法治赋能金融，打造服务保障金融产业发展智慧平台，为金融聚集区发展提供法律保障。

上海金茂凯德（青岛）律师事务所选择在金家岭金融聚集区落户，是青岛提出全面对接上海现代服务业重要举措的贯彻落实，也是对青岛金家岭金融聚集区营商环境的认可和信任。作为全国知名的律师事务所机构，上海金茂凯德律师事务所由蜚声海内外的著名法学家李昌道教授掌舵，创始合伙人一级律师李志强带队，业务涵盖资本市场法律业务、银行业务及项目融资等。今天，李志强律师带领他的律师事务所团队把上海的资源引入长江以北最开放的城市，我谨代表管委会表示衷心的感谢，我们相信上海金茂凯德（青岛）律师事务所的成立将在促进金融业与法律业交流互动、助力金融业持续健康发展等方面发挥积极作用。

2020年是极不平凡的一年，这一年我们踏着稳健的步伐，取得了骄人的成绩。2021年，在金融法治的加持下，在青岛赴上海专业实训这样一个大的战略部署下，将会有越来越多的上海现代服务业企业选择金融聚集区，金家岭金融聚集区的明天会越来越好。我们将把金家岭金融聚集区打造成为一个承接上海现代服务业溢出效应的深海，让实训效果持续不断地延续下去。金茂凯德律师事务所入驻金融聚集区，正是上海专业实训的具体成效，是上海专业实训的青岛实践。

（本文是青岛金家岭金融聚集区管委会主任王孝芝在相约崂山金融法治研讨会上的致辞）

并购重组与争端解决篇

Chinese Institutional Practice on Challenges to Arbitrators

李虎[1]

I . Introduction

The challenge to an arbitrator may arise in international commercial arbitration where a party has reasonable doubts as to the arbitrator's independence or impartiality. In institutional arbitration, such challenge is normally raised firstly before an institution or a tribunal, and any decision the institution or the tribunal makes may be subsequently put forward for review by a national court, where a final decision is usually made. In making their decisions, the institution, the tribunal and the court shall rely on the applicable arbitration rules of the institution and the *lex arbitri*.

Undoubtedly, some of the challenges are meritorious, for example, a challenge to an arbitrator who has failed to disclose a direct financial relationship with the opposing party that, once revealed, gives rise to justifiable doubts as to the

① Vice Chairman, China Maritime Arbitration Commission (CMAC), Former Deputy Secretary General (July 2010 – July 2020), China International Economic and Trade Arbitration Commission (CIETAC), Board Member, the Arbitration Institute of Stockholm Chamber of Commerce (SCC), Council Member, Asian Institute of Alternative Dispute Resolution (AIADR), Member, ICC Commission on Arbitration and ADR, Vice Chairman, ICC China Commission on Arbitration and ADR, Member, International Council for Commercial Arbitration (ICCA). The author would like to acknowledge his thanks to Dr. Chen Bo, the Deputy Secretary General of CMAC, Ms. Lu Fei, the Deputy Director of the Commission Affairs Division of CIETAC Secretariat and Mr. Brad WANG, the Deputy Secretary General of CIETAC Hong Kong Arbitration Center, for their assistance, support and extensive comments on the drafts.

arbitrator's independence or impartiality. Such challenges will cause disqualification of the arbitrator accordingly. In some cases, however, challenges can be made as a tactic to delay the formation of the tribunal, to remove the whole tribunal or a critical arbitrator who is considered not likely to put the challenging party in a favorable position.

If both parties agree the challenged arbitrator should resign, or, notwithstanding the parties' agreement, the challenge is well founded, the arbitrator shall resign voluntarily or be replaced according to the procedural rules and/or the *lex arbitri*. Instead, if the challenge appears to be without merit, the arbitrator may choose or be decided to remain.

This article, by observing the Chinese legal and institutional framework on challenges to arbitrators as well as the decisions made by CMAC and CIETAC in their administered cases, attempts to present the practice of Chinese institutions in this regard.

II. The Chinese Legal Framework on Challenge to an Arbitrator

A. Provisions of the Chinese Arbitration Law

Under the Chinese Arbitration Law (the CAL),[①] the parties may challenge the arbitrator and request him or her to resign from the tribunal. The request shall either be raised before the first oral hearing with reasons, or not later than the conclusion of the final oral hearing if the party becomes aware of the reasons for a challenge after the first oral hearing.[②] The decision on the challenge shall be made by the Chairman of the arbitration institution with or without stating reasons.[③]

---

① The Arbitration Law of the People's Republic of China was enacted on 31 August 1994 by the National People's Congress and came into force on 1 September 1995.

② The CAL, Art.35.

③ Ibid., Art.36.

In accordance with Article 34 of the CAL, the statutory grounds for which the arbitrator shall resign include:

(1) The challenged arbitrator is a party or a close relative of a party or a party's representative.

(2) The challenged arbitrator has a personal stake in the case.

(3) The challenged arbitrator has some other relationship with a party to the case or with a party's agent which could possibly affect the impartiality of the arbitration.

(4) The challenged arbitrator meets a party or his agent in private, accepts an invitation for dinner by a party or his representative or accepts gifts presented by any of them.

B. Provisions of Cietac and Cmac Arbitration Rules

Under the currently effective CIETAC Arbitration Rules 2015 (the CIETAC Arbitration Rules), an arbitrator nominated by the parties or appointed by CIETAC shall sign a Declaration and disclose any facts or circumstances that are likely to give rise to justifiable doubts as to his or her impartiality and independence. The duty of disclose is ongoing: if the circumstances that need to be disclosed arise during the arbitral proceedings, the arbitrator shall promptly disclose such circumstances in writing. The Declaration and/or the disclosure of the arbitrator shall be submitted to CIETAC, and then forwarded to the parties for comments (or challenge).[①]

1. Challenge arising out of the disclosure

Upon the receipt of the Declaration and/or the written disclosure of an arbitrator, a party wishing to challenge the arbitrator on the grounds of the disclosed facts or circumstances shall forward the challenge in writing within 10 days from the date of such receipt. If a party fails to file a challenge within 10 days, it may not subsequently challenge the arbitrator on the basis of the matters disclosed by the

---

① CIETAC Arbitration Rules, Art.31.

arbitrator.

2. Challenge on other facts and reasons

Alternatively, if a party has justifiable doubts as to the impartiality or independence of an arbitrator (arising out of matters not stated in the disclosure), the party may challenge that arbitrator in writing and shall state the facts and reasons on which the challenge is based with supporting evidence. Under this circumstance, a party may challenge an arbitrator in writing within 15 days from the date it receives the notice of formation of the tribunal.

3. On-going right to challenge

Where a party becomes aware of a reason for a challenge after such receipt, the party may challenge the arbitrator in writing within 15 days after such reason has become known to it, but no later than the conclusion of the last oral hearing; the challenge by one party shall be promptly communicated to the other party, the arbitrator being challenged and the other members of the tribunal.

4. Results of the challenges

Where an arbitrator is challenged by one party and: (1) the other party agrees to the challenge, or (2) the challenged arbitrator voluntarily resigns from his or her office, such arbitrator shall no longer be a member of the tribunal. However, in neither circumstance shall it be implied that the grounds for the challenge are sustained.

In circumstances other than those specified above, the Chairman of CIETAC shall make a final decision on the challenge with or without stating the reasons. The challenged arbitrator shall continue to serve on the tribunal until a final decision on the challenge has been made by the Chairman of CIETAC.[①]

5. Other reasons for replacement

In the event that an arbitrator is prevented *de jure* or *de facto* from fulfilling his or her functions, or fails to fulfill his or her functions in accordance with the requirements of the CIETAC Arbitration Rules or within the specified time

---

① Ibid., Art.32.

period, the Chairman of CIETAC shall have the power to replace the arbitrator. Such arbitrator may also voluntarily resign from his or her office; the Chairman of CIETAC shall make a final decision on whether or not an arbitrator should be replaced with or without stating the reasons.[1]

The similar provisions were also adopted by CIETAC Arbitration Rules 2012, and the current CMAC Arbitration Rules 2018 and its former editions.[2]

C. Provisions of Cietac and Cmac Ethical Rules

It is worth noting provisions of the CIETAC and CMAC Ethical Rules cited below, which carry soft-law functions to its arbitrators respectively.

The CIETAC Code of Conduct for Arbitrators 1994 (the CIETAC Code of Conduct 1994) requires that, if an arbitrator believes that he or she has a stake or other interests in a case that may prevent the case from being heard in an impartial manner, the arbitrator shall disclose his or her relations with the party in question, for instance, immediate family member, debt relationship, property and monetary relations, and business or commercial cooperation relations, and shall on his or her own initiative request for resignation.[3]

CIETAC Rules for Evaluating the Behavior of Arbitrators 2009 (the CIETAC Rules for Behavior Evaluation 2009) list the circumstances where the arbitrators shall on his or her own initiative reject the nomination or appointment, request to resign or disclose.

An arbitrator shall not accept nomination or appointment if any of the following circumstances exists:[4]

(1) The arbitrator shall resign according to the law.

(2) The arbitrator is unable to participate in an oral hearing within two months

---

① Ibid., Art.33.

② CIETAC Arbitration Rules 2012, Art.29, 30 and 31, CMAC Arbitration Rules 2018, Art.35, 36 and 37, and CMAC Arbitration Rules 2015, Art. 35, 36 and 37.

③ The CIETAC Code of Conduct 1994, Art.5.

④ The CIETAC Rules for Behavior Evaluation 2009, Art.6.

from the date of nomination or appointment.

(3) Due to his or her heavy workload, the arbitrator cannot ensure enough time and effort to handle the case with the necessary level of care.

(4) The arbitrator is unable to participate in the hearing of the case due to health reasons.

(5) The arbitrator is unable to handle the case competently due to his or her unfamiliarity with the subject matter of the case.

(6) The arbitrator is serving as the Chairman or Vice-Chairman of CIETAC or as a staff member of the Secretariat or its Sub-Commissions or its liaison offices at the time of nomination by the parties.

(7) Other such reasons exist that make it inappropriate for the arbitrator to accept nomination or appointment.

If any of the following circumstances exists, the arbitrator shall voluntarily disclose in writing to CIETAC:[1]

(1) The arbitrator or his/her employer is related to the case or has previously had business contact with either of the parties.

(2) The arbitrator is a colleague of another arbitrator in the case.

(3) The arbitrator and a party or its major managing personnel or agent have full time positions in the same social organization and frequently come into contact with each other.

(4) The arbitrator's close relative is employed by a party or its agent.

(5) The arbitrator holds an official position in an organization that is related to the case.

(6) The arbitrator or the arbitrator's close relative has possible right of recourse with regard to the winner or loser in the case.

(7) A close personal relationship exists between the arbitrator and a party or its agent.

(8) The arbitrator shares collective rights or obligations with a party or its

---

① Ibid., Art.7.

agent, or has any other kind of business or property relationship with a party or its agent.

(9) Other circumstances exist that give rise to reasonable doubts in the eyes of the parties as to the impartiality and independence of the arbitrator.

The duty to disclose is on-going. If an arbitrator becomes aware of a circumstance that needs to be disclosed after formal acceptance of nomination or appointment, the arbitrator shall immediately make the disclosure.

On the other hand, if any of the following circumstances exists, an arbitrator should make a request to CIETAC for resignation on his or her own initiative. The parties and the other members of the tribunal may also submit a written petition to the Chairman of CIETAC to challenge the arbitrator, with specific reasons stated therein. The Chairman will then make a decision on the challenge. Such a decision may also be made by the Chairman on his or her own initiative.[①]

(1) The challenged arbitrator is a party or a close relative of a party or a party's representative.

(2) The challenged arbitrator has a personal stake in the case.

(3) The challenged arbitrator has some other relationship with a party to the case or with a party's agent which could possibly affect the impartiality of the arbitration.

(4) The challenged arbitrator meets a party or his agent in private, accepts an invitation for dinner by a party or his representative or accepts gifts presented by any of them.

For the purpose of these Rules, the phrase "some other relationship" in Item 3 of the preceding paragraph refers to the following circumstances:

(1) The arbitrator has previously given advice on the same case to a party or its agent.

(2) The arbitrator is currently a colleague of a party or its agent or used to be a colleague of the latter within the past two years.

---

① Ibid., Art.8.

(3) The arbitrator is currently the legal adviser or agent of a party or has acted as the legal adviser or agent of a party within the past two years.

(4) The arbitrator has recommended or introduced an agent to a party.

(5) The arbitrator has served as a witness, appraiser, inspector, trial lawyer or litigation/arbitration agent in the same case or in a related case.

(6) Other circumstances exist that might affect the impartiality of the arbitration.

The CMAC Code of Conduct for Arbitrators 1994 (the CMAC Code of Conduct 1994) and the CMAC Rules for Evaluating the Behavior of Arbitrators 2009 (the CMAC Rules for Behavior Evaluation 2009) also contain the similar provisions as adopted by CIETAC.[1]

III. The Cmac and Cietac Cases Involving Challenge to Arbitrators

A. Cmac Decision on Challenge No. 052[2]

1. Introduction

In January 2008, CMAC accepted a dispute arising from a bareboat charter of Gaohua concluded in September 2003 between the Claimant Gaopeng Shipping and the Respondent Changjiang Steamer. The applicable rules were CMAC Arbitration Rules 2004. The Claimant nominated Mr. H and the Respondent nominated Ms. W as co-arbitrators and the CMAC Chairman appointed Mr. S as the presiding arbitrator. The tribunal were formed to hear the case in February 2008.

In the arbitration proceedings, the Respondent challenged Mr. H and the Claimant challenged Ms. W both in March 2008.

---

① The CMAC Code of Conduct 1994, Art.5; the CMAC Rules for Behavior Evaluation 2009, Art.6, 7 and 8.

② See CMAC Decision on Challenge to Arbitrator, [(2008) CMACZI No. 052], unreported. The data was kindly provided by the Secretariat of CMAC.

2. The parties' positions

The Respondent's challenge to Mr. H was based on the following arguments:

In a pending court litigation concerning the pre-emptive right of Gaohua ship (the Gaohua court case) initiated by the Respondent against the Claimant and another company Zhengdong Shipping, Zhengdong Shipping is represented by the law firm with which Mr. H is working as a senior partner. There is an obvious stake between the present case and the Gaohua court case.

The Claimant did not submit any rebuttal with regard to the Respondent's statement.

The Claimant raised its challenge to Ms. W for reasons below:

Before the present case, there is another CMAC arbitration case concerning the pre-emptive right of Gaohua ship (the Gaohua arbitration case) between the Claimant and the Respondent, in which the Respondent nominated Ms. W as arbitrator. Following the Gaohua arbitration case, the Respondent once again nominated Ms. W as arbitrator in the present case. Both the present case and the Gaohua arbitration case are dealing with the disputes arising from the bareboat charter of Gaohua, and they are mutually related in both legal facts and the interest of the final award. It is not appropriate for Ms. W to be appointed again in the present case.

The Respondent made its reply to the Claimant's above challenge as follows:

Under the CMAC Arbitration Rules 2004, there exist no applicable grounds to this case for Ms. W to resign on her own motion or be requested to resign by one of the parties. As an experienced arbitrator with fine expertise and ethical discipline, Ms. W has served as arbitrator in many cases. There is also no legal basis under the CAL for the Claimant to challenge Ms. W. Albeit the relevance, the present case is separated and distinguished from the Gaohua arbitration case. With her familiarity with the basic facts of the two cases, Ms. W's participation in the present case as arbitrator is appropriate for the case to be examined impartially.

3. The CMAC Decision

The CMAC Chairman was of the following opinion:

The pending Gaohua court case at Shanghai Maritime Court is closely related to the present case, and there does exist close interests between the final award of the present case and the trial of the Gaohua court case. Mr. H, as the arbitrator chosen by the Claimant in the present case, is the senior partner in the law firm acting for one of the parties in the Gaohua court case, which does raise justifiable doubts as to Mr. H's impartiality or independence in the present case.

Regarding the Claimant's challenge to Ms. W, the Chairman of CMAC holds that an arbitrator appointed by the party shall not represent either party of a case and shall treat both parties equally, and hear the case impartially. Being nominated as arbitrator by one of the parties in other relevant cases does not constitute a ground to resign under the CAL.

In accordance with Article 32 of the CMAC Arbitration Rules 2004, in March 2008 the CMAC Chairman decided to sustain the Respondent's challenge and that Mr. H would no longer serve as an arbitrator in the present case, and dismiss the Claimant's challenge to Ms. W.

B. Cietac Decision on Challenge No. 026547①

1. Introduction

The Claimant Guangzhou Technique in January 2015 initiated an arbitration at CIETAC against the Respondent Shanghai ATM with regard to the dispute arising from a Settlement Agreement. The Claimant nominated Ms. L and the Respondent nominated Mr. T as co-arbitrator respectively and CIETAC appointed Mr. Z as the presiding arbitrator. The tribunal was formed in June 2015 to hear the case.

Mr. T is the managing partner of an international law firm's Beijing office. When accepting the nomination of the Respondent, Mr. T signed the Declaration disclosing in writing the following circumstance:

"Please note that an affiliate of the Respondent, ATM SA, is an existing

---

① See CIETAC Decision on Challenge to Arbitrator, [(2015) China CIETAC Jingzi No. 026574], unreported. The data was kindly provided by the Secretariat of CIETAC.

client of a partner in my law firm Munich office. At the moment, this partner is not providing any legal services to ATM SA but may be called upon in the future to represent ATM SA. I am not by myself aware of, or has participated in or has been responsible for any matters on which my firm advised ATM (or its affiliates). In addition, I will take no part in, nor would be in any way responsible for the representation of ATM (or its affiliates) in the course of the arbitration proceedings."

The Claimant raised challenge against Mr. T after receiving the notice on the formation of tribunal and Mr. T's Declaration with disclosure.

2. The parties' positions

The Claimant challenged Mr. T on three grounds. 1) As disclosed by Mr. T, an affiliate of the Respondent, ATM SA, is an existing client of his law firm's Munich office; 2) Mr. T is (at material time) the managing partner of the law firm Beijing office; and 3) as discovered by the Claimant on the law firm's website, Mr. H, a partner of the law firm who is practicing both in its Hong Kong office and Beijing office, has conducted due diligence for ATM Power, which the Respondent is part of. Thus, the Respondent, as part of the ATM Power, is an existing client of Mr. H of the law firm Beijing office managed and led by Mr. T.

Based on the above mentioned facts, the Claimant argued that, ATM and the law firm have extensive cooperation with each other, and such cooperation has the effect which is so profound that it even goes beyond Mr. T's capacity to act independently and impartially in this case as an arbitrator.

The Respondent argued by relying on both Article 34 of the CAL, and Article 8 of the CIETAC Rules for Behavior Evaluation 2009 which have summarized all the circumstances under which the arbitrator shall resign. According to the Respondent, both the disclosure made by Mr. T and the allegations by the Claimant do not fall in any of those circumstances. Moreover, the allegations that Mr. H is a partner of the law firm and practicing in both Hong Kong and Beijing office and the Respondent is an existing client of Mr. H who is managed and led by Mr. T are found false. According to the website of the law firm, Mr. H is called to the Hong Kong bar and a partner of the Hong Kong office. He is neither a partner in Beijing office nor a qualified Chinese lawyer. He is not practicing in Beijing or led by Mr. T. Also, the Respondent, a company registered in Shanghai, is not a client of Mr. H.

The Claimant submitted its rebuttal from two aspects. First, the extensive cooperation between ATM group and Mr. T's law firm could affect the impartiality of the arbitration. The facts disclosed by Mr. T and discovered by the Claimant unequivocally indicate that ATM group and the law firm have extensive cooperation with each other, which has fallen into the scope of Article 34 (3) of the CAL. The Claimant has justifiable doubts that the relationship between Mr. T, a partner of the law firm, and the Respondent, a member of ATM group, could affect the impartiality of the arbitration. Second, as disclosed on the law firm's website, Mr. H is practicing in both Hong Kong and Beijing. The law firm's website has provided Mr. H's contact information at both the Hong Kong and Beijing offices. In addition, the firm's website clearly indicates that, though admitted in Hong Kong, Mr. H is working both in the Hong Kong office and Beijing office.

The Respondent submitted its surrebuttal, further stating two points. First, the so-called "relation" between ATM group and the law firm disclosed by Mr. T and the Claimant by no means falls within the categories which might result in resignation of arbitrator in accordance with both the CAL and the CIETAC Rules. There is no proof that there exists a relationship between Mr. T and the Respondent that may affect the impartiality of the arbitration. Even if there were, the so-called "relation" between Mr. T and ATM group alleged by the Claimant could not have been fallen in the scope of relations listed in Article 8 of the CIETAC Rules for Behavior Evaluation 2009 which could affect the impartiality of the arbitration. Second, Mr. H as a partner admitted in Hong Kong could not in any case practice law in Chinese mainland. The existence of two pieces of contact information of Mr. H on the law firm website should not be over-interpreted as he is led by Mr. T.

3. Mr. T's response

In his response, Mr. T stated that:

"I do not think the aforesaid relationship calls for my withdrawal as an arbitrator to the international arbitration practice, and I do not believe it will affect me in any way or cast any justifiable doubt as to my impartiality or independence in acting as an arbitrator in the captioned case.

Specifically, the disclosed relationship falls under Orange List of the IBA Guidelines on Conflicts of Interest in International Arbitration[①] (Article 3.1.4 under the Orange List), but does not render it necessary for disqualifying such arbitrator. For instance, General Standard 3(c), Explanation to General Standard 3(c) and Article 4 of the Practical Application of the General Standards under the IBA Guideline have made it clear that disclosure of a situation set forth in the Orange List does not necessarily imply the existence of a conflict of interests; nor should it by itself result either in a disqualification of the arbitrator, or in a presumption regarding disqualification. Instead, the purpose of the disclosure is to inform the parties of a situation that they may wish to explore further in order to determine whether objectively – that is, in the view of a reasonable third person having knowledge of the relevant facts and circumstances – there are justifiable doubts as to the arbitrator's impartiality and independence. If the conclusion is that there are no justifiable doubts, the arbitrator can act.

In the present case, from an objective view there should not be any justifiable doubts as to my impartiality and independence in acting as an arbitrator. Although an affiliate of the Respondent is an existing client of a Partner in the law firm Munich office, the matters on which he advised were completely irrelevant to this arbitration. I was never involved in any of those matters, had no awareness of the same and will not participate in any capacity with respect to the representation of ATM or its affiliates during the course of the arbitration case proceedings.

Furthermore, as an international arbitrator having handled over hundred international arbitration cases, I hold myself to the professional discipline and ethics

---

① The IBA Guidelines on Conflict of Interest in International Arbitration (the IBA Guidelines) was approved by the IBA Council in May 2004 and updated in October 2014, and have gained general acceptance as a non-binding set of principles in international arbitration.

that I shall never be impacted or act in any unjust way in any arbitration cases where I sit as an arbitrator.

Therefore, despite the matters that I disclosed, I consider myself to be impartial and independent of the parties and intend to remain so throughout the conduct of this arbitration, and for these reasons, I do not think I should withdraw from this case. "

4. The CIETAC Decision

The Chairman of CIETAC was of the following opinion:

The CIETAC Arbitration Rules 2015 applies to this arbitration. According to Article 32 of the CIETAC Arbitration Rules 2015, the challenge, if any, to Mr. T should only be related to his impartiality or independence.

Article 34 of the CAL and Article 8.3 of the CIETAC Rules for Behavior Evaluation 2009 provide the circumstances where an arbitrator should resign. The Chairman holds the above-mentioned circumstances do not cover the circumstance of the case at hand, and Mr. T's disclosure do not trigger resignation either.

The Chairman has also made an emphasis that it is not about whether an arbitrator "has or had" relationship with a party or its agent, but rather whether the relationship would affect the impartiality or independence of the arbitrator. In this case, despite that an affiliate of the Respondent is a client of the law firm which Mr. T is working at, Mr. T is not personally involved with any matter relating to the affiliate. Mr. T also in his response stated that he would act as a professional and unbiased arbitrator in this case. There is no justification that Mr. T will be biased due to his partner position in the law firm.

Accordingly, the Chairman dismissed the challenge.

C. Cietac Decision on Challenge No. 047382[①]

1. Introduction

In 2015, the Claimant LDV commenced arbitration proceedings at CIETAC

---

① See CIETAC Decision on Challenge to Arbitrator, [(2017) China CIETAC Jingzi No. 047382], unreported. The data was kindly provided by the Secretariat of CIETAC.

against the Respondent ZGQ for the disputes arising out of a contract for the sale and purchase of shares in an investment company under CIETAC Arbitration Rules 2015.

The Claimant nominated Dr. M and the Respondent nominated Mr. Z as co-arbitrators and both parties jointly nominated Mr. S as presiding arbitrator. After signing the Declarations, the afore-mentioned arbitrators formed the tribunal in September 2016 to hear the case. The Respondent had requested since October 2016 that Dr. M make further disclosure to clarify the disclosure in his Declaration. In March 2017, the tribunal responded that there was no need for Dr. M to make further disclosure, but later requested the Respondent to comment on the scope of the disclosed matters for Dr. M to make. The Respondent submitted its opinions in April 2017, and then its application for further disclosure was dismissed in June 2017.

Subsequently, the Respondent officially challenged Dr. M's independence and impartiality as a member of the tribunal. Dr. M submitted thereafter his response and the Claimant submitted its responding opinions.

2. The parties' positions

The respondent submitted the following opinion:

During the year of 2013 to 2014, Dr. M was nominated by a company named AHK as arbitrator in an international arbitration. An affiliate of the Claimant was the investor of AHK. Including the case at hand, Dr. M has been appointed twice by the Claimant and its related entity, which should fall into the scope of disclosure as provided in Article 3.1.3 of Orange List in the IBA Guidelines. In the AHK-related case, the law firm acting for AHK is the same one for the Claimant of the present case.

Also, Dr. M was a partner of an international law firm before 2003. Between 1998 and 2014, Mr. B, a legal counsel of the Claimant's above-mentioned affiliate, had been working at the same law firm. The fact that Dr. M and Mr. B once were lawyers of the same law firm falls into the scope of the disclosed matters under Article 3.3.6 or Article 3.4.2 of Orange List under the IBA Guidelines. The aforesaid circumstances have not been disclosed by Dr. M in his Declaration.

To make the disclosure is the duty of Dr. M, and both the Claimant and its lawyers, under the IBA Guidelines, are obliged to draw the undisclosed matters to the attention of Dr. M. The undisclosed matters are clearly circumstances that might give rise to justifiable doubts on Dr. M's impartiality or independence. By not disclosing the above matters, Dr. M has erroneously denied his duty of disclosure, which in turn has reinforced the justifiable doubts over his impartiality and independence.

The Respondents referred to Article 22, Article 29, Article 30.2 of the CIETAC Arbitration Rules 2015, Article 34 of the CAL, and Article 3.1.3, Article 3.3.6, Article 3.4.2 of the IBA Guidelines in its challenge.

The Claimant made its response as follows:

The entity mentioned by the Respondent (the so-called investor of AHK) was not at any time affiliated with or related to the Claimant, and the lawyers of the Claimant did not act for AHK in the AHK-related arbitration. Mr. B and Dr. M worked with the same international law firm, but Mr. B was the corporate partner of the firm's London office from 1998 to 2014 and Dr. M was the partner of the dispute resolution team of the firm's greater China region more than 10 years ago.

Article 34 of the CAL does not require an arbitrator to make any disclosure. The CIETAC Arbitration Rules 2015 stipulate that an arbitrator should "disclose any facts or circumstances likely to give rise to justifiable doubts as to his/her impartiality or independence." The present circumstances of the case do not call for Dr. M's disclosure, nor constitute a reasonable ground for his resignation. The IBA Guidelines cited by the Respondent are not applicable to the case.

3. The CIETAC Decision

In the decision, the Chairman of CIETAC stated his opinions as follows:

The parties agree to the CIETAC arbitration with the seat in Beijing. The CAL and the CIETAC Arbitration Rules 2015 are relevant when considering the challenge against Dr. M.

The Respondent has, to back to its claim, relied on the provisions of the IBA

Guidelines and an international arbitration case, which are not applicable and could not override the *lex arbitri* or Arbitration Rules chosen by the parties.

For the lack of evidence, it can not be proved the current situation has fallen into the circumstance provided in Article 34 (3) of the CAL, that is, "the challenged arbitrator has some other relationship with a party to the case or with a party's agent which could possibly affect the impartiality of the arbitration". In addition, the Respondent also fails to prove there exist other circumstances under which Dr. M should resign under Article 34 of the CAL.

Also, according to Article 30.2 of the CIETAC Arbitration Rules 2015, "a party having justifiable doubts as to the impartiality or independence of an arbitrator may challenge that arbitrator in writing and shall state the facts and reasons on which the challenge is based with supporting evidence." The Respondent fails to prove that Dr. M has already held tendentious opinions which might affect his impartiality and independence. What have been raised by the Respondent does not fall into the circumstances under Article 30.2 of the CIETAC Arbitration Rules 2015. There exists no ground that Dr. M should resign under the CAL and the CIETAC Arbitration Rules 2015.

Furthermore, after examination of the arbitral award of the AHK-related case and relevant evidence submitted by the Respondent, the Chairman has not found any that could prove the relationship between AHK and the Claimant's affiliate, nor any that the Claimant's lawyers also acted as the lawyers in AHK-related arbitration. The Claimant and its lawyers have also expressly denied the afore-mentioned statement of the Respondent. Therefore, the Respondent's argument cannot rely on Article 3.1.3 of the IBA Guidelines even if the Guidelines were to apply.

As to the argument that Dr. M and Mr. B worked in the same law firm before and shared a personal or professional relationship, it is found that Dr. M and Mr. B worked at different international offices of the same law firm 10 years ago, which can hardly be defined as the relationship stipulated in Article 3.3.6 (close personal friendship) and Article 3.4.2 (associated with a party, or an affiliate of one of the parties in a professional capacity) under the IBA Guidelines. It is not necessary for

Dr. M to make disclosure as per the Orange List of the IBA Guidelines even if the Guidelines were to apply.

As per Article 30.6 of the CIETAC Arbitration Rules 2015, the Chairman in December 2017 dismissed the challenge.

Ⅳ. Observations and Comments

A. The Grounds for Challenge Are Diversified

In CMAC and CIETAC practice, the grounds relied on by the parties to challenge arbitrator are diversified. In general, they may be divided into four categories.

The first is about the relationship between the presiding arbitrator and the party-appointed arbitrator, including former colleagues, part-time positions in the same social organization or universities, alumni, undisclosed good relationship and co-authors of the same book.

The second is concerned with the relationship between arbitrator and one of the parties or its agents, including teacher and student, co-arbitrators of CIETAC/CMAC Panel, alumni, born and raised from the same hometown, cooperation between arbitrator's law firm and the law firm of a party's agent, and/or long-time acquaintances.

The third is related to the behavior of an arbitrator in hearing, which includes not giving sufficient opportunity for a party to present its case or debate, arbitrarily giving his or her opinion on the substantive issues of the case, and/or making biased statement and unfair arrangement or decision on the procedural issues.

The last are situations where the present tribunal member had served as arbitrator in earlier case which is related to the present case. Under such circumstance, we have seen claims by the challenging party such as the challenged arbitrator might in the present case hold the pre-determined opinion as in the former case, or that the arbitrator was replaced in the former case, or allegations that the arbitrator did not sign the award of the former case with bias.

B. Successful Challenge Is Rare

According to the author's statistics, at CIETAC there are by average 19 cases annually where a challenge was made to arbitrator, which equals to 0.75% of CIETAC average annual caseload 2548 in recent 5 years (from 2015 to 2019). The corresponding number of CMAC arbitration is 4 challenged cases with 0.92% of the total caseload 433 in past 5 years (from 2015 to 2019).

In both CMAC and CIETAC practice, many challenged arbitrators have chosen to voluntarily withdraw from their offices as they often consider that it is necessary to serve as arbitrator only with the challenging party's trust. Before deciding to resign, they usually consult with the institutions for advice. The institutions may, by usual practice, provide "precedents" to the challenged arbitrators for their reference.

Exceptionally, the Chairman of the institution may decide on his or her own initiative to replace the arbitrator in the event that arbitrator is prevented *de jure* or *de facto* from fulfilling his or her functions, or fails to fulfill his or her functions in accordance with the requirements of the institutional arbitration rules or within the time period specified in the rules.[1]

In one case[2] accepted by CIETAC in 2013, after formation of the tribunal, the respondent challenged the arbitrator nominated by the claimant with the supporting evidence that the claimant-nominated arbitrator and the lawyer of the claimant were university classmates and kept close personal relationship. The challenged arbitrator did not choose to withdraw voluntarily. The CIETAC Chairman did not sustain the challenge but decide to replace the challenged arbitrator for the reason that the arbitrator had violated her duty to disclose under the CIETAC Arbitration Rules. This is the only case experienced by author at CIETAC where the Chairman decided

---

[1] CIETAC Arbitration Rules, Art. 33 and CMAC Arbitration Rules 2018, Art. 37.

[2] Unreported. The case was concerned with the dispute arising from equity transfer agreement between one Singapore company and two Chinese companies.

to replace the challenged arbitrator in this way.

In general, the institutions are ready to consider the alternatives before they sustain the challenge. The rationale is that a successful challenge is likely to constitute strong reference for subsequent cases, although the successful challenge has no legal effect as precedent. The institutions wish to sustain a favorable environment for the arbitrators to fulfill their functions without unnecessary interference.

In practice, successful challenges are rare, and most of the challenges have been dismissed for reasons that the facts asserted do not exist or lack supporting evidence, or the claimed grounds are not supported by the *lex arbitri* or the arbitration rules.

C. The IBA Guidelines Serve as Strong Reference in Deciding on Challenges

As far as the CIETAC or CMAC arbitrations are concerned, unless otherwise agreed by the parties, the applicable instruments shall be the CAL and the respective institutional rules, which constitute the legal basis for the institution to determine each challenge. To the author's best knowledge, up to now, there is no case where the parties have agreed the IBA Guidelines shall be applicable in CIETAC or CMAC arbitration when an arbitrator is under challenge. However, as the above cases indicate, in practice the parties often rely on the IBA Guidelines as a sidekick to support their claims or arguments. Although the IBA Guidelines have not been adopted as the direct basis for the institution to make decision on these challenges, they have staged to be persuasive reference and played important role in CIETAC and CMAC arbitration. Both CIETAC and CMAC are also considering to update their Rules for Behavior Evaluation 2009 with special reference to the IBA Guidelines apart from the latest practices of international institutions.

D. The Decision on Challenge Is Final

By the international practice, the tribunal or the arbitration institution may make decision over the challenge to arbitrator, which is not final and still subject to the judicial review of the competent court at the seat of arbitration. The CAL however vests the power to the arbitration institutions (the chairman of each arbitration commission to be exact) to decide on the challenges, and each institution's decision on the challenge is final. Although the chairman of the institution, when making the decision on challenge, may not state the reasons, most of whose decisions have been made with reasons. In the setting aside or enforcement procedure, the Chinese court shall not review the issue of challenge if the decision has been made by that arbitration institution. On the other hand, if the court has found that the arbitrator has been involved with corruption in the arbitration which is one of the statutory grounds for setting aside or non-enforcement of the arbitral award, the court shall still rule to set aside or not to enforce the award made by the challenged arbitrator.

V. Conclusion

The institutions' practice shows that Chinese arbitration has adopted a "justifiable doubt" test when determining on the independence and impartiality of arbitrators. Both CIETAC and CMAC arbitration rules have reflected an objective standard test. A party may raise challenge based on its subjective doubts on an arbitrator's biased position, but only when these doubts are held to be objectively reasonable, will the challenged arbitrator be disqualified. Despite the institution's decision on challenge is final, the competent court can still set aside or refuse enforcement of the challenged arbitrator's award. The current challenge mechanism works fairly well.

Besides the statutory grounds for removal of an arbitrator however, it is desirable the CAL be amended to codify the arbitrator's duty of disclosure and recognize the supplementary rules of the institutions as "soft law". It is still not crystal clear in practice what specific circumstances are to be disclosed. It is proposed that the arbitration institutions may consider to publish the redacted decisions on challenge so as to provide reference for future arbitrators in an effort to promote uniformity and certainty in practice. In the meantime, the transparency in challenge practice is called upon by the parties, which if is the case will in turn improve the credibility of the arbitration institutions.

"一带一路"投资与投资者—东道国投资仲裁解决机制

龚柏华

　　"一带一路"是"丝绸之路经济带"和"21世纪海上丝绸之路"的简称[1]，其思想源于中国古代丝绸之路，但不是古丝绸之路的简单升级，而是借用古丝绸之路的历史符号，融入了新的时代内涵。"一带一路"是中国向世界提供的国际合作平台和公共产品，是一项开放包容的经济合作倡议。目前"一带一路"沿线国家除中国外，主要有64个国家[2]。也有观点认为，作为一个开放的体系，"一带一路"不同于传统封闭的区域性经济组织，没有绝对的空间和边界范围。[3]中国政府从来没有对"一带一路"限定过范围，任何国家或地区都有机会享受"一带一路"的"红利"。

　　投资"一带一路"国家或地区属于中国对外投资的一个重要组成部分。"一带一路"国家或地区的社会制度、政治经济、法律体系、商业规则、民族特征、宗教文化各不相同，中国企业参与"一带一路"的风险防范任务仍然艰巨。因此，需要依法妥善化解"一带一路"商贸和投资争端，平等保护中外当事人合法权益，营造稳定、公平、透明的法治化营商环境。

---

　　① 在对外公文中，统一将"丝绸之路经济带和21世纪海上丝绸之路"的英文全称译为"the Silk Road Economic Belt and the 21st-Century Maritime Silk Road"，"一带一路"简称译为"the Belt and Road"，英文缩写用"B&R"。

　　② 2015年3月，国家发展改革委、外交部、商务部联合发布了《推动共建丝绸之路经济带和21世纪海上丝绸之路的愿景与行动》，这也是中国官方首次就共建"一带一路"提出的规划方案。文件中提及了国内18个省（自治区、直辖市）和共建"一带一路"的五大方向。为数据统计的便利，商务部、海关总署等将这五大方向的64个国家作为统计范畴，但这绝不等于为"一带一路"圈定了参与范围。

　　③ 刘卫东."一带一路"战略的科学内涵与科学问题[J].地理科学进展，2015（5）：538–544.

一、投资者—东道国仲裁争端解决机制

投资者—东道国争端（Investor-State Disputes）指东道国政府与外国私人投资者（以下简称外国投资者）之间因外国投资者在东道国的投资行为所发生的争端，实践中主要是关于对外国投资是否已经按照法律或条约规定提供相应待遇或保护问题引起的争端，具体包括：第一，东道国政府对外国投资进行国有化或征收引起的争端；第二，东道国行政管理行为引起的争端，如外汇管制、税收增加、经济社会管理措施引起的争端；第三，东道国国内政治动乱、革命、战争等事件导致投资受损引起的争端。[①]

基于投资者—东道国争端的特殊性和复杂性，国际社会逐步发展出复杂多样的投资者—东道国争端解决（Investor-State Dispute Settlement，ISDS）机制（以下简称ISDS机制），其中最为常见和成熟的，当属国际仲裁机制。

《解决国家与他国国民间投资争端公约》（*Convention on the Settlement of Investment Disputes between States and Nationals of Other States*，以下简称《华盛顿公约》），是国际上专门解决外国投资者与东道国投资争端的国际公约，也是当前解决外国投资者与东道国投资争端最主要的国际公约。《华盛顿公约》缔结于1965年，并于1966年10月14日生效。截至2020年10月底，共有163个国家签订了公约，其中有155个国家正式被批准加入公约，第155个国家是吉布提共和国（Djibouti）。[②]中国于1990年2月9日签订公约，1992年7月1日被批准加入公约，1993年1月7日交存批准加入书，1993年2月6日公约对中国生效。

《华盛顿公约》的主要宗旨是，为参加该公约的各缔约国和其他缔约国的国民之间的投资争端提供调解和仲裁的便利，以排除政治干预和外交干涉，从而改善投资气氛，鼓励国际私人资本在各国家之间自由流动。

依据《华盛顿公约》设立的专门机构名为国际投资争端解决中心（The International Center for Settlement of Investment Disputes，ICSID），该中心是依据《华盛顿公约》设立的世界上第一个专门解决国际投资争端的仲裁机构，

[①] 余劲松. 国际投资法（第五版）[M]. 北京：法律出版社，2018：298.
[②] https://icsid.worldbank.org/en/Pages/about/Database-of-Member-States.aspx.

也是一个通过调解和仲裁方式，专为解决政府与外国投资者之间争端提供便利的机构。截至2020年10月底，ICSID受理的案件已达768件。[①]

二、中国签订双边投资协定中的投资者—东道国仲裁

双边投资协定（Bilateral Investment Treaty，BIT）的主要功能是投资保护和促进，在国际法上属双边国际条约，通过确定缔约双方的国际法权利和义务来保护和促进国际投资。自从1982年中国政府与瑞典政府签订了第一个BIT以来，过去三十多年间中国与外国政府签订了大量的BIT。截至2020年底，中国先后与其他国家和地区签订了126份BIT（其中108份生效），另有23份包含投资条款的其他协定（如《自由贸易协定》），其中19份生效。[②]中国已同绝大多数的欧洲与亚洲国家签订了BIT，但中国与美国之间并未签订BIT。2014年10月1日，中国—加拿大BIT生效。

中国早期签订BIT时经济处于不发达状态，主要着眼于资本输入，即如何更好地让外国投资者愿意投资中国以促进中国的经济发展。正是由于经济的不发达，当签订对象为发达国家时，中国各方面都显得比较被动。这些弱势使中国签订协定时倾向于保守策略，更加注重主权的维护，同时中国也设定了一些例外规定来应对发达国家提出的一些高标准要求。

随着中国经济的发展和经济全球化，越来越多的国内企业开始向外投资，此时，中国BIT的重心从资本输入转向资本输入和资本输出并举，开始着重考虑国内企业向海外投资时如何更好地保护中国投资者的利益，在签订BIT时更注重以下问题：条约对中国投资者的保护，签订条约所需承担的风险和所获得的收益之间的平衡。

中国签订的BIT可以大致依据签订的时间顺序分为第一代BIT与第二代BIT。中国BIT的演变反映了中国经济的发展阶段，同时也反映了中国对外投资保护的态度与具体实践的变化。值得注意的是，这其中有一些关键因素推动了中国签订的BIT的演变。首先是中国于1993年加入《解决投资争端国际中

---

① https://icsid.worldbank.org/en/Pages/cases/AdvancedSearch.aspx.
② 参见UNCTAD数据库，https://investmentpolicyhub.unctad.org/IIA/CountryBits/42#iiaInnerMenu.

心公约》（ICSID公约），使中国投资者能够在解决争端国际中心直接对东道国提起国际仲裁。而在2001年，中国加入世界贸易组织（WTO）也在一定程度上加速了中国BIT的演进。

（一）第一代BIT中的争端解决条款

第一代BIT中有关争议解决的规定反映了中国在加入ICSID公约时保留的有限适用范围。根据第一代中国BIT，投资者与东道国之间的争端应当先通过东道国具有管辖权的地方法院的行政复议来解决，只有在当局确定了存在政府征收或国有化的事实之后，外国投资者才能根据相关BIT进行仲裁，以确定赔偿金额。仅有涉及征收、国有化或其他具有同等效力的措施所产生的赔偿金额的投资争议方可提交双方确定的国际仲裁庭，投资争议的其他适用领域不属于国际仲裁范围，而应由投资东道国专属管辖。

尽管存在具体文字上的差异，第一代BIT中的争端解决条款大体上可以中国—法国BIT第8条表述为例："一、缔约任何一方与缔约另一方的投资者之间关于投资的争议，应尽可能由争议双方通过和解解决。二、如自争议的任何一方提出之日起六个月内未能得到解决，争议可按投资者所选择的下述程序之一加以解决：（一）由投资者向接受投资缔约一方的主管行政当局提出申诉；（二）由投资者向接受投资缔约一方的有管辖权的法院提出司法诉讼。三、有关第四条第二款规定的补偿额的争议，可诉诸上述第一、第二款规定的程序。如自争议的任何一方提出之日起一年内未得到双方满意的解决，应将该争议诉诸本协定附件中的仲裁程序。但如果投资者已求助于上述第二款第（二）项的规定，并且司法机关在自争议任何一方提出之后一年内已经作出最后判决，则本规定不适用。"①

这些第一代BIT仅为投资者提供较为有限的安全保障。对于可能引发投资争议的大多数问题，投资者将需要寻求东道国国家法院的帮助。

---

① 参见《中华人民共和国政府和法兰西共和国政府关于相互鼓励和保护投资的协定》，中华人民共和国商务部条约法律司，http://tfs.mofcom.gov.cn/aarticle/h/au/200212/20021200058418.html。

（二）第二代BIT中的争端解决条款

根据第二代BIT，中国无条件同意将投资者与东道国之间的所有争议提交ICSID解决，投资者可以向ICSID提交任何投资争议，ICSID的仲裁裁决是终局的，对争议双方均有约束力。以中国—缅甸BIT第8条缔约双方间争议解决为例："一、缔约双方对本协定的解释或适用所产生的争议，应尽可能通过外交途径协商解决。二、如果争议在六个月内未能友好解决，根据缔约任何一方的要求，可将争议提交仲裁庭解决。三、仲裁庭由三名仲裁员组成。应按下列方式逐案设立：自收到仲裁要求之日起两个月内，缔约双方应各自任命一名仲裁员。该两名仲裁员应选定一位与缔约双方均有外交关系的第三国国民担任首席仲裁员。首席仲裁员的任命应在自前两名仲裁员任命之日起两个月内作出。四、如果仲裁庭未能在自书面仲裁申请提出之日起四个月内组成，缔约双方间又无其他约定，缔约任何一方可以提请国际法院院长作出必要的任命。如果国际法院院长是缔约任何一方的国民，或出于其他原因不能履行此项任命，应请国际法院中非缔约任何一方的国民也无其他不胜任原因的最资深法官履行此项任命。五、仲裁庭应自行决定其程序。仲裁庭应按照本协定以及缔约双方都承认的国际法的规定作出决定。六、仲裁庭的裁决应以多数票作出。裁决是终局的，对缔约双方均有拘束力。应任何缔约一方的请求，仲裁庭应对其所作的裁决进行解释。七、争议各方应承担其仲裁员及出席仲裁程序的代表的费用。首席仲裁员和其他费用应由争议双方平均承担。"①

BIT中对ICISD仲裁争议解决机制的无条件同意不构成ICSID的排他性管辖，例如，依据上述的中国—缅甸BIT，争端的任何一方都有权将争端提交中国或缅甸领土内的国内法院。

三、"一带一路"投资争议与投资者—东道国仲裁机制

在"一带一路"沿线所涉及的64个国家中，中国与其中56个国家签署了

---

① 参见《中华人民共和国政府和缅甸联邦政府关于鼓励促进和保护投资协定》，中华人民共和国商务部条约法律司，http://tfs.mofcom.gov.cn/aarticle/h/at/201002/20100206778937.html。

BIT，不过有一些尚未生效，有一些有了新版BIT，也还没有生效。[①]

中国与东盟签署有《中国—东盟投资框架协定》，为"1+N"的双边投资协定模式。而中国与"一带一路"中《亚太贸易协定》（Asian Pacific Trade Agreement，APTA）的成员国（印度、孟加拉国和斯里兰卡）还签署了《有关APTA成员国间促进、保护和投资的自由化框架协议》，但还未生效。

从投资保护在中国与"一带一路"国家BIT中的体现来看，有以下几个特点：

一是投资范围及投资待遇问题。东盟是中国目前在"一带一路"沿线国家投资往来最多的区域，双方签署有《中国—东盟投资框架协议》，各方面规定较为完整，在投资范围方面进行了非常广义的界定，凡是符合东道国法律的各种资产都属于协定规定的投资。投资主体中，自然人不仅包括缔约方国民，也包括具有永久居住权的外国人。投资待遇规定有最惠国待遇、国民待遇和公平公正待遇，其中最惠国待遇不仅适用于准入后，还适用于准入前。公平公正待遇是与国民待遇并行的独立规定，这区别于与中国签订的BIT，例如，中国与越南的BIT则是将国民待遇与公平公正待遇相结合规定的。[②]

中国与中亚、中东欧、南亚、西亚及北非等其他"一带一路"国家签订的BIT在投资范围及投资者待遇方面基本一致，大多规定了投资准入必须符合东道国法律，适用公平公正待遇、最惠国待遇和国民待遇。而中国与乌兹别克斯坦的BIT则明确规定了准入前最惠国待遇，这是中国在中亚投资的一个重要突破。[③]另外，需注意此区域内各国国内投资法的发展，例如，俄罗斯《战略领域外国投资》将42个领域列为战略投资领域，购买该领域内的俄罗斯公司股权需事先经过申请批准。

二是征收及补偿。在征收方面，中国与"一带一路"国家签订的BIT差别不大，存在差异的地方主要是在补偿标准、拖延支付补偿和对间接征收的限制这三个方面。《中国—东盟的投资框架协定》在该方面规定得更为具体，例如，对拖延支付赔偿的需支付利息，赔偿标准应以公平市场价值计算，还

---

① 其中，我国与约旦、文莱签署的BIT尚未生效。参见 UNCTAD, International Investment Agreements Navigator, http://investmentpolicyhub.unctad.org/IIA/CountryBits/42#iiaInner-Menu。

② 《中国—越南双边投资协定》（1992），第3条。

③ 《中国—乌兹别克斯坦双边投资协定》（2011），第4条。

规定了损失补偿可享有最惠国待遇和国民待遇，并适用于二者更为有利于保护投资者的规定。中国与埃及的双边投资保护协定也规定了延迟补偿应支付利息，但对于中国签订的大部分投资协定，并没有将征收及损失补偿细化至此程度。另外，对于间接征收的问题，中国与大部分"一带一路"国家签订的投资协定均未涉及，目前仅有中国与乌兹别克斯坦BIT中明确规定，原则上禁止采用包括间接征收方式在内的一切国有化或征收行为，不过对于何为间接征收方式并没有进行解释或阐明。

三是争端解决。在中国与"一带一路"国家的投资协定中，一般将争端解决分为两种类型：一种是缔约方之间的争端解决，对该类争端解决往往要求尽量通过外交途径化解，在6个月内仍不能化解的，可以提交专设仲裁庭裁决，对此类问题，各国的BIT规定基本一致；另一种则是投资者与缔约东道国之间的争端解决，对此类争端解决不同的投资协定规定的适用范围有所不同，部分BIT将此类争端解决的适用范围仅限定为对征收补偿的异议。[①]另有一些投资协定也限定了可裁事项，如中国与乌兹别克斯坦BIT。中国与东盟的投资框架协定中，则将缔约方违反国民待遇、最惠国待遇、投资待遇、征收、损失补偿、转移和利润汇回，以及通过某一投资的管理、经营、运营、销售或其他处置等行为给投资者造成损失或损害的投资争端都囊括在内。关于争端解决中投资者选择仲裁庭的权利也存在差别，有些投资协定依然要求投资者将请求提交专设仲裁庭裁决，只是在规则适用上可以参考斯德哥尔摩商会仲裁院（SCC）等国际社会普遍认可的规定，如中国—蒙古BIT等。而较为新近的投资协定，如2006年中国与俄罗斯BIT[②]、中国与东盟的投资框架协定等，则规定投资者选择将争端提交给ICSID或任何双方当事人同意的仲裁机构。对于允许提交国际仲裁庭的国家，其对于是否需要先用尽当地救济的态度也有所差别，例如，在中国与印度、乌兹别克斯坦的BIT中，有明确规定东道国可以要求投资者在提交国际仲裁之前，用尽缔结另一方法律和法规所规定的国内行政复议程序。而我国与东盟的投资协议则无此类用尽当地救济原

①《中国—塔吉克斯坦双边投资协定》（1993），第9条；《中国—吉尔吉斯斯坦双边投资协定》（1992），第8条；《中国—哈萨克斯坦双边投资协定》（1992），第9条。
②《中国—俄罗斯双边投资协定》（2006），第9条。

则，且还规定了即使投资者已将争端提交缔约方国内法院，如果投资者在最终裁决做出前，从国内法院撤回申请，投资者仍可提交国际争端解决机构。

从投资促进在中国与"一带一路"国家BIT中的体现来看，有以下特点：

一是市场准入。中国现有的BIT中均没有对外资开放准入前的国民待遇。在中国与"一带一路"沿线国家签订的BIT中，大部分适用的是最惠国待遇原则。《中国—东盟投资框架协定》起草时曾经力图实现完全开放外资的市场准入，但最终没有成功。与东盟相类似，"一带一路"涉及多个国家，在各国的外资准入政策又相差较大的情况下，实行准入前国民待遇目前似乎还不太现实。

二是外资待遇。"一带一路"沿线国家和经济体与中国签订的BIT，有的规定了准入后国民待遇，没有国民待遇的也基本上可以通过最惠国待遇引入国民待遇。所以在准入后外资待遇这一领域，中国与"一带一路"沿线国之间基本上可以实现国民待遇。

三是透明度原则及其他。中国与"一带一路"沿线国家签订的双边投资协定中很少有关于透明度的规定。

从中国与"一带一路"国家BIT存在的问题来看，主要有以下两个方面：

第一，现存BIT有很多不利于保护和促进投资的内容。中国与"一带一路"国家及经济体BIT有38个签订于2000年以前，集中在1985—1995年，距今已20年左右，内容上较为粗略过时，主要问题如下：首先，对投资和投资者的定义比较狭隘，大多采用了非穷尽式列举的方式规定了直接投资的内容，不曾提及间接投资，且明确强调只保护依东道国法律合法设立的投资，因而可以推断投资本身是不具有溯及力的，对于在投资协定生效之前的投资不予保护。其次，对征收条件规定得比较笼统，部分协定没有将"出于公共利益的目的"作为征收的必要条件，并欠缺排除间接征收的规定。再次，欠缺对透明度原则、公平公正原则的具体解释。最后，对于争端解决规定，有些协定限定了可裁事项并规定东道国有权要求投资者用尽当地救济。此外，部分协定已过其原规定的有效期[①]，在此情况下，任何一方有权提前一年通知对方

[①] 例如，《中国—保加利亚双边投资协定》（1989）有效期只有10年，到期后自动延期，单双方均有权在提前1年通知的前提下，随时解除双边投资协定。

终止该BIT，这增加了投资风险与不确定性。由此可见，中国与"一带一路"国家签署的BIT，在内容上不能反映时代的要求，不利于保护和促进外国投资，可能对中国投资者有不利的影响。

第二，BIT与区域性投资协定的重叠与差异引发投资者"搭便车"和"挑选条约"。此问题主要针对东盟国家，中国除了与东盟各成员国有BIT之外，还有《中国—东盟投资框架协定》。投资框架协定内容比与成员国的BIT丰富许多，前者27条，后者大多都只有十几来条。前者在内容上增添了投资的适用范围、投资的目标、国际收支平衡保障措施、利益拒绝、一般例外、安全例外、透明度与其他协议关系、审议、修改、保存、生效等条款，并且各种规定都具有可操作性，但二者的效力关系规定上存在较大问题。《中国—东盟投资框架协定》第23条规定："本协议不得减损一方作为任何其他国际协议缔约方的现有权利和义务"，第5条第3款也承认了该协定以外的其他安排的优先性。因此，前者并不优先于后者适用。这样就会出现"挑选条约"的问题。例如，前者有利益"拒绝条款"规定，而后者并无此规定，非缔约国投资者便可以"搭便车"，主张在前者项下给予缔约国投资者同样的优待和保护。若被东道国拒绝，也仍然可通过挑选无利益拒绝条款的后者BIT提交仲裁庭仲裁。类似的挑选条约的行为在国际上已经有诸多事例。这样的"搭便车"及"挑选条约"的问题值得引起中国的重视，应重新修订和夯实原先与各国签订的BIT，尽可能减少区域性投资协定与BIT的差异和冲突。

若要在"一带一路"投资中运用BIT保障中国投资者的权益，那么必须要对中国在"一带一路"投资中的定位有所明确。投资协定以鼓励和保护外国投资为基本目的。对中国而言，以往中外投资协定中关于投资待遇、征收补偿等条款，其主要功能是用来保护外国投资者利益的，但随着中国企业走向世界，以投资者的身份进入"一带一路"沿线国家，这样的条款的功能就开始逐步转变为同时也能保护海外中国企业投资的功能了。总体来看，一个中外投资协定的规定如果将投资者享受的待遇渐渐提高，受保护程度逐渐加强，就越有利于中国企业在"一带一路"沿线国的投资得到保护。中国签订的"一带一路"投资中的BIT要进一步完善，可以从以下几个方面努力。

第一，进一步扩大中国与"一带一路"沿线国家的BIT的覆盖面。现在这一区域中外投资协定尚未覆盖的国家还有十几个。没有签订投资协定的国家往往国际化水平也比较低，但恰恰是缺乏基础设施建设的国家，更需要来自中国的投资，所以需要加强与这些国家之间的投资协定谈判，尽早签订BIT，使中国企业能够得到投资协定给予的法律保护。这才能使中国企业放心到这些国家投资，促进基础设施建设和经济发展。

第二，尽快实现中国与"一带一路"沿线国家投资协定的升级换代。虽然中国与"一带一路"沿线国家之间签订了不少BIT，但这些BIT签订的时间较早，许多协定的内容已经滞后，无法满足当前的投资需求。由于中国在"一带一路"国际投资中角色的转变，在BIT中，更应强调对投资者利益的保护，同时在投资促进、自由化承诺以及市场准入方面需要获得公平待遇。[1]在"一带一路"投资中，中国更多地扮演着投资者的角色，已经不能简单地用以往发展中国家还是发达国家的BIT类型来衡量中国的投资协定的定位和功能了，必须要更多体现出对投资者权益的保护。即使对方是"一带一路"发达国家，强化对投资者保护也符合双方利益，也是需要升级换代的。中国已经与德国、法国、比利时、芬兰、葡萄牙、西班牙、乌兹别克斯坦、韩国、尼日利亚等国完成了BIT的升级，重新按照更加保护投资者利益的新型投资协定条款签订了新的BIT。[2]这样的升级换代还要逐步扩大到其他已经签订的中外投资协定中。

第三，在进一步的中外投资协定谈判中增加保护投资者的条款。由于中国自贸试验区已经获得很大的成功，可以全面写明国民待遇条款，并在条件成熟的情况下写入准入前国民待遇条款，以利于中国企业在"一带一路"沿线国家的投资准入。公平公正待遇条款也需要普及化。对于征收和国有化条款，应该更加明确非歧视和正当程序要求，并且在补偿问题上接受"赫尔规则"，即充分、及时和有效补偿，放弃适当补偿的主张。投资争端解决条款上，现阶段强化与ICSID的联动，同时促进专门的"一带一路"争端解决机制的建立。中国投资条约中的投资者—国家仲裁机制需要基于我国的实际情况，吸收投资者—国家仲裁机制的最新发展成果，将中国现有投资条约中的

---

① 文洋. "一带一路"投资规则发展趋势及协调策略[J]. 理论视野，2017（12）：67.

② 参见"我国对外签订双边投资协定一览表"，中华人民共和国商务部条法司官网，http：//tfs.mofcom.gov.cn/article/Nocategory/201111/20111107819474.shtml。

投资者—国家仲裁条款现代化。[①]

目前，中国与"一带一路"沿线国家签署的BIT中，只有20个引入了ICSID投资仲裁机制。[②]老挝、越南、缅甸、不丹、印度、伊朗、马尔代夫、波兰、巴勒斯坦、塔吉克斯坦等国家没有签署ICSID公约。在"一带一路"沿线的ICSID缔约国中，阿富汗、巴林、白俄罗斯、不丹、文莱、伊拉克、尼泊尔、叙利亚、泰国等国家未利用过ICSID争端解决机制解决投资争端。就"一带一路"沿线国家对ICSID使用率而言，中东欧和西亚国家使用率较高，东亚、南亚、中亚国家虽然大部分都加入了ICSID公约，但对该机制的使用频率较低。

鉴于此，中国在今后新签或更新的BIT中宜更多地引入ICSID仲裁和联合国国际贸易法委员会（UNCITRAL）仲裁。在此类BIT中，内国有管辖权的法院、ICSID仲裁、依据UNCITRAL仲裁规则的仲裁并列，投资者可以择一适用。[③]另外，在与"一带一路"沿线国家的沟通协商中，中国也应鼓励未加入ICSID公约的沿线国家积极加入，为ICSID仲裁的更广泛适用创造条件。[④]

"一带一路"的投资者—东道国争端解决机制应当有区别于现有机制的独特之处。把握"一带一路"建设这一契机，在借鉴国际投资者—东道国争端解决机制的基础上建立具有中国特色的、能够满足沿线国家利益平衡与保护需求的机制。[⑤]

从理想的角度看，打造全新的"一带一路"仲裁争端解决中心既可以满

① 韩秀丽，翟雨萌. 论"一带一路"倡议下中外投资协定中的投资者—国家仲裁机制[J]. 国际法研究，2017（5）：20–34.

② 中国与土耳其、希腊、立陶宛、罗马尼亚、以色列、塞尔维亚、沙特阿拉伯、马其顿、也门、巴林、文莱、塞浦路斯、约旦、缅甸、波黑、拉脱维亚、捷克、俄罗斯、印度、乌兹别克斯坦签署的BIT，引入了ICSID仲裁机制。其中，中国与土耳其、希腊、文莱签署的BITs提前声明：当双方都成为ICSID公约成员国时可将争端提交ICSID。参见 UNCTAD, International Investment Agreements Navigator, accessed August 31, 2020, http://investmentpolicyhub.unctad.org/IIA/CountryBits/42#iiaInnerMenu.

③《中国—俄罗斯双边投资协定》第9条第2款。

④ 石静霞，董暖. "一带一路"倡议下投资争端解决机制的构建[J]. 武大国际法评论，2018（2）：1–24.

⑤ 李晨. "一带一路"国家与投资者争端解决机制研究——以ICSID在实践中的经验为例[J]. 齐齐哈尔大学学报（哲学社会科学版），2018（4）：88–92.

足"一带一路"倡议下争端解决的实际需求，同时也可弥补现有机制存在的缺陷。已有不少学者研究设计了专门针对"一带一路"倡议的全新争端解决中心等。①然而考虑到现阶段的国际国内现实，构建全新的争端解决机制在短期内的现实可行性较低。当然，也不排除在未来条件成熟时构建全新的"一带一路"仲裁争端解决中心的可能性。事实上，作为开放包容的新型区域经济发展倡议，"一带一路"倡议并非要创立一个新机制，而是更加偏重于前者，即依托现有的双、多边或区域机制，促进沿线国家互联互通和投资贸易便利化。②促进和完善现有机制的改革，使现有机制能够更多地体现中国方案显得十分重要。关于"一带一路"投资者—东道国仲裁争端解决机制的构建路径，目前学界提出了不少建议。例如，依托现有的双边、多边或区域机制，通过推动现有机制的改革和完善实现沿线国家投资争端的解决。③

"一带一路"投资争端解决机制的构建如何定位有三种选择："一带一路"投资争端解决中心、"一带一路"贸易投资争端解决中心、"一带一路"争端解决中心。

一是"一带一路"投资争端解决中心。它是专门从事"一带一路"投资争端解决的争端解决机构，不受理和处理其他种类的"一带一路"经济贸易争端。其管辖权可以由BIT加以规定，或者可以作为仲裁协议约定，还可以专门缔结一部《"一带一路"投资争端解决公约》。其好处是专注于投资争端的解决，具有高度的国际投资法专业性，可以有效针对"一带一路"沿线国家的投资特征和争端类型，作出最及时最有效的对策，并可以有效弥补现有投资争端解决机制在处理"一带一路"投资争端问题上的不足和缺陷。但问题是经济全球化时代的很多投资争端已经不是单纯的投资争端，而是混合有其他类型的争端，特别是贸易争端。很多关于投资的事项是规定在贸易协定

---

① 王贵国. "一带一路"战略争端解决机制[J]. 中国法律评论，2016（2）：36–37；张晓君，陈喆. "一带一路"区域投资争端解决机制的构建[J]. 学术论坛，2017（3）：54–55；鲁洋. 论"一带一路"国际投资争端解决机构的创建[J]. 国际法研究，2017（4）：92.

② 2015年3月，国家发展改革委、外交部、商务部联合发布的《推动共建丝绸之路经济带和21世纪海上丝绸之路的愿景与行动》。

③ 曾文革，党庶枫. "一带一路"战略下的国际经济规则创新[J]. 国际商务研究，2016（3）：32；张超，张晓明. "一带一路"战略的国际争端解决机制研究[J]. 南洋问题研究，2017（2）：31.

的投资章节中的，服务贸易中本来就有投资的内容，因而"一带一路"投资争端解决中心也可能遇到这类事项的管辖权障碍，也不能说完美。

二是"一带一路"贸易投资争端解决中心。它将贸易和投资争端都归入其管辖事项，可以突破BIT的局限，纳入自由贸易协定和其他区域贸易协定、关税同盟等。它的好处是其管辖事项解决了贸易和投资的混同问题，但由于贸易争端的发生频度和标的大小远远超出投资争端范围，作为"一带一路"投资争端解决机制的"投资"色彩会被大大冲淡，成为一个实质上的"一带一路"贸易争端解决机构的附带功能，变成与WTO争端解决机制类似的区域性贸易争端解决中心，从功能上和WTO的争端解决机制发生严重重合。

三是"一带一路"争端解决中心。它将管辖事项进一步扩大到所有争端方面，类似于一个具有普遍管辖权的区域性仲裁机制，这也是中国的官方设想。这个设想比较理想，但能否实现，还要做很多努力。

2018年6月25日，最高人民法院审判委员会第1743次会议正式通过《最高人民法院关于设立国际商事法庭若干问题的规定》（以下简称《国际商事法庭规定》）。[1]该规定是对2018年1月23日中央全面深化改革领导小组会议通过的《关于建立"一带一路"国际商事争端解决机制和机构的意见》（以下简称《意见》）的具体落实，并以具有法律效力的司法解释形式将中央的决策与政策法律化。2018年6月29日，最高人民法院第一国际商事法庭在深圳揭牌，同日，最高人民法院第二国际商事法庭在陕西省西安市挂牌并开始办公，标志着我国首批专门国际商事法庭将开始受理当事人之间的跨境商事纠纷[2]。最高人民法院民事审判第四庭负责协调并指导两个国际商事法庭的工作。与一般受理涉外民商事案件的内国法院相比，国际商事法庭借鉴了迪拜国际金融中心法院、新加坡国际商事法庭的经验，吸收了国际商事仲裁等替代争议解决方式的优势，在管辖权及受案范围、与其他争议解决机构的关系、法庭组成、庭审使用的语言、外国法律查明途径及方式、域外送达、域外证据的获取及认定，以及临时措施与判决的承认与执行等方面均有所创新和突破。其根本目的在于依法、公正、及时地审理国际商事案件，平等保护

---

① 法释〔2018〕11号。

② 最高人民法院国际商事法庭网址，http://cicc.court.gov.cn/。

中外当事人合法权益，营造稳定、公平、透明、便捷的法治化国际营商环境，服务和保障"一带一路"建设。当然，国际商事法庭的受案范围并不局限于"一带一路"沿线国家的商事争议，而是包括所有符合条件的国际商事案件。

国际商事法庭是最高人民法院设立的专门处理国际商事纠纷的常设审判机构，案件审理由三名或者三名以上法官组成合议庭进行。国际商事法庭实行一审终审制，作出的判决、裁定是发生法律效力的判决、裁定。《国际商事法庭规定》第一条明确将国际商事法庭定位于最高人民法院的常设审判机构，在我国目前的法院审判级别中属于最高审判级别，按照这一规定，国际商事法庭将作为一审，而非上诉法院直接受理符合条件的国际商事案件。具体范围包括：第一，当事人依照民事诉讼法第三十四条的规定协议选择最高人民法院管辖且标的额为人民币3亿元以上的第一审国际商事案件；第二，高级人民法院对其所管辖的第一审国际商事案件，认为需要由最高人民法院审理并获准许的；第三，在全国有重大影响的第一审国际商事案件；第四，依照本规定第十四条申请仲裁保全、申请撤销或者执行国际商事仲裁裁决的；第五，最高人民法院认为应当由国际商事法庭审理的其他国际商事仲裁案件。

《国际商事法庭规定》的另一制度特征是将国际商事法庭的对事管辖限定在国际商事案件，排除了与当事人身份有关的纯粹民事案件，如婚姻、家庭、继承等，也排除了行政案件。不过，《国际商事法庭规定》并未对商事及商事案件的范围作出定义。鉴于《国际商事法庭规定》确立的调解、仲裁与诉讼相对接的制度机制，商事案件的范围应当与中国仲裁法及中国加入的1958年《纽约公约》的商事保留声明相一致，即仅限于平等主体的公民、法人和其他组织之间发生的合同纠纷和其他财产权益纠纷案件，排除了婚姻、收养、监护、抚养、继承等民事案件，也排除了行政案件，包括外国投资者与中国政府之间的行政诉讼案件。①

此外，国际商事法庭的对人管辖也仅限于具有国际因素的平等主体的公民、法人与其他组织之间发生的商事争议，不包括国家与国家之间的争议

---

① 参见《中华人民共和国仲裁法》第二条、第三条的规定。

以及国家与另一国国民之间的投资争议。因此，一般国际私法中的管辖权规则、法律适用规则以及司法协助规则均适用于国际商事法庭受理的案件。

作为最高人民法院的"专设法庭"，国际商事法庭管辖的一审案件仅限于国际性商事案件。在案件国际性的判断标准上，《国际商事法庭规定》沿袭了长期以来中国法院判断涉外民事案件的"三要素标准"，即从系争法律关系（案件）的主体、客体及法律事实等三方面判断案件的涉外性或国际性。[①]不过，《国际商事法庭规定》并未完全套用最高人民法院关于《涉外民事关系法律适用法》司法解释（一）及2015年民事诉讼法司法解释中关于涉外民事关系或涉外民事案件的判断标准，后二者创新性采用的判断涉外民事案件的"兜底条款"并未被《国际商事法庭规定》所采用。"三要素标准"经历长期的司法实践检验，能够涵盖实践中绝大多数的涉外案件，而"兜底条款"在中国司法实践中的运用仍非常有限，且在实践中存在较大争议，未将其直接纳入《国际商事法庭规定》体现了国际商事法庭在判断国际商事案件中的审慎立场。

国际商事法庭的组成及运作体现了国际商事仲裁庭的特点。首先，法庭可以使用英文作为工作语言。按照《国际商事法庭规定》，国际商事法庭法官遴选采用选任制，遴选标准包括具有丰富的审判经验，熟悉国际条约、国际惯例及国际贸易投资实务，能够同时熟练运用中文和英文作为工作语言等。[②]其中，最为重大的突破是首次允许中国法院在庭审中使用英语作为工作语言。此点借鉴了国际商事仲裁庭审理案件的实践，突破了中国法院以往基于司法主权原则将工作语言限于中文的思维定式，体现了国际商事法庭包容开放及自信的理念与立场。其次，国际商事法庭在审理具体案件时采用合议庭模式，排除了独任庭，这与国际商事法庭审理案件的复杂性与重大性相适配。同时，《国际商事法庭规定》要求合议庭应由三名或以上法官组成，判决及裁定的作出采用少数服从多数的原则，少数意见可以在裁判文书中载

---

① 《国际商事法庭规定》第三条，具有下列情形之一的商事案件，恶意认定为本规定所称的国际商事案件：（1）当事人一方或者双方是外国人、无国籍人、外国企业或者组织的；（2）当事人一方或者双方的经常居所地在中华人民共和国领域外的；（3）标的物在中华人民共和国领域外的；（4）产生、变更或者消灭商事关系的法律事实发生在中华人民共和国领域外的。

② 参见《国际商事法庭规定》第四条。

明。此规定也借鉴了国际商事仲裁庭作出裁决的通常做法，为达到上述效果，法庭的组成人数应为奇数。

另外，"一带一路"投资争端解决也需关注中国最高人民法院颁布的涉"一带一路"建设专题指导性案例。最高人民法院第一批指导性案例于2011年12月发布，至2020年10月底已发布25批共143件指导性案例。最高人民法院已分两批发布了18个涉"一带一路"建设典型案例。最高人民法院发布的第21批共6件指导性案例，均为涉及"一带一路"建设的指导性案例，主要涉及国际货物买卖合同纠纷、海上货物运输合同纠纷、保函欺诈纠纷、海难救助合同纠纷、信用证开证纠纷、申请设立海事赔偿责任限制基金纠纷等问题。此外，上海、江苏等地法院也发布了各自服务保障"一带一路"建设的典型案例。

最高人民法院发布的第21批共6件指导性案例案情简况如下。

指导案例107号为中化国际（新加坡）有限公司诉蒂森克虏伯冶金产品有限责任公司国际货物买卖合同纠纷案。该案对国际货物买卖合同的准据法适用问题，以及适用《联合国国际货物销售合同公约》认定根本性违约问题明确了裁判规则，对之后的相关国际货物买卖合同纠纷案件的裁判具有指导意义。

指导案例108号为浙江隆达不锈钢有限公司诉A.P.穆勒—马士基有限公司海上货物运输合同纠纷案。该案从海上货物运输实践出发，根据公平原则合理平衡国际海上货物运输合同各方当事人的权利义务，有利于维护良好的航运贸易秩序。

指导案例109号为安徽省外经建设（集团）有限公司诉东方置业房地产有限公司保函欺诈纠纷案。该案就独立保函欺诈例外的认定标准、独立保函欺诈纠纷的有限审查原则、独立保函欺诈例外的例外原则等问题所确立的裁判标准，为独立保函欺诈纠纷案件的审理提供了指引，具有较强的示范和指导意义。

指导案例110号为交通运输部南海救助局诉阿昌格罗斯投资公司、香港安达欧森有限公司上海代表处海难救助合同纠纷案。在国际、国内对《1989年国际救助公约》适用的某些关键性问题长期存在争议的情形下，最高人民法院通过该案的审理首次明确了该国际公约及相关国内法部分条款的具体适用，对于规范全国法院正确审理同类案件，维护公平合理的海上经济秩序，倡导和鼓励海上救助，保护海上人命、财产和生态环境安全具有重要的指导作用。

指导案例111号为中国建设银行股份有限公司广州荔湾支行诉广东蓝粤能源发展有限公司等信用证开证纠纷案，判决对提单的物权凭证属性、信托收据的法律意义以及提单持有人享有何种权利等疑难复杂问题作出了明确认定，具有明显的指导价值，对于统一该领域的法律适用具有标杆意义。

指导案例112号为阿斯特克有限公司申请设立海事赔偿责任限制基金案，该案例明确的裁判规则，有利于有效维护养殖户们的合法权益，规范海上航行秩序，也为申请设立海事赔偿责任限制基金案件的审理提供了指引，具有较强的示范和指导意义。

新冠肺炎疫情下国际破产法律形势变化浅析

李志强　　陈说

从2020年开始，新冠肺炎疫情横扫全球，世界各大经济体遭到了超乎意料的冲击和不可估量的损失。虽然中国很快从疫情的不利影响中挣脱了出来，但是商事主体在此次疫情中仍然受到了严重的冲击和影响。而反观世界其他各国，如英国、法国、德国等世界主要经济体，其疫情影响更大，经济所陷入的不利影响更加广泛而深远。为了挽救和保护各行业的商事主体，将损失降到最低，许多国家都及时调整了其破产法的相关规定。另一方面，伴随我国国际经贸往来的深入进行，以及世界经济受到的冲击，跨国企业破产以及涉及跨境资产处置等案件的增长都给我国的跨境破产法律司法协助带来了新的变化和挑战。本文将从上述两个方面，就目前世界各主要经济体以及涉及我国的跨境破产案件的承认、执行等相关问题作浅显的分析。

一、新冠肺炎疫情下的破产法律变化

（一）英国

英国在新冠肺炎疫情期间有两次重大的破产法调整，第一次调整为2020年3月28日，英国商务部部长宣布实施新的破产措施，以防止因新冠病毒影响而无法清偿债务的企业被迫申请破产。这些措施主要包括：为公司设立债务迟延清偿期，债权人在此期间不得强制执行债权，让公司以此获得喘息的空间来寻求拯救或重组；为公司供给提供保护，使其在债务迟延清偿期内能够继续进行交易；规定对债权人有约束力的新重整方案。此项计划追溯到3月1日开始实施，有效期至6月30日。

第二次调整为2020年6月26日，英国《2020年企业破产与治理法案》（*Corporate Insolvency and Governance Act* 2020）正式生效，被称为20年来英国破产法的最大变动，其中许多内容可用于应对新冠肺炎疫情，主要包括如下内容：

1. 为破产债务人提供迟延清偿期，这个措施是该法案最重要的制度。第1条至第6条和附表1至附表8规定了破产公司的迟延清偿期，以此允许破产或可能破产的公司获得20个工作日的迟延清偿期限。在此期间，公司可以寻求重组或投资，债权人不能行使债权。经债权人同意，这一期限可以再延长20天，最长可延长一年。在此期间内，公司的事务必须由有资格的破产从业人员监督，以确保债权人的权利得到保障。法案还规定了使用该条款的情况下公司相关人员的某些如隐匿财产、欺诈、毁坏公司财产或财务凭证等行为所触犯的罪行。

2. 限制清算请求。根据第10条、第11条及附表10、附表11，在新冠肺炎疫情期间，当公司因疫情陷入财务困境时，限制2020年9月30日前政府对公司发出法定要求偿债书和清算请求。也就是说，2020年3月1日至2021年3月31日之间，申请人不能基于的法定要求偿债书的理由提出清算申请，2020年3月1日至2021年3月31日，申请人也不能基于公司无力支付提出清算申请。除非申请人有合理的理由论述疫情对该公司没有财务影响，或者不论有否疫情影响，无论如何被申请人都会出现债务问题，否则将不承担其债务。

英国法体系下的法定要求偿债书是指由债权人向欠他的债项超过订明款额的债务人发出的书面偿债要求。该偿债要求必须要以破产法律相关条文所规定的格式及内容作出。法定要求偿债书如以挂号邮递方式投寄，并实际上按公司的注册地址派递，则法定要求偿债书获送达。凡债务人在法定要求偿债书送达后的法定期限内无法履行要求或成功将法定要求偿债书作废，债权人可向法院提出宣布债务人破产的申请。

3. 免除董事不当交易责任。根据第12条和第13条，可暂不追究公司董事的不当交易责任，即认定疫情期间，董事不用因任何失误而为公司财务状况的恶化负责。但这不适用于某些金融机构，也不包括《1986年破产法》或《2006年公司法》规定的董事一般职责可能产生的其他责任。该措施为临时措施，目前可预见的实施期限至少到2021年6月30日。

4. 终止条款。根据第14条，为防止疫情期间，供应商在公司进入破产程序时，因发生在破产之前的违约行为而终止合同，或以继续供给为条件，要求债务人支付其破产前的欠款。继续供给可能陷入业务困难的供应商或某些小型供应商可以得到豁免。也就是说，《2020年企业破产与治理法案》引入的新的暂停程序和新的破产前终止权的规定，以保护因疫情导致的无力偿债的债权人。

5. 新型破产安排与重组。根据第7条和附表9，允许公司已经或可能遇到财务困难时，在法院批准后，提出一个重组计划，该计划可以向特定的债权人或股东妥协。此方法是在原规定的基础上，使企业能够将所有债权人（包括有担保债权人）整合起来，增加了让不同类别债权人达成一致的可能。该计划将重组债务安排，并注入新的资金，但同时依赖法院的申请和听证程序，或许会消耗大量时间和资金成本。

6. 关于会议和文件。根据第37条和附表14，为应对封锁和隔离措施，放宽公司举行会议的规定，股东大会和股东大会上的投票可以通过电子方式进行，此规定适用于2020年3月26日至2020年9月30日期间需要举行的会议。同时，法案还允许延迟公司召开年度股东大会的时间和上市公司提交财务报表的时间。

（二）新加坡

2020年4月，新加坡政府出台了《2020年新冠病毒（临时措施）法》[the COVID-19（Temporary Measures）Act 2020]，其主要目标为暂停某些合同义务、限制某些破产和破产程序、规范公司会议行为及适用远程通信技术进行法庭诉讼。其中与破产相关的内容主要如下。

1. 个人破产。申请个人破产的门槛从15000新加坡元提高到60000新加坡元。应对法定要求偿债书的期限从21天增加到6个月。债务偿还计划（由官方代理人管理的破产前计划，以保证债务人在5年内偿还债务）的货币门槛从10万新加坡元提高到25万新加坡元。

2. 企业破产。申请企业破产的门槛从1万新加坡元提高到10万新加坡元。应对法定要求偿债书的期限从21天增加到6个月。在规定期限内，如果债务发生在公司正常经营过程中，且尚未任命公司法务管理人或清算人，可暂时免除董事保护公司破产期间交易的义务。但如果债务是欺诈性的，董事仍然负有刑事责任。

从上述的条文修改的方式及立法目的来看，新加坡的破产法的调整和英国的调整非常类似，而且由于新加坡也处在英国法体系之下，其主要的法律框架及制度高度类似，给其紧跟英国法作出法律修改提供了极大的便利。

此外，新加坡国会还于2020年11月3日通过了《破产、重整和清算（修正）法案》，此法案作为《2018年破产、重整和清算法案》的补充，意在为疫情下的小微企业建立简化破产程序。主要内容如下：

（1）简化破产程序。引入新机制，为小微公司提供更快捷、低成本的破产程序。主要包括：公司进入简化破产程序后，自动暂停清偿债务；如果公司可以让法院确信，如召开债权人会议，代表至少三分之二债权的债权人会表示同意，则无须召开债权人会议，法院可以直接批准进入该程序；限制适用《破产、重整和清算（修正）法案》中的参照事实条款。

（2）引入新的清偿计划。小微企业可以在该法案生效后的6个月内随时向官方管理人申请简化清偿计划。官方管理人也是公司的清算人，如果官方管理人认为清算中的可变现资产不足以支付其债务，且无必要对公司事务进行进一步的调查，可在之后解散。简化清偿计划也减轻了官方管理人作为清算人的职责，如当公司根据该计划清算时，官方管理人没有义务召集公司的债权人会议。

（三）日本

日本为应对新冠肺炎疫情，于2020年4月7日发布紧急状态宣言。在紧急状态下，日本采取了各种经济措施，以避免小企业经营者破产，如金融服务局和其他组织要求金融机构支持小企业经营者的融资。虽然不像英国法律体系下大多数使用英国法的国家都作出了法律的调整，日本破产程序方面也根据紧急状态做出调整。因为极不鼓励多人聚会，债权人会议被无限期推迟，由此意味着整个破产程序被推迟。破产管理人业务，特别是破产财产（不动产、库存资产等）的变现工作被暂停。由于在破产程序中，包括债权申报在内的文件大多要求提交纸质版，不允许以电子邮件等方式提交，破产管理人对破产债权的调查也只能推迟。

日本的商业体系与我国有一定的相似性，在各类商事活动中，签署文件均需要签字或提供公司印章，因此疫情封锁所导致的居家隔离、居家办公等措施给日本经济社会活动中的盖章用印带来了很大的困难，因此工作效率大幅下降。

（四）法国

法国破产案件的数量在2020年减少30%。大量的债权人申请破产的案件都首先被考虑采取拯救措施如重整或给予一定时间的债务展期或到期债务被暂时中止或申请减税、削减租金等以使债务人暂时纾困。在目前情况下，2020年3月12日以后的法国的清算的申请都将暂时不予以审查。由于疫情严重，法国发布了多轮次的封城居家令，因此法院也关闭了数月，审理效率大幅削减，也是造成2020年破产案件锐减的原因。在公司保障法律的法律框架下，延期清偿、破产和解等类似于《美国破产法》第11章的措施在法国的破产法律中也存续了超过15年，且也非常多地被采用在疫情期间的破产案件中。在公司保护制度下，除了破产和解，还有临时委任措施，它可以使债权人和债务人在不公开的场合下经临时委任的第三方主持谈判磋商，该措施效果良好，并被大量采用。类似于我国的破产法，法国破产法框架下，也基本以职工工资优先于税收债权优先于担保债权优先于普通债权的顺位进行排列，因此债权人取得财产担保在破产程序中的优势也非常明显。

法国法下的公司保障法律规定了面临经济、法律或财务困难且尚未处于破产状态的公司（公司无力支付债务）可以使用下述的两种预防程序：临时委任措施和和解以保护公司不进入破产清算程序。这两种措施都是庭外和解程序。在这两种程序中，公司的高级管理人员都将能够在第三方的主持下与公司的债权人谈判债务，第三方将根据程序将其作为临时受委任人或调解人，该第三方人员将由法院院长任命。

只有在公司未作出停止付款声明且公司无能力偿还债务期限少于45天时，公司的高级管理人员才能就此措施向法院提出上诉。在60%的案件中，保障措施的进行都取得了良好的结果，并切实地保护了公司的存续。2001年，巴黎市以此方式保留了4240个工作岗位。

（五）中国

我国最高人民法院于2020年5月发布了《最高人民法院关于依法妥善审理涉新冠肺炎疫情民事案件若干问题的指导意见（二）》（法发〔2020〕17号），为进一步贯彻落实党中央关于统筹推进新冠肺炎疫情防控和经济社会发展工作部署，扎实做好"六稳"工作，落实"六保"任务，指导各级人民法院依法妥善审理涉新冠肺炎疫情合同、金融、破产等民事案件，提出指导意见。其中涉及破产案件的审理，有如下几条意见尤其值得注意。

1. 企业受疫情或者疫情防控措施影响不能清偿到期债务、债权人提出破产申请的，人民法院应当积极引导债务人与债权人进行协商，通过采取分期付款、延长债务履行期限、变更合同价款等方式消除破产申请原因，或者引导债务人通过庭外调解、庭外重组、预重整等方式化解债务危机，实现对企业的挽救。

2. 人民法院在审查企业是否符合破产受理条件时，要注意审查企业陷入困境是否因疫情或者疫情防控措施所致而进行区别对待。对于疫情暴发前经营状况良好，因疫情或者疫情防控措施影响而导致经营、资金周转困难无法清偿到期债务的企业，要结合企业持续经营能力、所在行业的发展前景等因素全面判定企业清偿能力，防止简单依据特定时期的企业资金流和资产负债情况，裁定原本具备生存能力的企业进入破产程序。对于疫情暴发前已经陷入困境，因疫情或者疫情防控措施导致生产经营进一步恶化，确已具备破产原因的企业，应当依法及时受理破产申请，实现市场优胜劣汰和资源重新配置。

3. 要进一步推进执行与破产程序的衔接。在执行程序中发现被执行人因疫情影响具备破产原因但具有挽救价值的，应当通过释明等方式引导债权人或者被执行人将案件转入破产审查，合理运用企业破产法规定的执行中止、保全解除、停息止付等制度，有效保全企业营运价值，为企业再生赢得空间。同时，积极引导企业适用破产重整、和解程序，全面解决企业债务危机，公平有序清偿全体债权人，实现对困境企业的保护和拯救。

4. 在破产重整程序中，对于因疫情或者疫情防控措施影响而无法招募投资人、开展尽职调查及协商谈判等原因不能按期提出重整计划草案的，人民法院可以依债务人或者管理人的申请，根据疫情或者疫情防控措施对重整工作的实际影响程度，合理确定不应当计入《中华人民共和国企业破产法》第七十九条规定期限的期间，但一般不得超过六个月。

5. 要最大限度地维护债务人的持续经营能力，充分发挥共益债务融资的制度功能，为持续经营提供资金支持。债务人企业具有继续经营的能力或者具备生产经营防疫物资条件的，人民法院应当积极引导和支持管理人或者债务人根据《中华人民共和国企业破产法》第二十六条、第六十一条的规定继续债务人的营业，在保障债权人利益的基础上，选择适当的经营管理模式，充分运用府院协调机制，发掘、释放企业产能。

各国在应对新冠肺炎疫情的冲击下，都体现出了对破产案件受理、审理的审慎与保守的态度，这种态度不论是体现在立法的修订、改变还是执法过程中的倾向都尤为明显。提高案件受理的标准、增加准入的门槛，同时在审理案件中大力推进重整、谈判、磋商、和解的引导和应用，并结合债务延期的引导，以给予债务人喘息之机，并给予债务人纾困、重生的机会。

二、跨境破产司法协助形势变化

（一）概述

与破产有关的外国判决、裁定、决定、命令等，既包括外国法院的判决、裁定等各种决定性法律文件，也包括一些国家行政主管机关作出的与法院决定具有同等效力的行政命令，它们涉及复杂的破产程序和各种复杂的利益关系，而普通民商事判决的承认程序和执行程序难以满足破产程序作为概括式集体清偿程序的公正性和效率性的要求。因此，涉及承认与执行外国民商事判决的国际公约，全部排除了与破产有关的判决的适用，包括1971年的《民商事外国判决的承认和执行公约》、2005年的《法院选择协议公约》，以及2019年7月的《承认与执行外国民商事判决公约》。海牙国际私法会议始终认为，与破产有关的判决是非常专业化的，需要有专门的国际安排处理。因此，国际上出现了用于承认与执行与破产有关的判决的特殊规则。例如，欧盟的有关跨境破产条例，这是最富代表性的区域性跨境破产规则；联合国国际贸易法委员会从1997年开始，先后颁布了三个示范法，已经大体完成了对不同类别的与破产有关判决的承认与执行的系统性规范设计。

其中，1997年的《跨境破产示范法》（以下简称《示范法》）主要针对破产启动判决的承认与救济，对单一企业破产程序域外效力问题进行了规定；旨在协助各国为破产法配备现代法律框架，以更有效地解决涉及严重财务困境或破产的债务人的跨境破产程序。《示范法》着重于授权和鼓励司法管辖区之间的合作与协调，而不是试图统一实体破产法，并且尊重国家程序法之间的差异。就《示范法》而言，跨境破产是指破产的债务人在一个以上的国家拥有资产，或者债务人的某些债权人并非来自进行破产程序的国家。2019年7月颁布的《企业集团破产示范法》规定了对涉及跨国企业集团破产解决方案及其制定程序（计划程序）的承认和救济；其他与破产有关的判决则由2018年7月颁布的《与破产有关的判决的承认与执行示范法》进行规范。

当今世界，企业和个人在不止一个国家拥有资产和跨国界转移资产越来越容易，《示范法》为承认和执行与破产有关的判决提供了一种简便的制度，有助于为陷入财务困境的企业收复价值，从而增加重整或清算获得成功的可能性，有利于所有利益方，包括债权人、员工和其他利益关系方。《示范法》侧重于被确定为开展跨境破产案件的关键的四个要素：准入、承认、救济和合作与协调。

1. 准入。这些规定赋予外国破产程序和债权人代表诉诸颁布国法院寻求协助的权利，并授权正在颁布国进行的当地程序的代表在其他地方寻求协助。

2. 承认。《示范法》的主要目标之一是建立简化程序，以承认合格的外国程序，以避免耗时的合法化或其他经常适用的程序，并就确认决定提供确定性。这些核心规定承认外国法院开始的合格外国程序并任命这些程序的外国代表的命令。如果满足特定要求，则符合条件的外国程序应被确认为主要程序，该程序在债务人于外国程序开始之日以其主要利益为中心的情况下发生，或者为非主要程序，在债务人于该外国程序开始之日为主要利益中心。债务人设有营业所。根据《示范法》，承认外国程序具有若干影响，其中主要是为协助外国程序而给予的救济。

3. 救济。《示范法》的一项基本原则是，应有秩序地、公正地进行跨国界破产的必要的救济，以协助外国程序。《示范法》具体说明了可提供的救济，但既不是将外国法律的后果引入颁布国的破产制度，也不是对外国程序的适用按照颁布国的法律可以给予的救济。可以使用的救济的主要内容包括法院在提出承认申请到决定该申请之间酌情决定的临时救济，在承认主要诉讼程序时自动中止及法院在酌情决定下对主要诉讼和临时判决的救济。

4. 合作与协调。这些规定涉及债务人资产所在国法院之间的合作及与该债务人有关的并行程序的协调。《示范法》明确授权法院在《示范法》管辖的领域进行合作，并直接与外国对等方进行沟通，还授权法院与外国代表之间及国内外代表之间的合作。有关并行程序协调的规定旨在促进能够更好地实现两个程序目标的决定，无论是本地程序还是国外程序，还是多个国外程序。

（二）欧盟

2015年5月20日公布实施的《欧洲议会和理事会第（EU）2015/848号条例》是欧盟通过的涉及国际及跨境破产案件承认与执行的一部重要法律文件，它旨在确保涉及个人或企业在欧盟国家（通常不是其破产案件所在国）中从事商业活动或具有财务利益的破产程序的有效管理。这部法律替代了（EC）1346/2000号法规。

该法规规定了欧盟范围内的规则，以建立如下规则：

（1）哪个法院有权审查破产案件；

（2）案件应当适用哪个国家法律；

（3）当公司、贸易商或个人破产时，如何承认与执行法院的判决。

同时我们要注意，这部法律并不适用于丹麦。

原则上，该法规适用于包括涉及所有或大部分债务人与债权人，基于破产法的破产拯救、债务重组、破产重整或清算。一般来说，它们适用于如下情形：

（1）债务人失去了全部或部分资产，并任命了破产清算人等破产专家；

（2）债务人的资产和事务受法院控制或监督；

（3）破产的诉讼程序已暂停，以允许债务人与其债权人之间进行谈判。这种情况仅适用于：旨在保护债权人整体利益的程序中进行的；谈判失败，在这种情况下，上述两种其他程序中的一种将随之而来。

该法规涵盖了根据国家法律提供的预防性破产程序，该程序可能会在早期阶段启动，以提高营救业务的机会。这些程序在该法案的附件A中列出。它还涉及更多的个人破产程序。

关于管辖权的问题，破产诉讼程序是在以债务人的主要核心利益为中心的欧盟国家的法院进行的。也就是说：

（1）对于公司或法人，是指注册办事处的位置；

（2）就从事商业或专业活动的个人而言，是指其主要的营业地点；

（3）对于其他任何人，他们通常居住的地方。

如果在破产程序开始之前的一定时间内地点发生了变化，则这些推定不适用。如果债务人在一个以债务人主要利益为中心的欧盟国家以外的地方设有营业地，则该欧盟国家也可以对债务人启动破产程序。但是，这些"二次程序"仅限于该国持有的资产。该法规通过避免同时进行并行的次要程序而避免了地方债权人的利益，从而提高了公司获救的机会。

关于法律适用问题，一般而言，适用法律是提起诉讼的国家的法律。该法律管辖着启动和终结程序及其行为的条件，其中包括确定如下内容：

（1）可被提起破产程序的债务人；

（2）构成破产财产的资产范围；

（3）案件结案后的债权人的权利；

（4）由破产费用承担。

关于承认与执行，在一个欧盟国家/地区启动破产程序的判决生效后，必须在所有其他欧盟国家/地区得到具有相同效力的承认。就这个意义上，欧盟内部的涉及破产的所有司法判令的承认与执行与其国内法律判令的承认与执行几乎待遇同等，也就是说这大大提高了案件审理和经办的效率，节省了时间成本。

关于登记问题，为了更好地确保债权人和法院接收相关信息并防止同时提起诉讼，欧盟国家必须在可公开访问的在线注册簿中发布有关跨国破产案件的相关信息。这些寄存器将通过符合欧盟数据保护规则的欧洲电子司法门户网站进行互联。也就是说，欧盟内部各国可以清晰及容易地在网络上搜索到某个企业的涉及破产的相关信息，也就可以很大程度地避免信息不对称造成的并行诉讼、单个债权人诉讼、个别清偿等相关问题。

该法规的重要意义还包括它创建了一种处理一组公司成员破产的特定方法：

（1）要求所有破产从业者和有关法院相互合作和沟通的规则；

（2）破产从业人员在与同一团体的另一成员有关的诉讼中的有限代表权；

（3）一个针对同一公司集团的程序进行协调的特定系统（组协调程序）。

（三）涉及英国脱欧后英国的条约适用问题

一般而言，英国法官在涉及承认与执行外国破产法令的时候，采取的还是比较开放和接收的态度，依据英国的冲突法原则，英国法庭一般来说对公司登记地的法院启动的破产程序，以及由该地法律选定的破产管理人或清算人的承认采取认可态度。当然，英国法院的承认与执行的范围并非给予该破产管理人或清算人完全的权力，而仅仅在其可以管理债务人的财产和债务等范围之内，而英国法院也牢牢把握着对证人作证，证据的审查，程序的中止，资产的保存、管理与保护，对债权人不利的交易的审查和中止等权力。因为英国脱欧的问题，所有在2020年12月31日之前由欧盟各国启动的破产程序，仍然会被英国法院以欧盟破产法律进行审查及审判，而非欧盟国家及2020年12月31日之后由欧盟各国启动的破产程序，将被适用英国国内相关破产法律进行审查及审判。

当然，英国是采取1997年《示范法》的国家。英国的《2006年跨国界破产条例》（*The Cross-Border Insolvency Regulations* 2006）规定，《示范法》经过一定修改后，在英国（包括英格兰、威尔士和苏格兰）具有法律效力。北爱尔兰已分别执行《示范法》。如果英国破产法与《跨国界条例》的规定有任何冲突，则以后者为准。相反，如果跨境法规与欧洲议会和理事会破产程序法规之间有任何冲突，则以欧洲议会和理事会法规为准。

自2021年1月1日起，由于英国不再采用欧盟订立的破产程序法律法规，因此原先欧盟内部互相认可的涉及破产专业人士，包括管理人、审计评估等机构、专家证人等人员，可能需要拥有该资格的正式认可才能在欧洲经济区

（EEA）或瑞士工作。目前，英国已经建立了一个临时系统，该系统减少了对欧盟破产从业人员的公认专业机构的义务。这使欧盟破产从业人员可以"临时和偶尔"提供服务。欧盟执业者将来以这种方式进行的任何授权将由公认的专业机构决定，并遵守英国法律对授权的全部要求。在这种情况下，寻求或从事跨境破产的人将需要考虑在每个成员国中对谁进行指导及其相关的认可。

总体而言，虽然英国脱欧给2020年12月31日前后启动的破产程序在英国的承认与执行带来了不同的法律适用问题，但是由于英国是一个采取《示范法》的国家，这至少给任何其他想要前往英国申请英国法庭承认与执行的外国破产案件相关人士一个明确的指引和行之有效的法律依据，而关于欧盟与英国未来的关系，尤其涉及破产承认与执行是否还会持续原先高效而统一的模式，在司法实践中是否与非欧盟国家的破产案件区别对待，都是需要我们进一步观察并持续关注的问题。

（四）中国司法实践与案例

我国已经有过多个承认和执行与破产有关的外国判决的案例，其承认的依据可以分为两类：一是有关国家与我国是否订立互相承认判决的双边条约，如，2003年佛山中级人民法院对意大利米兰法院一破产判决的承认及2005年广州中级人民法院对法国的一个破产判决的承认；二是互惠原则，如2012年武汉中级人民法院对德国一个破产裁定的承认。

近年来，内地与香港之间的破产案件承认与执行取得了显著的进展，从2019年至2020年，涉及上海破产法庭审理的上海华信案和深圳破产法庭审理的深圳年富案，香港法院在两地破产合作方面持更为开放积极的态度。最新的进展情况还包括《关于内地与香港特别行政区就破产程序相互认可与协助的安排（征求意见稿）》。

根据上海破产法庭审判团队负责人黄贤华法官在"第十一届中国破产法论坛"上的演讲中所归纳的，"香港法院承认与协助的基本思路是，关于承认内地破产程序的前提，一是破产程序在公司注册地启动，二是该破产程序是集体性程序。关于认可管理人资格，一是该管理人是在与香港破产制度相似的司法管辖区任命的；二是该管理人与香港清盘人拥有类似的职权；三是认可与协助本身是必要的。香港法院认可内地破产程序与香港清盘程序实质相似，内地管理人与香港清盘人权利义务相对应。香港法院进一步明确，其承认其他司法管辖区的破产程序，并不以互惠为前提，以此'促进单一的破产程序，在管理人的控制下按照同一破产体系以按比例清偿的方式将资产分配给债权人'。"

针对上述问题，黄法官还分析如下：

（1）关于互惠的认定。目前无论是最高人民法院的相关文件还是学界观点，都对互惠采取宽松化立场，要从以往过于严苛的事实互惠过渡到法律互惠或推定互惠，主要考虑中国与外国（或其他地区）是否存在良好的互惠基础及意向。事实上，由于香港法院已给予上海华信案、深圳年富案承认与协助，因此，将来内地对香港破产程序和清盘人资格的承认与协助，不应存在互惠的障碍。

（2）关于承认的对象。破产程序并非民商事案件，更多涉及程序启动、管理人指定、宣告破产及终结等各种程序性事项，这些程序性事项的法律文本并不仅限于（其实也不同于）第五条所列"判决、裁定"。法律文本只是形式，实质是法律文本所指向的程序。以程序启动为例，主要就是破产程序及管理人资格的承认与协助。

（3）关于对境内债权人利益的保护。由于破产程序是集体性程序而排除个别清偿，主要考察的应当是其他国家或地区法律本身是否对我国债权人有歧视性规定，而不能将内地债权人在破产程序中的清偿率与单独的诉讼执行清偿率进行比较。如果需要对内地债权人进行听证，那么应当有相应的临时保全措施暂停所有对债务人的执行，否则破产合作失去应有意义。

（4）关于香港清盘人或境外管理人的认可协助。管理人在不同司法辖区的称谓各不相同，但只要其在相关破产程序中被授权管理债务人资产或事务的清算或重整，即实质担任破产程序的管理人，就具有申请提起承认与协助程序的资格。除了认可其身份外，也应赋予相应职权。

我国现有的双边司法协助条约，针对的主要是民商事判决，并不涉及如破产债权人的整体清偿利益是否公平、对破产程序的进行是否有利等因素，其适用在跨境破产案件中，往往出现无法可依的情况。而且对此类破产判决承认后救济的复杂程度大大超过一般民商事判决的执行，涉及境外管理人对我国境内资产的管理，对境内的破产财产采取司法保护，对境内债权人清偿利益的保护等许多特殊的法律原理和规则。这些都是普通民事诉讼程序所无法涵盖的。另外，在跨国企业集团多个成员在不同法域分别进入破产程序的情况下，还涉及对企业集团整体制定破产解决方案的程序（计划程序）的承认和救济问题。可能还涉及对境内外不同破产程序的合作和协调，这比对单一企业破产程序的域外效力的承认还要复杂。在这种情况下，对有关外国法院核准判决的确认，需要考虑到极其复杂的境内外破产程序的合作和协调问题。这也是我们普通民事诉讼程序的规定所无法涵盖的。

实践中，经常遇到审理周期长、审理请示层级多、审理时受到国际政治风向的影响非常大的问题。而破产法的案件办理本身要求极高的效率和短时间内作出判断的能力，无论业务专家、管理人还是审理的法官，在破产案件办理框架下，都有着高效的价值追求，因此，从长远来看，我国确实需要专门制定承认和执行与破产有关的特别程序来填补这一制度空白。

（五）立法建议

目前，1997年的《跨境破产示范法》已被世界45个国家的47个法域所采纳，包括美国、英国、日本、加拿大等重要市场经济国家，相信这两年新颁布的两个示范法律很快也会被许多国家所采纳。虽然欧盟只有三个国家加入《示范法》，但是《示范法》大量借鉴了欧盟跨境破产的相关规则，如主要程序与非主要程序，主要利益中心与营业所的概念，二者有许多趋同之处，因此，可以说，《示范法》代表了当今世界主要市场经济国家跨境破产的主流立法标准。《示范法》的制定过程中，立法工作组既充分考虑到世界各个法域的先进经验，又审慎地考虑到各国的差异化要求，尽可能减少了有关国家对接受示范法的顾虑，例如，《示范法》没有限制各国法院的管辖权，给各国债权人不少于在本国破产程序所能得到的清偿利益，甚至三个示范法律都规定了公共利益保留的兜底条款，等等。

当然，适用《示范法》的前提，首先要立足于我国的基本国情，对于一些不适合我国国情的规则，比如，《示范法》所倡导的不同国家的破产案件受理法院之间的直接合作和协调，由于目前我国各地法院法官的破产实务操作水平存在很大的差异，破产专业化法庭的实践和推广还只存在上海、深圳、北京、浙江等极少数地区，因此我国暂时不宜采纳，但直接合作和协调是一个国际趋势，应当是我们长期发展的目标。而《示范法》绝大部分规则却是值得我们采纳或借鉴的，其创设的初衷也是使大部分国家的跨境破产规则能够尽可能地接近从而提供跨境破产合作和协调的便利性和可行性，因此，从长远角度来看，采取《示范法》模式建立我国的跨境破产法是大势所趋，有着长期而深远的重大战略意义。

（作者李志强系环太平洋律师协会主席；作者陈说系环太平洋律师协会会员）

股票质押式回购交易争议解决主要法律实务问题探讨

潘金涛

股票质押式回购交易纠纷是一种比较常见的证券回购合同纠纷。股票质押式回购交易争议解决过程主要涉及以下阶段：最初行权路径选择阶段，是申请公证债权文书强制执行还是提起诉讼？如果选择了普通诉讼程序，那么诉讼阶段开庭前和开庭中主要有哪些法律问题？在最终执行阶段，如何就核心质押股票实现债权？就以上全过程中的法律实务问题，金茂凯德律师事务所律师站在资金融出方作为原告的角度，根据实务经验在本文中进行讨论。

一、在有公证债权文书情况下的行权路径选择

（一）申请公证债权文书强制执行还是提起诉讼

在股票质押式回购交易纠纷中，资金融出方最核心的诉求是快速有效地实现质权，进而实现最大限度的受偿。实现股票质权的路径主要包括依据强制执行公证文书直接申请强制执行、诉讼程序。

债务人不履行公证债权文书载明的到期债务，债权人的第一选择即为申请强制执行。但是，基于各种特殊因素的考虑，直接申请执行未必是最优的行权路径。

常见的选择诉讼程序的原因如下：

1. 多协议一并解决的需要。主合同、担保合同及补充协议等未全部办理公证，通过诉讼程序实现全部债权的一并解决，例如，在"（2016）最高法民终737号"一案中，债权人称，因本案担保人补充签订的《股权质押合同》未办理强制执行公证，故为实现全部债权的一并解决，选择了民事诉讼

程序。

2. 集中便利管辖的需要。出于诉讼便利管辖的考虑，股票质押式回购交易本文一般协议约定诉讼案件由资金融出方所在地集中管辖，对资金融出方比较便利和熟悉，如果依据2018年最高人民法院新颁布的《最高人民法院关于公证债权文书执行若干问题的规定》（法释〔2018〕18号）（以下简称《最高法公证债权文书规定》）第二条，"公证债权文书执行案件，由被执行人住所地或者被执行的财产所在地人民法院管辖"，对于资金融出方行权并不便利。

（二）提起诉讼与申请公证债权文书执行的先后顺序问题

1. 具有执行效力的公证债权文书原则上排斥直接起诉。根据2018年最高人民法院新颁布的《最高法公证债权文书规定》第二十四条，除特定情形外，债权人原则上不能就公证债权文书涉及的民事权利义务争议直接向有管辖权的人民法院提起诉讼。

2. 公证处决定不予出具执行证书后，资金融出方可以起诉债务人。

根据《最高法公证债权文书规定》第八条："公证机构决定不予出具执行证书的，当事人可以就公证债权文书涉及的民事权利义务争议直接向人民法院提起诉讼。"

（三）实现担保物权特别程序或普通诉讼程序

民事诉讼程序，主要有实现担保物权特别程序和普通诉讼程序两种。

根据《中华人民共和国民事诉讼法》第一百九十六条："申请实现担保物权，由担保物权人以及其他有权请求实现担保物权的人依照物权法等法律，向担保财产所在地或者担保物权登记地基层人民法院提出。"

实现担保物权特别程序的管辖法院基本为中登上海分公司的上海市浦东新区人民法院或中登深圳分公司的深圳市福田区人民法院。虽然实现担保物权特别程序根据规定适用简易程序一审终局可以快速实现质权，但是考虑到实现担保物权案件属于特别程序，法院原则上对案件只进行形式审查，而不就民事权益的实质争议进行审理裁判，一旦被告提出实体事项的争议，将面临法院裁定驳回的风险。因此，我们建议，除非被申请人愿意全力配合申请人的法律行动，否则需要慎重选择实现担保物权特别程序。

相关案例：在"（2018）沪0115民特监1号"一案中，人民法院认为，如融入方对融出方主张的回购金额、利息、违约金、实现债权的费用等有异议，则当事人对实现担保物权有实质性争议，应驳回融出方实现担保物权的申请。

二、普通诉讼程序中需要注意的法律问题

（一）开庭前问题

1. 关于诉前"送达地址确认书"的效力。

如果有被告事先签署的"送达地址确认书"，双方对送达条款均能够预见诉讼后产生的法律后果，该约定具有"送达地址确认书"的实质要件，法院可据此直接适用相应的送达方式为当事人送达诉讼文书。从事先风控的角度，建议原被告都事先签署"送达地址确认书"，明确起诉时的送达地址及方式，以防送达拖延。

2. 起诉时能否一并起诉配偶？被告的法定代表人及配偶经常会作为自然人保证人，如果法定代表人配偶未在保证合同上签字，考虑到证据充分及送达时间等问题，起诉时可暂不一起起诉配偶。根据《最高人民法院关于审理涉及夫妻债务纠纷案件适用法律有关问题的解释》，起诉时需要能够证明如下事宜：一是交易发生在与其配偶的婚姻关系存续期间；二是配偶对交易事宜知悉或存在共同的意思表示。

3. 诉前财产保全的必要性。即使股票已经质押给了原告，诉前财产保全还是很有必要的，可以避免质押股票被其他法院首先冻结，在执行中免去执行法院与首封法院的沟通。

（二）开庭中问题

1. 事实争议。在原告的证据中，通常会有大量的原告单方面的系统截图，证明原告融资本金发放、被告违约及被告的清偿记录。

寻找合同文本中关于对方未提异议即确认的推定条款，或者被告放弃对

原告单方截图真实性异议的条款。例如，"除非有可靠、确定的相反证据，乙方有关交易金额、利息、费用和已支付购回交易金额记录等内容的内部系统记载，乙方制作或保留的融入方办理业务过程中发生的单据、凭证，均构成有效证明主合同项下债权关系的确定证明。甲方不能仅因上述记录、单据、凭证由乙方制作或保留而提出异议"。

建议在格式文本中都添加此类对原告单方截图真实性放弃异议的条款，以减小在庭审中被告对事实要赖的阻力。

另外，还可以通过间接证据、公开信息或双方履行情况证据佐证待证事实。例如，履约保障比例如果非要进一步核实计算，不需要公证真实性，其中重要的计算基准值股票市值都是公开的，可以通过公开查询股票市值并按照合同约定计算来印证履约保障比例违约日的保障比例。

2. 格式条款的效力。原告提供的通常是模板格式合同，字体经常密集模糊，是否属于有效合同？

如果证据中有签约前"股票质押式回购交易风险揭示书""股权融资业务客户讲解记录表"，以证明原告已经充分向被告提示了格式合同的风险，被告在充分知晓的情况下签署合同，会有充分的证明力，省去很多说明理由。如果没有，只能从被告违反诚信原则，合同相关文本中的提示证据、被告商事交易主体对于风险的熟悉度来解释。

3. 原告是否必须先向交易所提交违约处置申请？通过交易所卖出股票是原告在被告违约时拥有的权利，不是原告通过司法途径追究被告责任的前提条件，没有先后顺序之分。通常根据双方签订的合同文本，卖出时原告有权自主选择卖出标的证券的价格、时机、顺序，不需要先向交易所提交违约处置申请，没有先后顺序之分。也不能强求原告在交易所先行处置股票。

4. 违约金延期利息等可否同时主张？这是在庭审中出现概率比较高的一个争议点。一般情况下，双方交易合同中对于违约金及延期利息会同时约定，有合同依据。另外，建议在格式合同文本及签约前"股票质押式回购交易风险揭示书""股权融资业务客户讲解记录表"对于违约金延期利息等都予以明确提示。

三、在执行阶段，质押股票已经被第三方首封的，需要如何处理

1. 首封法院未处分时，应移送执行。根据《最高人民法院关于首先查封法院与优先债权执行法院处分查封财产有关问题的批复》，执行过程中，应当由首先查封、扣押、冻结（以下简称查封）法院负责处分查封财产。但已进入其他法院执行程序的债权对查封财产有顺位在先的担保物权、优先权（该债权以下简称优先债权），自首先查封之日起已超过60日，且首先查封法院就该查封财产尚未发布拍卖公告或者进入变卖程序的，优先债权执行法院可以要求将该查封财产移送执行。

2. 首封法院已处分时，应及时向首封法院申报债权。尽管最高人民法院"（2019）最高法民申4334号"民事裁定认为，质权人只能申请参与分配主张优先受偿权，而不能排除人民法院的强制执行，但是首封执行法院一般不会影响公司的质押权。如果法院发现司法再冻结的股票里面存在已质押股票，发现质权人和执行申请人不一致，法院是不会轻易处置的。但是也要以防万一，需要关注司法拍卖公告，因为网络司法拍卖只需公告并通知当事人和优先购买权人，已经不再要求通知担保物权人。

综上所述，在股票质押式回购交易争议解决过程中，作为资金融出方原告，需要权衡利弊在公证执行程序与诉讼程序之间作出选择，慎重选择实现担保物权特别程序，在普通诉讼程序中注意比较常见的事实和法律争议焦点，熟悉自己的合同本文规定，在执行程序中如果首封法院不是自己申请执行法院，需要更多地沟通协调移送执行。

（作者潘金涛系金茂凯德律师事务所合伙人、律师，环太平洋律师协会会员，拥有美国加州律师执业资格）

某中央企业资管产品仲裁案的启示

李建

某中央企业资管A公司发起设立的不动产投资计划，由B公司作为偿债主体，C公司提供担保，投资于某地块危改项目。因流动性资金紧张问题，B公司付息困难，在本金先后到期及被宣布到期后未能偿还，导致违约行为发生。后申请人A公司依据各方相关合同的约定向上海仲裁委员会提起仲裁。在案件的审理过程中，申请人和被申请人双方就金融机构的认定及是否适用《最高人民法院关于审理民间借贷案件适用法律若干问题的规定》中的有关规定分歧较大，成为本案值得深思的焦点。

一、本案中金融机构的认定及司法解释的适用

首先，依据《最高人民法院关于审理民间借贷案件适用法律若干问题的规定》（法释〔2020〕17号）第一条规定："经金融监管部门批准设立的从事贷款业务的金融机构及其分支机构，因发放贷款等相关金融业务引发的纠纷，不适用本规定。"申请人认为，本案申请人A公司已经取得了法人许可证，业务范围包括管理运用自有资金及保险资金、受托资金管理业务等。因此，本案纠纷并不适用于上述规定。

其次，《金融控股公司监督管理试行办法》（中国人民银行令〔2020〕第4号）第二条第五项规定：本办法所称金融机构包括以下类型：（五）人身保险公司、财产保险公司、再保险公司、保险资产管理公司。因此，申请人A公司属于金融监管部门批准设立的金融机构。

再次，《金融机构编码规范》（银发〔2009〕363号）第3.24项明确保险资产管理公司为金融机构，第5.1.1项金融机构一级分类码规定，保险业金融机构的编码为F开头。申请人A公司取得了以F开头的金融机构编码。因此，

可以证明申请人A公司为经金融监管部门批准设立的金融机构。

最后，中国保险监督管理委员会《关于禁止保险资金参与民间借贷的通知》（保监发〔2011〕62号）第一条明确规定："不得使用保险资金参与民间借贷"。本不动产债权投资计划募集资金经中国保监会合法备案注册，这从反面印证了本案并非民间借贷法律关系。

2018年1月，上海国际经济贸易仲裁委员会对国内第一起保险资金债权投资计划合同纠纷仲裁案作出裁决。安杰律师事务所保险团队认为，投资计划是由中国银保监会监管的一款金融投资产品，主要适用中国银保监会颁发的《保险资金间接投资基础设施项目试点管理办法》《基础设施债权投资计划管理暂定规定》等监管规定。该类投资计划是释放保险行业能量、鼓励保险行业对接实体经济建设的一种金融工具。按照监管规定，基础设施债权投资计划募集的资金只能够投资基础设施，与银行贷款的广泛适用性存在明显的不同。

投资计划的资金一般来源于投保人的保费、养老金、企业年金等保险资金，这些资金对投资的稳定性、盈利性、安全性及资产端负债端久期的匹配性、投资者权益保护等有特殊的要求。投资计划涉及多个参与主体，包括委托人、受益人、受托人、偿债主体、托管人、独立监督人、担保人等。

按照中国银保监会的监管规定，资管公司作为受托人，一方面接受委托人的委托，为全体受益人的利益对募集的资金进行管理运用，保护全体受益人的合法权益；另一方面将募集的资金向工业园开发公司等融资主体发放款项，支持融资主体的基础设施项目建设。同时，因投资资金属性的特殊性，投资合同强调受托人根据委托人及受益人的委托强化对资金使用的监督与管理。

另外，投资计划适用的《保险资金间接投资基础设施项目管理办法》《保险资金间接投资基础设施项目试点管理办法》均明确规定，该等管理办法是依据《中华人民共和国保险法》《中华人民共和国信托法》等法律法规制定的，旨在加强对保险资金间接投资基础设施项目的管理，防范和控制管理运营风险，确保保险资金安全，维护保险人、被保险人和各方当事人的合法权益，促进保险业稳定发展。投资计划的委托人与受托人之间本质上是一种信托关系，资管公司是根据委托人的指示和委托对募集的资金进行管理与运用，与单纯银行贷款之间存在本质差别。

二、财产保全是仲裁的有力保障

《中华人民共和国仲裁法》（以下简称《仲裁法》）第二十八条规定："一方当事人因另一方当事人的行为或者其他原因，可能使裁决不能执行或者难以执行的，可以申请财产保全。当事人申请财产保全的，仲裁委员会应当将当事人的申请依照民事诉讼法的有关规定提交人民法院。"

关于仲裁财产保全的管辖。依据我国《最高人民法院关于人民法院执行工作若干问题的规定（试行）》第十一条和《最高人民法院关于实施〈中华人民共和国仲裁法〉几个问题的通知》的规定，一般由被申请人住所地和被申请保全财产所在地的基层人民法院做出裁定并执行。民事诉讼法规定，属涉外仲裁案件的，由被申请人住所地或者财产所在地的中级人民法院做出裁定。北京市高级人民法院和江苏省高级人民法院均明确提出，通过仲裁机构申请财产保全的案件，统一由有管辖权的中级人民法院管辖。

仲裁财产保全可以起到多种作用。提起仲裁的一方可以将所掌握的对方财产提交人民法院，冻结对方的资产，使对方的商业活动受到限制，达到不战而屈人之兵的效果。这样在仲裁的时间上大大缩短，更为经济。有了财产保全，在执行阶段也就更有保障。在对方不履行仲裁裁决时，可以直接对保全财产进行执行。

《仲裁法》第二十八条规定，仲裁中的财产保全，必须由仲裁当事人提出申请。《最高人民法院关于人民法院办理财产保全案件若干问题的规定》（以下简称《财产保全规定》）第三条规定，仲裁当事人不能直接向人民法院递交财产保全申请书，必须通过仲裁机构向人民法院提交申请，仲裁委员会应将当事人的申请按照民事诉讼法的有关规定提交人民法院。《中华人民共和国民事诉讼法》第一百零一条规定，符合条件的还可以申请仲裁前保全。仲裁委员会在当事人和人民法院之间充当了"申请资料传递者"的角色，没有实质审查权，更无权决定是否准许。

《仲裁法》第二十八条仅规定了仲裁机构收到当事人财产保全申请后提交人民法院，但并没有规定提交的期限。《财产保全规定》第三条同时规定人民法院裁定采取保全措施或者裁定驳回申请的，应当将裁定书送达当事人，并通知仲裁机构。《财产保全规定》第一条明确列举了保全申请书应载明的事项。但实践中各地法院对相关材料的要求多有不同，审查标准也不尽统一，且无法通过公开渠道获取各地法院的审查标准，导致当事人难以一次性满足要求，退回材料、不予立案的情形时有发生。对于法院作出的采取保全措施裁定或驳回保全申请的裁定的情况，仲裁机构也无从准确掌握。另外，仲裁前保全被准予执行的数量极少，面临较为尴尬的适用困境。

应当建立当事人、仲裁机构和法院信息共享机制，实现三方对保全信息的实时了解。实务操作上可能因审查和移送效率问题，无法及时采取保全措施，而对于法院作出的采取保全措施裁定或驳回保全申请的裁定的情况，由于缺少具体明确的信息共享机制，仲裁机构也无从全面掌握。在现代信息化的社会，应当通过便捷的平台，使相关各方实时共享保全信息。

三、案件的深远意义及影响

不动产投资计划是指由保险资产管理公司发起设立，向保险机构等合格投资者发售产品份额，募集资金，并选聘商业银行或其他专业托管机构作为托管人，专门投资非基础设施类不动产的份额化资产管理产品。非基础设施类不动产包括商业写字楼、商业综合体等商业不动产、养老地产、棚户区改造项目、保障房等。资管公司发起设立的一系列基础设施和不动产债权投资计划，遍布能源、交通、水利、核电、保障房等各个领域，在服务国家、地方经济建设的同时，满足了众多保险机构及非保险机构投资人的资产配置需求，也为融资人提供了优质、高效的服务，获得金融监管部门和市场的高度认可。

在融资方等有关主体发生违约的情况下，认定受托人和融资方的法律关系及适用，对以后的类案有深远的意义。这直接涉及委托人的利益、受托人的利益及融资方的法律责任的认定。鉴于目前就各方法律关系还没有明确的法律界定，因此，类案判决或裁决就具有一定的指导意义。

税务发票争议的行政、司法二分思路

王晓春

2020年5月25日，最高人民法院院长周强在全国"两会"所做的最高人民法院工作报告中，详细报告了法院各类裁判案件数量。2019年人民法院审执结案件构成中，民商事案件占55.7%；一审民商事案件构成中，合同、准合同占66.13%，一审审结的商事加行政案件之和是一审审结的刑事案件的3.7倍，可见司法诉讼最多的是民商事交易，这一点从《中华人民共和国民法典》1260个法条，合同编526条加上与合同间接相关的100多法条，总共占比略超50%也可见一斑。而与商事交易相伴常见的是开具、交付税务发票的争议问题。

一、税务发票争议是行政法律关系还是民事法律关系

（一）税务发票争议问题

实务中交易双方因各种原因发生争议、出现交易僵局，时常夹带或伴随着税务发票争议，有的是争议诱因，有时是附带争议点，有时甚至是争议的主因，大多是一方要求另一方开具税务部门正规发票再付款，尤其是可抵扣进项税的增值税专用发票，另一方则要求相对方支付价款再开票，甚至拒不开具发票，争执不下，最后诉诸法院，随之带来以下税务发票争议问题：

1. 开具税务发票到底是税法上的行政行为，还是交易双方的民事法律行为？开具发票请求是否是人民法院的民事受案范围？是否受理？是否可诉？

2. 如果可诉并获得法院支持，对方拒不开具发票，怎么申请法院强制执行？

3. 对方拒不开具发票，因无法抵扣增值税专用发票进项税额导致的损

失，是否可主张损害赔偿？何时主张？

（二）实务中法院的不同裁判

在开具发票请求是否可诉、是否受理上，各地法院做法不一，有支持，有不支持。即便是最高人民法院同一法庭同一年的裁判文书，因主审法官不同，也前后不一①。可见对该问题，司法机关内部有争议，认知意见不统一。以下仅列举最高人民法院裁判案例中的相关文书内容。

1.不支持受理可诉的案例，主张属于税法行政法律关系。

（1）上海锦浩建筑安装工程有限公司与昆山纯高投资开发有限公司建设工程施工合同纠纷案②。

江苏省高院（2011）苏民初字第0003号一审判决书：

"六、关于昆山纯高公司要求锦浩公司提交2000多万元的建筑业统一发票的主张是否成立的问题。

双方合同中没有约定锦浩公司要提供建筑业统一发票，故开具发票不是锦浩公司的合同义务，但昆山纯高公司支付工程款后，锦浩公司应开具发票，这是税法上锦浩公司的义务，上述问题属于行政法律关系问题，一审法院不予理涉。"

锦浩公司与昆山纯高公司均不服江苏省高院的民事判决，向最高人民法院提起上诉。最高人民法院（2015）民一终字第86号二审民事判决书：

"五、关于锦浩公司是否应当交付昆山纯高公司8000万元工程款发票。

关于是否交付工程款发票，双方当事人在合同中并未有明确的约定，交付发票是税法上的义务，而非双方合同中约定的义务。昆山纯高公司依据合同主张锦浩公司交付发票缺乏依据，其主张本院不予支持"。

（2）朝阳富隆建筑工程有限公司、辽宁宏丰天运食品有限公司建设工程

---

① 参见中国裁判文书网，最高人民法院2015年5月13日裁判的（2014）民一终字第4号与6月9日裁判的（2015）民一终字第86号。

② 参见中国裁判文书网，最高人民法院（2015）民一终字第86号，http://wenshu.court.gov.cn/website/wenshu/181107ANFZ0BXSK4/index.html?docId=dcfc875b83db469dbe00828494ccdb24。

施工合同纠纷再审案①。

富隆公司与宏丰公司建设工程施工合同纠纷一案，双方均不服辽宁省高院（2017）辽民终1256号民事判决，向最高人民法院申请再审。最高人民法院（2018）最高法民申1395号再审审查与审判监督民事裁定书：

"三、富隆公司是否应为宏丰公司开具工程款发票

开具工程款发票是富隆公司应承担的法定纳税义务，而非民事义务。二审法院认定开具发票属于行政法律关系而不是民事法律关系，驳回宏丰公司该项诉讼请求，该认定并无不当，本院予以维持。"

（3）辽宁中天建设（集团）有限公司、阜新中地信房地产开发有限公司建设工程施工合同纠纷二审案②。

中天公司因与中地信公司建设工程施工合同纠纷一案，双方均不服辽宁省高级人民法院（2014）辽民一初字第17号民事判决，向最高人民法院提起上诉。最高人民法院（2018）最高法民终392号民事判决书："关于开具工程款发票数额问题，请求履行开具发票的义务应属于税务部门的行政职权范畴，不应由法院主管。故本院对中地信公司上述两项反诉请求不予支持。"

2. 支持可诉应受理的案例。

（1）中天建设集团有限公司与新疆温商房地产开发有限公司建设工程施工合同纠纷案③。

新疆维吾尔自治区高院（2009）新民一初字第4号民事判决书："关于开具发票的问题。涉案两份《建设工程施工合同》和《协议书》中均没有中天公司开具发票的约定，中天公司此种合同附随义务的产生是基于我国税法的相关规定，不属于民事审判解决的平等主体之间的权利义务关系，依法不予审查；即温商公司应当另行解决。"

中天公司与温商公司双方均不服新疆高院一审民事判决，向最高人民法

---

① 参见中国裁判文书网，（2018）最高法民申1395号，http://wenshu.court.gov.cn/website/wenshu/181107ANFZ0BXSK4/index.html?docId=a279c68b33744ab98dbfa8fc00bd91f5。

② 参见中国裁判文书网，（2018）最高法民终392号民事判决书，http：//wenshu.court.gov.cn/website/wenshu/181107ANFZ0BXSK4/index.html?docId=893c17c5baef41bca235a93b00ccc35d。

③ 参见中国裁判文书网，最高人民法院（2015）民一终字第4号民事判决书，http://wenshu.court.gov.cn/website/wenshu/181107ANFZ0BXSK4/index.html?docId=de3b90adbb4647e0af7492e589af3313。

院提起上诉。最高人民法院（2014）民一终字第4号民事判决书：

"七、关于中天公司应否按照合同约定和实际付款金额开具发票的问题。

收取工程款开具工程款发票是承包方税法上的义务，无论是否在合同中明确约定，要求承包方收到工程款后开具相应数额的工程款发票也都是发包方的合同权利。因此，温商公司要求中天公司收取工程款后开具相应数额的工程款发票的请求应予支持，一审判决认为该请求不属于民事审判解决的范围并不予审查，属适用法律错误，予以纠正。"

（2）新疆鹏达建筑工程有限公司建设工程施工合同纠纷再审案①。

鹏达公司因与被申请人营丰公司建设工程施工合同纠纷一案，不服新疆维吾尔自治区高级人民法院（2016）新民终163号民事判决，向最高人民法院申请再审。最高人民法院（2017）最高法民申116号再审审查与审判监督民事裁定书：

"鹏达公司收取了营丰公司支付的工程款，应履行为营丰公司开具相应发票的法定义务。二审中，鹏达公司确认已为营丰公司开具13407197元金额的发票，营丰公司主张鹏达公司还应开具25743812.62元工程款发票，未超出剩余已付工程款未开发票的金额，应予支持，故二审改判鹏达公司向营丰公司提供25743812.62元的工程款发票并无不当。"

（3）青海临峰房地产开发有限公司、浙江中业建设集团有限公司建设工程施工合同纠纷再审案②。

临峰公司因与再审申请人中业公司、一审第三人金效东建设工程施工合同纠纷一案，不服青海省高院（2018）青民终130号民事判决，向最高人民法院申请再审。最高人民法院（2019）最高法民再166号民事判决书：

"（四）关于开具发票是否属于人民法院受案范围的问题

---

① 参见openlaw网址，（2017）最高法民申116号再审民事裁定书，http：//openlaw.cn/judgement/34fe2846e7f24c6a9675d8ca829da6f8?keyword=%E6%96%B0%E7%96%86%E9%b9%8F%E8%BE%BE%E5%BB%BA%E7%AD%91%E5%B7%A5%E7%A8%8B%E6%9C%89%E9%99%90%E5%85%AC%E5%8F%B8。

② 参见中国裁判文书网，（2019）最高法民再166号民事判决书，http：//wenshu.court.gov.cn/website/wenshu/181107ANFZ0BXSK4/index.html?docId=d45829a28e0640c5a9c0ab1a0119ef4a。

根据《中华人民共和国税收征收管理法》第二十一条第一款'税务机关是发票的主管机关，负责发票印制、领购、开具、取得、保管、缴销的管理和监督。单位、个人在购销商品、提供或者接受经营服务以及从事其他经营活动中，应当按照规定开具、使用、取得发票'及《中华人民共和国发票管理办法》第十九条'销售商品、提供服务以及从事其他经营活动的单位和个人，对外发生经营业务收取款项，收款方应当向付款方开具发票；特殊情况下，由付款方向收款方开具发票'的规定，收取工程款后开具工程款发票是承包方税法上的义务，承包人应当依据税法的相关规定向发包人开具发票。

本案中，开具发票、交付竣工资料等均属合同约定内容，属于民事合同义务范围。'开具发票'从文义解释看虽是由税务机关开具和履行，但合同文本中所约定的'开具发票'含义并非是指由税务机关开具发票，而是指在给付工程款时需由承包方向发包人给付税务机关开具的发票。该给付义务属承包方应当履行的合同义务。有义务开具发票的当事人在遵守税收法律法规的前提下，可以自主作出向其他民事主体开具发票的意思表示，该行为属于民事法律行为；对于接受发票的一方当事人来说，是否可以取得发票将影响其民事权益，因此当事人之间就一方自主申请开具发票与另一方取得发票的关系，属于民事法律关系范畴，人民法院应当依法审理。原判决以不属于人民法院民事受理范围未予支持临峰公司的该项诉讼请求确有不当，予以纠正。"

二、税务发票争议问题评析

之所以产生税务发票争议问题，是因为民商事交易中，开具、交付发票行为，既涉及税法的行政法律关系，又涉及民事法律关系；既受到行政法规定节制，又受到民事法律规范的约束，属于典型的行政与民事交叉的关联案件。

（一）涉及税务发票的法律规范

1. 法律：《中华人民共和国民法总则》（以下简称《民法总则》）[①]、

[①] 《中华人民共和国民法典》2021年1月1日施行，《民法总则》同时废止。

《中华人民共和国税收征收管理法》（以下简称《税收征管法》）、《中华人民共和国合同法》（以下简称《合同法》）①。

2. 行政法规：《中华人民共和国增值税暂行条例》（以下简称《增值税暂行条例》）、《中华人民共和国发票管理办法》（以下简称《发票管理办法》）。

3. 规章、规范性文件：《中华人民共和国增值税暂行条例实施细则》（以下简称《增值税实施细则》）、《增值税专用发票使用规定》。

4. 最高人民法院司法解释：《最高人民法院关于审理买卖合同纠纷案件适用法律问题的解释》（以下简称《买卖合同解释》）、《最高人民法院关于适用〈中华人民共和国合同法〉若干问题的解释（二）》（以下简称《合同法解释二》）。

（二）税务发票的行政、民事交叉关联

1. 开具发票首先是行政法律关系。

税务行政法规范对开具发票有明确详细规定，既是对税务机关的法定授权，也是税务机关对行政相对人履行行政征税、监管处罚的执法依据，还同时明确了纳税人的权利义务，具有鲜明的行政法上的权利义务关系。

《税收征管法》第二十一条第一款规定："税务机关是发票的主管机关，负责发票印制、领购、开具、取得、保管、缴销的管理和监督。单位、个人在购销商品、提供或者接受经营服务以及从事其他经营活动中，应当按照规定开具、使用、取得发票。"

《发票管理办法》第十九条规定："销售商品、提供服务以及从事其他经营活动的单位和个人，对外发生经营业务收取款项，收款方应当向付款方开具发票；特殊情况下，由付款方向收款方开具发票。"

《发票管理办法》第二十二条第一款规定："开具发票应当按照规定的时限、顺序、栏目，全部联次一次性如实开具，并加盖发票专用章。"

《增值税暂行条例》第二十一条规定："纳税人销售货物或者应税劳务，应当向索取增值税专用发票的购买方开具增值税专用发票，并在增值税

---

① 《中华人民共和国民法典》2021年1月1日施行，《合同法》同时废止。

专用发票上分别注明销售额和销项税额。"

《增值税专用发票使用规定》第十条规定："一般纳税人销售货物或者提供应税劳务，应向购买方开具专用发票。"

上述法条都是应当而非可以，可以是权利，应当是义务。税务机关"以票控税"，纳税义务人应当开票是税务行政法上的法定义务，拒不履行开票纳税义务，会受到相应税务行政法律法规的节制。《发票管理办法》第三十五条规定：应当开具而未开具发票的，由税务机关责令改正，可处罚款，没收违法所得。这也是部分法官不受理起诉并建议向税务机关投诉救济的原因和理由。至于开具发票后，是否交付下游企业是开票企业的自主行为，并不影响开票企业的纳税义务。在开票企业完成税法规定的开票、纳税等法定义务后，税务行政机关也不好过多干预其后的民事行为。

当然，税法对受票企业的规定则是，无合法有效凭证不得做税前列支，无增值税专用发票不得做进项抵扣。

2.开票交付是民事法律关系。

根据《民法总则》，平等民事主体之间公平自愿的双务合意行为，要秉持诚实守信原则，有法依法、有约依约，既无法又无约则依习惯[1]。因此附随交易给付开具的发票行为，是平等双方公平交易的民事法律行为，自然要受到民法的规范约束。

《合同法》第一百三十六条（《民法典》第五百九十九条）规定："出卖人应当按照约定或者交易习惯向买受人交付提取标的物单证以外的有关单证和资料。"

最高人民法院《买卖合同解释》第七条规定："合同法第一百三十六条规定的'提取标的物单证以外的有关单证和资料'，主要应当包括保险单、保修单、普通发票、增值税专用发票、产品合格证、质量保证书、质量鉴定书、品质检验证书、产品进出口检疫书、原产地证明书、使用说明书、装箱单等。"

至于交易习惯，最高人民法院《合同法解释二》第七条规定："下列情

---

① 参见《民法总则》第十条：处理民事纠纷，应当依照法律；法律没有规定的，可以适用习惯，但是不得违背公序良俗。

形，不违反法律、行政法规强制性规定的，人民法院可以认定为合同法所称'交易习惯'：（一）在交易行为当地或者某一领域、某一行业通常采用并为交易对方订立合同时所知道或者应当知道的做法；（二）当事人双方经常使用的习惯做法。"

《合同法》明确规定交付有关单证资料的民事法律行为，是发票接受方法定的权利，对另一方则是法定义务，对双方均有拘束力。最高人民法院《买卖合同解释》专门列明有税务发票，包括增值税专用发票。《合同法解释二》界定了交易习惯，给付发票确实符合大多数交易双方惯常做法、行业惯例。因此，结合最高人民法院的两个司法解释，《合同法》第一百三十六条构成开具发票救济的请求权基础[①]，成为部分法官支持可诉、可受理的法律依据。

综上所述，民商事交易中的开具交付发票是行政行为关联民事法律行为，共同组合成完整的交易，受到双重法律规范制约。

（三）部分地方高级人民法院的支持规定

1. 江苏省高级人民法院关于当前商事审判若干问题的解答（一）[②]

问：买卖合同纠纷案件中，买方提起诉讼，单独请求判令卖方开具增值税发票的，能否支持？

答：我们认为，应当支持。《中华人民共和国合同法》第一百三十六条规定：出卖人应当按照约定或者交易习惯向买受人交付提取标的物单证以外的有关单证和资料。《最高人民法院关于审理买卖合同纠纷案件适用法律问题的解释》第七条规定：合同法第一百三十六条规定的"提取标的物单证以外的有关单证和资料"，主要应当包括保险单、保修单、普通发票、增值税专用发票、产品合格证、质量保证书、质量鉴定书、品质检验证书、产品进出口检疫书、原产地证明书、使用说明书、装箱单等。因此，买方请求卖方

---

①王潭海、徐日升. 合同未约定开票，购买方能否起诉要求开票？[DB/OL]. ，http：//www.zjblf.com/2019/03/05/%E5%90%88%E5%90%8C%E6%9C%AA%E7%BA%A6%E5%AE%9A%E5%BC%80%E7%A5%A8%EF%BC%8C%E8%B4%AD%E4%B9%B0%E6%96%B9%E8%83%BD%E5%90%A6%E8%B5%B7%E8%AF%89%E8%A6%81%E6%B1%82%E5%BC%80%E7%A5%A8%EF%BC%9F/ .

②参见百度文库网址，https://wenku.baidu.com/view/90823723ad02de80d5d84039.html?fr=search。

开具增值税专用发票或普通发票的，符合法律规定，均应当予以支持。

2. 上海市高级人民法院民二庭关于合同纠纷案件审理中若干问题的讨论纪要①。

关于增值税专用发票的相关问题中的关于单独诉请交付发票的纠纷处理：

高院民二庭曾在2009年12月8日《关于当前商事审判若干问题的意见》中提出相应的处理意见。但近年来买卖合同纠纷的司法实践，对于是否支持买受人要求出卖人交付发票的诉请仍有争议。会议结合后于上述意见出台的《买卖合同司法解释》的相关规定，讨论认为：

（1）增值税专用发票既具有普通发票所具有的内涵，还具有比普通发票特殊的作用，即取得发票的纳税人依法可以抵扣购货进项税额。因此，在买受人符合抵扣税款其他要件的情况下，如果出卖人拒不开具增值税发票的，将给买受人造成无法抵扣相应税款的损失。

（2）根据《合同法》第一百三十六条、《买卖合同司法解释》第七条的规定，出卖人除应履行交付标的物的主义务外，还应向买受人履行交付普通发票和增值税专用发票等有关单证和资料的从义务。虽然从合同义务相对主合同义务而言不具独立性，但不影响买受人可以单独诉请法院判令出卖人履行交付发票的义务；又考虑到拒不开票行为确将造成买受人损失，其对此具有起诉的利益，不应限制其对此起诉的权利。

综上所述，江苏、上海等发达地区高院的意见精神，是支持受理起诉，最高人民法院（2019）最高法民再166号民事判决书对此说理透彻，指导明确，也是最新最近的实务案例。

三、税务发票争议的行政、司法二分化解

针对现实中出卖他人房产的无权处分疑难问题，《中华人民共和国物权法》第十五条（《民法典》第二百一十五条）规定："当事人之间订立有关设立、变更、转让和消灭不动产物权的合同，除法律另有规定或者合同另有

---

① 参见搜狐网，https://www.sohu.com/a/222715556_100114839。

约定外，自合同成立时生效；未办理物权登记的，不影响合同效力。"即无权处分不影响合同效力，只是不发生物权变动效力。对此，德国《民法典》将负担行为与处分行为分离，王泽鉴教授以民法的任督二脉做比喻[①]，尽管我国民法学界对此区分观点未必认可[②]，甚至有争议，但不妨碍循此二分思路，将税务发票的行政行为与民事行为一分为二，运用法律解释中首选的文义解释来尝试化解，况且税务发票违法行为根据危害性，也可两分为刑事犯罪制裁和行政违法处罚。

（一）开具发票行为是行政法律关系

税收征管法等一系列法律、法规、规章及规范性文件，都强调发生纳税义务时，应当开具发票，是税务行政法规定的法定义务，体现了国家公权力强制征收权，也体现了税务机关以票控税、以账查税，是税务机关对纳税人履行监管的行政法上的权利义务关系。

至于开具发票确保完成纳税义务以后，开票一方是否交付给对方，受票一方没有发票，不能获得进项税抵扣损失，税务行政在所不问。受票方即使向开票方属地的税务部门投诉举报、寻求救济，税务机关从税法监管角度，只要开票方不符合开票纳税条件，或已经开票完成，也不能越俎代庖，强令开票方满足对方要求。即开具发票行为是税务行政法律关系，司法权一般也是尊重、不介入行政权。

（二）给付发票行为是民事法律关系

给付之诉是民事诉讼法三大种类诉之一，是平等民事主体之间的民事法律关系。交易一方要求对方按照合同约定或交易习惯，将开具的发票交付本方，有合同法的明确规定，不论是从义务，还是附随义务，是能够获得司法救济的民事法律行为，对拒不履行或履行不能，可主张损害赔偿。

这种损害，可以主张违约，也可主张侵权，属于责任竞合，符合违约或

[①] 朱庆育. 民法的任督二脉：负担行为与处分行为[M]王泽鉴. 民法总论. 北京：北京大学出版社，2009：218.

[②] 王轶. 物权法条文释义及司法适用[DB/OL]. http://www.docin.com/p-49573858.html.

侵权的构成要件。

（三）二分思路分别主张的益处

将税务发票争议二分为开具的行政法律关系、给付的民事法律关系，可有效厘清行政权与司法权的分界，有利于当事人就相关争议有选择地寻求解决路径和方法。比如，达到纳税义务，开票方拒不开具发票，这属于税法行政法律关系，可选择向税务机关投诉，要求对方履行税法规定，借助税务监管，获得行政救济。对方以未达到开票条件抗辩，甚至开票不交付，可以合同法的请求权基础，径行向法院提起给付之诉，寻求司法救济。

如果获得法院受理、裁判支持，对方拒不履行，能申请法院强制执行吗？《合同法》第一百一十条规定：当事人一方不履行非金钱债务或者履行非金钱债务不符合约定的，对方可以要求履行，但债务的标的不适于强制履行除外。开票行为属于实际难以强制履行，也无法代履行，但因向法院主张的是给付之诉，一方因没有增值税专用发票，导致无法抵扣进项税的损失，可主张损害赔偿。

给付之诉可以同时主张赔偿因无法抵扣的具体损失。如同债权人起诉债务人时，为避免诉累和方便执行，要将一般保证人列为共同被告，尽管后者具有先诉抗辩权，法院也会在裁判文书中特意注明，在债务人执行不能时再由一般保证人担责。根本原因还是对方拒不履行开票义务，无法申请法院强制执行情况下，确定的赔偿金额可以申请强制执行，化解后续执行问题。

（四）实务中支持损失主张案例

包头市建发煤炭储运有限责任公司与秦皇岛云程能源有限公司买卖合同纠纷申请再审案[①]，再审申请人包头市建发公司因与被申请人秦皇岛云程公司买卖合同纠纷一案，不服河北省高院（2014）冀民二终字第11号民事判决，向最高人民法院申请再审。最高人民法院（2014）民申字第1975号民事裁定书：

---

① 参见中国裁判文书网，最高人民法院（2014）民申字第1975号民事裁定书，http://wenshu.court.gov.cn/website/wenshu/181107ANFZ0BXSK4/index.html?docId=29f370942b4146ffadc30c6da4b3516d。

"一、关于未开增值税发票的货款数额及税金损失数额问题。

……由于建发公司作为销售方未按约定为买受人云程公司开具增值税发票，造成云程公司作为一般纳税人无法抵扣销项税而产生相应损失，该损失应由建发公司承担，二审法院按照双方无争议的未开票货款数额3359846.59元作为计算税金损失的依据并无不当。

……云程公司与他人之间的交易与建发公司并无关联，即便云程公司从他人处因虚假交易获得增值税发票，并用该发票抵扣了销项税，该行为也应由行政机关进行认定处理，不能因此产生抵消建发公司按约、依法向云程公司足额开具增值税发票义务的效果，因而建发公司该主张缺乏法律依据。

建发公司还认为，未开具增值税发票，是因为双方未进行最后对账，因而无法开具。对此，本院认为，一旦双方交易实际发生，销售方即应按照我国税收制度向买售方开具相应数额的增值税发票，是否最终对账不是其未按约开具发票的正当性理由，本院不予采纳。

此外，建发公司认为，只要建发公司补开了发票，云程公司就可以用于抵扣销项税，因此不存在实际的税金损失。该主张也不能成立。

根据我国税收政策，增值税发票对销项税的抵扣是有一定时间限制的，建发公司与云程公司的交易在2011年底就已经结束，至今已超过3年多未开具增值税发票，不再具备抵扣条件；且据云程公司称，该公司目前已经不再经营煤炭业务，即便现在建发公司为其补开了增值税发票，也不具有抵扣的可能性。因而，云程公司的税金损失是现实存在的，建发公司的诉讼主张不能成立。"

四、结语

税务发票行政、司法二分，"开具"归行政，"给付"归司法，行政权尊重司法终结裁判，司法权尊重、不介入行政，各司其职，衔接救济，可充分保护国家、集体、个人各方的合法权益。

（作者王晓春系上海金茂凯德（芜湖）律师事务所律师、税务师）

立法研究与建议篇

关于《中华人民共和国反洗钱法》的修法建议

李志强

《中华人民共和国反洗钱法》（以下简称《反洗钱法》）自2006年颁布实施以来，我国反洗钱法规制度日趋完善，反洗钱监管效能显著增强，打击洗钱犯罪的成果突出，参与反洗钱国际治理与合作的程度不断深化。

当前我国面临的国内外反洗钱形势较《反洗钱法》实施之初发生了深刻变化，反洗钱工作已逐渐从"规则为本"向"风险为本"过渡，即以风险控制为核心开展相关反洗钱核查。同时，相关反洗钱的审查领域也从以银行为主的金融机构扩展到相关领域内的特殊非金融机构。而且从国际经济交流的实际来看，各国的反洗钱审查标准不断强化与严格，境外反洗钱监管压力不断加大。

2020年4月15日，中国人民银行反洗钱工作电视电话会议明确，修订《反洗钱法》已是当前我国反洗钱工作的重点。2020年6月24日，中国人民银行行长易纲出席以视频形式召开的金融行动特别工作组（FATF）第31届第3次全会并致辞，他表示，"中国政府高度重视反洗钱和反恐怖融资工作，已经启动修订《反洗钱法》，将反洗钱和反恐怖融资工作纳入国务院金融稳定发展委员会议事日程，持续加大反洗钱和反恐怖融资监管力度，为国际合作进一步夯实法律基础"。

为了更好地完善中国反洗钱制度、提高中国企业在国际经济活动中的诚信力，同时更好地推进反洗钱工作的进行，促进《反洗钱法》不断完善与落地，特建议从以下几个方面着力修订。

一是明确完善反洗钱部门间分工协调机制。根据《反洗钱法》第四条的规定，反洗钱的主要监管部门为"国务院反洗钱行政主管部门"，而在实际操作中，现行规制体系下，相关监管实质上采取了"模块化"方式，包括中国人民银行、中国银保监会等相关领域内的监管部门负责整个条线的反洗钱监管。该等监管体制，缺乏各个系统的协调，同时监管范围依旧有限。因此，特建议明确反洗钱部门间分工协调机制，使"模块化"与"条线化"互相结合，形成监管网络，并在此基础上扩大洗钱上游犯罪类型，扩展反洗钱义务主体范围和调查主体范围。

二是完善反洗钱义务相关条款。根据《反洗钱法》第一条的规定，反洗钱工作的目的与目标均为"预防洗钱活动，维护金融秩序，遏制洗钱犯罪及相关犯罪"，即"规则本位"。从新形势下的风险防控为目标展开，则建议在《反洗钱法》中明确"风险本位"的反洗钱工作理念，将"客户身份识别"的阐述修改为"客户尽职调查"，对金融机构提出严格的客户尽职调查（含受益所有人识别）要求，完善保存客户身份资料和交易记录的条款，完善大额交易和可疑交易报告义务的条款，增加洗钱风险控制措施的条款。

三是提高行政处罚的惩戒性。根据《反洗钱法》第三十条至第三十三条的规定，目前惩罚措施主要以罚款为主，且裁量空间较小。综上所述，特建议《反洗钱法》扩大反洗钱罚款的裁量空间，将"未按照规定建立健全内控制度和风险管理政策""未按照规定执行定向金融制裁"等行为纳入行政处罚的范围。

关于建立律师节的建议

李志强

　　健全的法治社会，需要律师的保驾护航。1980年8月，《中华人民共和国律师暂行条例》在全国人大常委会第十五次会议审议通过，中国律师制度得到恢复重建。经过整整40年，中国律师事业蓬勃发展，不断为中国的法治建设贡献其应有的力量。近年来，党中央通过一系列会议与精神，进一步明确了律师队伍的地位和作用。同时，通过《中华人民共和国律师法》的实施，我国律师行业形成了合伙所、个人所、国资所并存的律师事务所组织形式；通过公职律师、公司律师试点，完善了律师队伍结构；通过出台保障律师执业权利的配套规范性文件，形成了覆盖律师执业活动的律师管理制度体系。

　　截至2019年底，全国共有执业律师47.3万多人（党员律师16.3万人），共有律师事务所3.2万多家。其中，有合伙所1.94万多家，占59.55%；有国资所970多家，占2.98%；有个人所9200多家，占28.47%。目前，全国律师事务所共建立党组织1.26万多个，基本实现党的组织和党的工作全覆盖。可以说，当前我国的律师行业规模业已庞大，发展模式业已成熟。

　　在这快速发展的过程中，我国律师充分履行着自己的职责与使命，已经成为维护国家法律正确实施和社会稳定、促进民主法制建设的重要力量。广大律师积极投入波澜壮阔的经济建设和改革开放的社会实践，已经成为促进改革开放和维护社会主义市场经济秩序的重要力量。同时，我国律师也高度关注国家立法，积极为政府提供法律服务，有许多律师直接参与法律、地方性法规的制定，并积极参政议政，可以说，律师队伍已经成为依法治国的重要力量。目前我国已有教师节、护士节、记者节等为专业人士设立的节日。为一个职业群体设立一个国家层面的节日，从某种意义上讲，就是为该职业群体定期举办一场神圣仪式。而目前，我国却未正式建立律师节。

　　设立中国律师节，就是通过这种仪式让社会认识到律师的重要性，从而认识到法治的神圣，让法治的文化、愿景被一次次强化、确认，让人们联结在一个法治共同体中，凝聚成一股向上的力量，让尊法、崇法、守法作为一种社会文化理念不断得到宣传与强化。因为尊重律师，就是尊重法律，就是尊重规范，就是尊重公正，就是尊重正义，就是尊重权利。

1979年12月9日，我国刚刚组建3个月的司法部下发了《关于恢复重建律师工作的通知》。这份通知的颁发，标志着我国的律师制度开始了恢复重建工作，也标志着我国正式踏上中国特色法治建设的康庄大道。

综上所述，特建议将每年的12月9日设立为"中华人民共和国律师节"，以此纪念我国法治建设的"峥嵘岁月"，践行习近平法治思想，激励更多的人参与到新时代法治建设中来，同时，让法治的光辉洒到社会的每个角落。

关于以RCEP签署为契机推动
双循环的建议

李志强

2020年5月14日，中共中央政治局常委会会议首次提出"深化供给侧结构性改革，充分发挥我国超大规模市场优势和内需潜力，构建国内国际双循环相互促进的新发展格局"。2020年8月24日，习近平总书记在经济社会领域专家座谈会上说："要推动形成以国内大循环为主体、国内国际双循环相互促进的新发展格局。这个新发展格局是根据我国发展阶段、环境、条件变化提出来的，是重塑我国国际合作和竞争新优势的战略抉择。"

2020年11月15日，东盟、中国、日本、韩国、澳大利亚、新西兰等15个经济体在东亚合作领导人系列会议期间正式签署了区域全面经济伙伴关系协定（*Regional Comprehensive Economic Partnership Agreement*，RCEP）。世界上人口数量最多、成员结构最多元、发展潜力最大的自贸区就此诞生。这是东亚区域经济一体化进程的重大里程碑，为推动区域乃至世界经济复苏注入了新的动力。RCEP涵盖全球29.7%的人口、28.9%的GDP，同时还覆盖全球最有增长潜力的两个大市场，一个是14亿人口的中国市场，另一个是6亿多人口的东盟市场。RCEP成员均是我国重要的经贸伙伴。商务部数据显示，2020年1—9月，我国与其他RCEP成员贸易总额达10550亿美元，约占我国对外贸易总额的1/3。

RCEP的签署，将极大地促进与推动我国双循环的进程。RCEP签署后，我国对外签署的自贸协定达到19个，自贸伙伴达到26个，这无疑大大提升了我国自贸区网络的"含金量"，不仅在客观上将促进我国各产业更充分地参与市场竞争，而且在宏观上也将提升我国在国际国内两个市场配置资源的能力。

一方面，从国际角度来说，RCEP自贸区的建成发出了反对单边主义和贸易保护主义、支持自由贸易和维护多边贸易体制的强烈信号，必将有力提振各方对经济增长的信心。客观上，RCEP的签署将极大地促进签约各国疫后经济恢复、长期繁荣发展，同时贸易自由化进程将进一步加快，形成更具国际化的产业分工，从而形成更为高效化的供应链体系。

另一方面，从国内角度来说，RCEP的签署将有利于提高我国的对外开放程度。RCEP自贸区的建立，将直接推动我国企业及其他市场主体的自主创新，淘汰落后产业，促进国内产业的自主升级，更加巩固我国相关产业与市场主体在内循环供应链体系中的市场地位，最终形成富有极强竞争力的产业集群。与此同时，RCEP的签署将不断吸引高质量的生产要素的参与及更进一步的集聚，形成良性循环，加快内循环的循环速度，有力推动国内宏观经济发展。

为了更好地促进RCEP自贸区的落地，特建议从以下几个方面着力。

一是积极推动RCEP完成各国的国内审批程序。根据RCEP的规定，协定生效需15个成员国中至少9个成员国批准，其中至少包括6个东盟成员国及中国、日本、韩国、澳大利亚和新西兰中至少3个国家。现在协定已经签署，接下来RCEP各成员国将各自履行国内法律审批程序。我国作为RCEP的核心成员国，在一定程度上对RCEP具有较大的影响。因此，特建议加快推动我国国内相关审批程序，在15个成员国中起到带头作用，稳定RCEP生效的"基本面"。

二是加快落实RCEP国内配套法规的建设。从内容来看，RCEP共有20个章节，包括自贸协定的基本特征，货物贸易、服务贸易、投资准入及相应的规则，涵盖电子商务、知识产权、竞争政策、政府采购、中小企业等内容，其内容范围之广、涉及领域之多，在近年来我国所签订的对外条约中实属罕见。因此，对于该等条约的国内适用，不仅要靠条约文本的国内核准，还要依靠我国构建完整的法律法规的规制体系。因此，特建议以人大及各职能部门为核心，对RCEP之内容进行细致考察与分析，加快建立健全国内的配套规制规则，使RCEP之内容真正融入我国现有规制框架中。

三是加强RCEP成员国之间的民间交流，特别是法律事务的交流。RCEP的签署意味着成员国之间更为紧密的经贸合作，在政策落实的基础上，客观促进了贸易便利化。为了促进经贸合作的落地，我国应当积极促进与其他各个成员国之间的民间交流。RCEP的签署已经完成了顶层建筑的设计，在实施过程中，需要国际间市场主体的沟通与协作，才能真正带动双循环的运行。这其中，国际法律事务及法律从业者间的沟通与往来便显得尤为重要。通过民间交流，带动经贸往来，在加强国际法律事务沟通的基础上，促进经贸往来的合法合规性与高效性，形成良性循环，最终促进RCEP发挥其最大功用。因此，特建议我国商务部门及司法行政管理部门，积极促进民间交流特别是民间法律事务交流，切实为RCEP的运行保驾护航。

关于制定《中华人民共和国社会保障法》的立法建议

李志强　　张博文

2021年2月26日，中共中央政治局就完善覆盖全民的社会保障体系进行第二十八次集体学习。习近平总书记在主持学习时强调，社会保障是保障和改善民生、维护社会公平、增进人民福祉的基本制度保障，是促进经济社会发展、实现广大人民群众共享改革发展成果的重要制度安排，是治国安邦的大问题。习近平总书记同时指出，要坚持制度的统一性和规范性，坚持国家顶层设计，增强制度的刚性约束，加强对制度运行的管理监督。

社会保障在构建和谐社会中具有重要的基础性意义。从社会保障的内涵来说，其基本内容覆盖社会保险法律制度、社会救济法律制度、社会福利法律制度、社会互助法律制度及社会优抚法律制度等。而社会保障法律制度在我国现行社会发展的进程与框架中有着举足轻重的作用：首先，市场经济是人类社会历史进步过程中不可逾越的经济发展阶段，而社会保障法律制度是市场经济建立和发展的必要条件之一。其次，社保法律制度能够调节社会不同群体之间的利益，保持社会公平状态。最后，社保法律制度能够起到维护社会稳定的作用。

我国改革开放历经四十多年的发展，已形成了符合我国现实国情的社会保障体系，为保障最广大人民的利益作出了卓越的贡献。但与此相关的是，规制社会保障体系的我国现行的社会保障法律制度，客观上存在一定的缺失，具体表现在：一是社会保障立法工作相对滞后，缺乏统一完整的社会保障法律制度体系，尤其是缺乏一部综合性的关于社会保障法律的基本法；二是由于缺乏该等基本法所导致的立法理念和明确的价值取向的分散与紊乱；三是现行的社会保障法律制度的立法层次较低、法律体系不健全、实施机制弱化。

综上所述，特建议，由全国人大立法部门牵头，会同社会保障相关领域的主管机关，制定社会保障领域的基本法，即《中华人民共和国社会保障法》（以下简称《社会保障法》）。同时，注意以下几个方面。

一是明确统一的立法理念和明确的价值取向。《社会保障法》主要内容应包括社会保险法律制度、社会救济法律制度、社会福利法律制度、社会互助法律制度、社会优抚法律制度等。在立法理念与价值取向上，应当紧扣中国特色社会主义理论体系、坚持习近平法治思想，从法治体系的完整性出发，为所有的社会保障法律体系中的规制规则奠定理论与价值基础，打破原有规制体系中因不同部门制定而导致的立法理念与价值取向上的分散与紊乱。

二是强化与其他法律部门立法内容的相互配套和衔接。社会保障法律体系是一个宏大的系统工程，涉及全体公民的社会保障权益，关乎公民的生存权和基本生活水平的保障。而《社会保障法》作为该领域的基础性规制规则，更应当充分考虑到与其他法律制度的衔接，包括刑事规制体系、民事规制体系及行政规制体系、监察与检查规制体系等。

三是立法内容与国际社会保障法律制度保持合理接轨。在全球化不断深化的今天，生产要素的跨国流动必然带来相关的社会保障问题，而我国现有的社会保障法律制度，缺乏对于国际主流社会保障规制体系的衔接。因此，在制定《社会保障法》的规制框架与内容时，应当充分考察与借鉴国际主流社会保障规制体系，从我国的基本国情出发，有步骤、有分别地逐步完成与国际主流社会保障规制体系的衔接，以服务于"一带一路"建设、"构建人类命运共同体"等重大国家战略。

临港新片区法治保障若干建议

李志强　　裴康娓

党的十九届四中全会明确提出，"建设更高水平开放型经济新体制"，这是我国坚持和完善社会主义基本经济制度、推动经济高质量发展的重要任务之一。如何建设更高水平的开放型经济新体制，需要准确把握当前对外开放的时代特征。

为进一步营造中国（上海）自由贸易试验区临港新片区（以下简称临港新片区或新片区）法治化营商环境，维护区域公平、透明、规范的市场竞争秩序，有效防范化解风险，临港新片区管理委员会（以下简称新片区管委会）与上海市浦东新区人民法院（以下简称上海浦东法院）于2020年3月25日共同签署了《合作协议》，就信息共享、创新支持、监管协同和日常联络四个方面14项内容达成共识。

从2018年底中央经济工作会议首次明确提出"制度型开放"的总体要求，到2019年底党的十九届四中全会进一步明确提出"推动规则、规制、管理、标准等制度型开放"，标志着我国对外开放不断向制度层面纵深推进，并由规则为主的制度型开放向规则、规制、管理、标准等更宽领域、更深层次拓展，更加注重国内制度层面的系统性全面开放。因此，在下一步对外开放工作中，需要准确把握制度型开放的最新特点，并据此在开放重点领域、开放发展策略、开放平台载体和开放政策制度上进行系统性设计。

进入新时代，我国经济体制改革的深化、国际上的经贸规则的变化都要求我们加快推进制度型开放，在继续深入推动商品和要素流动型开放的同时，围绕临港新片区建设，有以下法治保障需求。

一、临港新片区建设法治保障需求

（一）法治保障助力新片区

一是应对案件数量增长，完善涉临港新片区案件审判资源配置和专项审判机制。应借鉴并优化现有涉自贸案件专项审判机制，逐步加强相关案件的审判、执行资源配置，公正高效地完成涉临港新片区案件的审判执行任务。依托新时期法院信息化建设，建设完善针对临港新片区的诉讼服务一站式平台。同时，进一步探索涉外商事纠纷"诉讼、调解、仲裁"的一站式解决机制，充分发挥不同机制在涉外商事纠纷解决中的优势，努力形成便捷、高效、低成本的"一站式"争端解决中心，从而应对诉讼服务需求增加，打造更加便捷的涉临港新片区权益保护机制。

二是应对企业发展需求，支持临港新片区特殊政策和制度创新有效落实。改革开放以来，我国实施了大量税收、土地等优惠政策，这些政策见效快，企业获得感很强。与之前的政策型开放的效果不同，制度型开放具有见效慢、不直接等特点，对企业来讲，获得感不直接。以部分领域的简政放权改革为例，部分审批事项下放到基层管理部门之后，可能在短期内无法产生实效，给企业带来的便利感不一定增强，甚至使企业的获得感变弱。而且，以自由贸易试验区、服务业扩大开放综合试点为代表的前沿开放平台和载体，试验成熟的政策制度会迅速在更大范围内复制推广，可能导致区内和区外的企业感觉差别不大，区内企业没有明显的优越感。

世界银行发布的《2020营商环境报告》继续把中国列为营商环境改善度最高的国家之一，排名大幅上升至全球第31名，已处于发展中国家头部位置。为防止仅重视短期效果，而忽略长远战略考虑，要培养各个部门耐住性子慢慢构筑制度型开放新优势，要构建与新时代更高水平开放型经济新体制相适应、能够体现制度型开放特点的评价指标体系。同时，认真开展与临港新片区制度创新相关的前瞻性研究，加强涉临港新片区专项审判团队的配备和培养。

三是应对社会治理创新需求，共同防范化解临港新片区发展中的各类风险。在现有司法保障自贸区建设机制的基础上，继续优化审判职能延伸，包括探索涉临港新片区法律风险分级管理制度与重点领域司法建议制度、畅通司法协同监管渠道。因此，在制度型开放为主的新阶段，在产业开放发展、开放平台载体设计上，需要改变传统的思想，大胆创新，量身定制产业开放发展策略和政策制度体系，量身定制新的开放平台载体及其政策制度体系，积极争取推动更高水平对外开放。

针对上述需求，特别是对于制度型开放而言，建议如下：

一是积极推进制度型开放，深入实施一揽子授权。我国现有的深圳、珠海、汕头、厦门、海南5个经济特区均享有"授权立法"和"职权立法"的"双重立法权"。有观点认为，经济特区立法权正是一揽子授权的一种特殊形式。2019年7月，国务院在总体方案中提出了"临港新片区参照经济特区管理"。因此，围绕新片区参照经济特区管理，应该就立法途径和立法内容进行积极的探索和争取。

另外，上海自由贸易试验区（以下简称自贸区）设立以来，全国人大常委会作为授权主体，国务院作为被授权主体，在自贸区内调整了几部法律的相关规定，为自贸区改革创新提供了法律依据。从整体推进新片区改革创新的角度，也应考虑争取国家授权调法，尤其是要争取针对投资、资金、贸易、运输、人员、税收、数据等重点领域的法律调整一揽子授权，调整法律、行政法规。

二是推动制定新片区相关地方性法规，提供基础性的法治保障。根据《中华人民共和国立法法》第七十四条的规定，上海市人大常委会有权制定地方性法规。对如何通过地方立法加强新片区的法治保障，有不同的探讨。有观点认为，应该采取单独立法的模式，虽然新片区与自贸区有部分地理位置的重合，但如果仅仅修改《中国（上海）自由贸易试验区条例》并不能满足临港新片区所承载的"不可复制、不可推广"的政策创新要求。

因此，建议制定专门的新片区条例，从而尽力满足临港新片区开展政策创新的相关需求。建议在自贸区的整体框架下为新片区定位，在《中国（上海）自由贸易试验区条例》中专设一定篇幅对其作框架性、定位性的规定，其他具体的差异化的创新内容可以通过其他文件形式体现，且许多创新内容本身就有部委相关文件作支撑。

三是实施高水平开放政策制度，重视人才引进。为适应新时代经济高质量发展的新要求，应加快研究并推动出台有助于高端或紧缺人才、先进技术、信息和数据等优质要素自由流动、开放包容的政策和制度。例如，在高端人才领域，对标国际做法，参考欧美主要国家的平均税率，研究降低高端人才个人所得税；或参照类似粤港澳大湾区的个人所得税优惠政策，给予境外（含港澳台）高端或紧缺人才适当补贴，并对补贴免征个人所得税。再如，在信息领域，对特定区域或特定人群，研究开放网络直连，如对特定区域从事特定领域研究的科研人员放开网络直连，逐步实现高速访问境外经济类网站，方便从全球获取科技信息资源，为区内科研人员国际协作和生产提供便利。

（二）法律服务业开放试水新片区

中国法律服务业的对外开放，从2014年上海推出中外律师事务所互派律师和联营两个办法之后，近年来呈加速之势。特别是2017年1月7日，司法部、外交部、商务部、国务院法制办联合印发《关于发展涉外法律服务业的意见》（以下简称《发展涉外法律服务业的意见》），明确"稳步推进法律服务业开放。支持并规范国内律师事务所与境外律师事务所以业务联盟等方式开展业务合作，探索建立律师事务所聘请外籍律师担任法律顾问制度。以上海、广东、天津、福建自由贸易试验区建设为契机，探索中国律师事务所与外国律师事务所业务合作的方式和机制"。在该意见基础上，各地纷纷推出地方版实施意见。

以上海为例，上海市司法局等八部门于2019年11月20日联合出台《上海市发展涉外法律服务业实施意见》（沪司发〔2018〕80号），特别指出要"稳步推进涉外法律服务业开放"，同时强调，"探索上海市律师事务所与境外律师事务所业务合作的方式和机制，继续推动中外律师事务所联营与互派法律顾问试点推广、上海市律师事务所聘请外籍律师担任法律顾问试点、对台律师事务所开放试点、沪港律师事务所合伙联营试点等工作"。

从上述文件中可以看出，目前法律服务业对外开放的主要措施仍然是三项内容：联营、互派律师及中国律师事务所聘请外籍律师担任法律顾问。就联营和互派律师这两项而言，除上海有七家中外律师事务所联营安排，深圳前海存在若干粤港联营安排之外，目前全国其他省市尚不存在中外律师事务所联营安排。值得特别关注的是，海南省司法厅于2019年10月24日同时发布《海南省中外律师事务所互派律师担任法律顾问实施办法》和《海南省中外律师事务所联营实施办法》，成为第二个推动中外律师事务所互派律师和联营的省份。而在中国律师事务所聘请外籍律师担任法律顾问这一项，即使在相关政策文件出台之前，因为各地标准不一的执行尺度，实际早已存在外籍律师在中国律师事务所任职的情况。

从国内政治经济发展现状看，最近召开的中央重要会议包括：2020年10月29日，党的十九届五中全会审议通过了《中共中央关于制定国民经济和社会发展第十四个五年规划和二〇三五年远景目标的建议》，提出在"十四五"期间，应"实行高水平对外开放，开拓合作共赢新局面"，"坚持实施更大范围、更宽领域、更深层次对外开放……有序扩大服务业对外开放，……"最近的中央全面依法治国工作会议于2020年11月16日召开，此次会议提出"牢牢把握统筹推进国内法治和涉外法治这个迫切需要，完善涉外领域立法，强化涉外法律服务保障，服务更高水平的对外开放"，是下一阶段工作的重要内容之一。高水平高质量的开放和发展，也理应成为中国法律服务业的主基调之一。

综上所述，就扩大开放的着力点、突破口，有如下几个方面：

一是加快提升针对信息技术法律涉外服务能力。鼓励法律服务机构深化与高新技术企业合作，根据企业需求，在云计算、大数据、人工智能等领域开发涉外法律服务产品，积极参与引领领域标准制定，维护和保障知识产权。鼓励律师、公证员积极探索涉外法律服务产品，在云计算等前沿领域的涉外法律服务业务方面实现超越领先，引领前沿领域的新的国际法律制度、贸易规则制定。鼓励律师事务所利用大数据、云计算、物联网、移动互联网等信息技术推动上海市涉外法律服务模式创新，培育发展涉外法律服务网络平台，推动法律服务线上线下两轮驱动。推进公证机构充分利用互联网技术开展"远程视频公证"试点工作，创新拓展公证服务方式。

二是充分发挥自贸区的先行先试功效。习近平总书记在党的十九大报告中指出，赋予自贸区更大改革自主权。自2013年9月，我国分多批次批准了18个自贸区，形成了改革开放的新格局。2018年9月，海南自贸区的成功获批，随着海南自贸区内法制发展，其对法律服务的需求也随之而来。相比上海和前海自贸区，作为"21世纪海上丝绸之路"战略支点的海南自贸区有待出台更优化的境内外律师事务所合作方式，同时在开展法律服务从业培训、引入多元化争议解决机制方面也大有可为。总而言之，自贸区建设包括法律服务市场的开放和自由化，这是法律服务业发展的必然趋向。从这个角度而言，自贸区建设既为国内法律服务市场注入发展的活力和动力，又为国内法律服务提供者进入外国乃至全球法律服务市场创造条件，其对法律服务业的影响和需求会越来越大。一方面，通过与"一带一路"沿线国家签订自由贸易协定，以自贸区为试点，有限地适用律师"飞进飞出"规则，为今后国内自然人流动模式的适用进行压力度测试。另一方面，要完善律师责任险制度，作为探索中外律师事务所合伙或合作提供法律服务业的重要配套措施。另外，可以探索在新片区落户的国际仲裁机构在新片区办理国际仲裁案件时，允许境外律师作为代理人代理国际仲裁业务。

三是加强涉外法律服务人才培养。鼓励上海市已与欧洲、美国、俄罗斯等国家和地区法律服务机构建立业务合作关系的律师事务所，建立常态化业务交流、人才实习培训机制，促进涉外律师在交流中学习、在学习中增强实战能力。发挥上海市入选"全国百家涉外法律服务示范机构"和全国律师协会"一带一路"跨境律师人才库成员的引领作用，以点带面推动律师涉外服务能力的提升。

加强涉外法律服务人才梯队建设，建立涉外法律服务领军人才库和后备人才库。深化与全国知名高校的合作，举办"优秀青年律师领航工程"研修班，着重加强涉外法律的理论和实践教学，切实培养有实践经验的涉外法律服务后备人才。积极向国家、省推荐上海市优秀涉外律师参与与世界贸易组织（WTO）上诉机构等国际知名机构及外国知名院校的合作，进入国际主要律师组织担任负责人，进入外国经济、贸易组织的专家机构、评审机构、争端解决机构及国际仲裁机构，促进法律服务参与国际商事交易的规则制定，推动上海市律师参与国际组织治理和提升在国际组织的话语权。

二、新片区律师事务所开展涉外法律服务，参与国际性、联盟性跨境法律服务协作的现状、问题和建议

（一）现状

上海金茂凯德（临港新片区）律师事务所、上海段和段（临港新片区）律师事务所、上海联合（临港新片区）律师事务所、上海融孚（临港新片区）律师事务所、上海通力（临港新片区）律师事务所5家首批律师事务所同城分所获得市司法局颁发的登记证书。

（二）问题

1. 涉外争议解决律师较为缺乏。目前能够开展的主要是涉外的非诉讼领域业务，如投资与并购、涉外融资、反垄断等非诉业务。但开展境外诉讼、仲裁等争议解决领域业务的律师还较为缺乏。我国律师虽然具有海外求学背景的人数不断增多，有些在境外律师事务所工作的经验，但选择争议解决领域执业的人数仍较少。未来，国际仲裁机构落地临港，擅长涉外争议解决的中国律师便十分紧缺。

2. 国内企业对中国律师的涉外法律服务认同感不高。部分国内企业认为中国律师提供的涉外法律服务的业务质量不如国外律师。虽然，在非诉讼领域，中国的优秀律师可以提供和国外优秀律师同等水平的法律服务，但企业仍习惯于聘用国外律师。尤其是复杂的、标的巨大或跨法域的法律服务，中国律师往往充当配合和协商沟通的角色。

在涉外法律活动的开展过程中，中国律师需要与外国律师配合提供法律服务。但是在这过程中，也经常会暴露出由于双方缺乏合作基础，互信尚未完全建立，工作方式尚未完全磨合，导致目的国当地律师不能及时响应客户商业需求、配合中国律师提供及时周到的法律服务的情况。

（三）建议

一是促进专职律师涉外法律服务能力的培养。为优秀青年律师接受外国法律教育创造基础环境。目前，上海律师协会有一些资助性质的国外法律院校的培训项目，但力度和范围均不足。政府应支持设立国外法律教育培训项

目，优秀律师学员可享受奖学金等激励机制；律师协会应沟通渠道，促进境内外律师行业同盟的交流平台的搭建，扩大国际律师的交流和影响力，安排优秀青年律师到国外律师事务所交流工作2~3年。政府设立基金、建立激励补偿机制，鼓励律师事务所输送本所青年律师去国外律师事务所交流工作。建议以环太平洋律师协会第30届年会的历史性契机，动员更多上海市从事涉外业务的律师事务所和涉外律师参会助会，通过办会提升涉外法律服务能力和拓宽中外法治文明交流视角。

二是律师协会鼓励律师和律师事务所进行合法对外交流。建议上海市律师协会应进一步采取举措鼓励涉外法律专业律师多参与国际性律师组织交流活动，动员更多律师加入环太平洋律师协会等国际主流律师组织。上海市律师协会与拟在新片区开设分支机构的仲裁机构联合举办各种形式的实务操作研讨会，鼓励律师和律师事务所积极参与为国际仲裁机构进入临港新片区后更好地开展业务打下基础。同时，积极组织上海市优秀涉外律师事务所和涉外律师与教育部和司法部认可的培养涉外律师硕士点的上海市3所大学联合开展涉外律师培养。

三、外资律师事务所、仲裁机构和商事调解机构在新片区的设立现状、问题和建议

（一）现状

目前，临港新片区已成功洽谈引进境内外知名律师事务所、仲裁、调解、公证、司法鉴定、外国法查明、法律新媒体等18家法律服务机构，建立起司法机关、法律服务机构、企业共存的法律生态体系，为打造更具国际市场影响力和竞争力的特殊经济功能区提供法律服务保障。目前，已有香港国际仲裁中心等一批知名境外仲裁机构有意向落户临港新片区，正在与管委会洽谈中。

（二）问题

片区内面临市场主体法律需求大、近距离法律服务供给不足、涉外专业法律服务短缺的现状。

（三）建议

一是加强新片区国际商事审判组织建设，创新国际商事审判运行机制。

二是支持经登记备案的境外仲裁机构在新片区开展仲裁业务，支持上海建设成为亚太国际仲裁中心。

三是着力推动新片区调解制度创新，积极推动形成调解、仲裁与诉讼相互衔接的多元化纠纷解决机制，为实施高标准贸易和投资自由化便利化提供法律服务。

四、新片区构建国际商事纠纷解决机制的现状、意见和建议

（一）已知国内外知名仲裁、商事调解机构的管理模式和纠纷解决机制的先进做法借鉴

1. 国外。

可以借鉴伦敦国际仲裁院（London Court of International Arbitration,LCIA）独具特色的仲裁规则、有保障的临时措施和裁决的可执行性、文化、费用、语言等方面。

（1）独具特色的仲裁规则。LCIA独享任命仲裁员的权力，如果仲裁院认为被提名的仲裁员候选人不适合，可以拒绝任命该仲裁员。在仲裁法的支持下，LCIA对于仲裁员的国籍要求亦颇有特色：当仲裁当事方为不同国籍时，除非另有书面协议，否则独任仲裁员或首席仲裁员不应与任何一方当事人国籍相同。LCIA仲裁中，独任仲裁员比例颇高，2015年达到57%，2016年因为案涉纠纷金额及复杂性增加，选择独任仲裁员的较少，但也达到了37%。快速组庭也是伦敦仲裁规则的一大特点，在特别紧急的情况下，任何一方都可以向书记官发出书面申请并通知其他仲裁相关方，依据该申请，仲裁院可以决定加快组庭进程。就审理时间而言，大约一半的LCIA案件从发出请求到最终裁决的时间在一年以内，四分之三的案件在18个月内完成。

（2）有保障的临时措施和裁决的可执行性。对当事人而言，通过仲裁程序能否保全或执行到对方财产是极其重要的，但这一因素往往在前期选择仲裁机构的时候被忽略。在起草争议解决条款时，选择适当的仲裁机构，对仲

裁程序中的财产保全和裁决的执行有着重要影响。在临时措施方面，LCIA规定有专门的紧急仲裁程序，可以让仲裁院在正式组成仲裁庭之前，任命一个临时的独任仲裁员就临时措施进行裁决。在裁决的终局性方面，依据2014年LCIA仲裁规则，在适用该仲裁规则进行仲裁时，当事人不可撤回地放弃他们向任何国家的法院或其他司法机关提起任何形式的上诉权，这一点尤其值得引起注意。

（3）文化、费用、语言等其他因素。国际商会仲裁院偏向于更多地参与仲裁程序，但英美法系的仲裁机构则相对宽松。LCIA一般不会对裁决草案进行核阅，而仅是审阅更正其中的笔误及其他类似错误。当事人对此也会有所考虑，本能地倾向于选择其更为熟悉或更为接受的仲裁机构。

仲裁费用也是当事人必须考虑的因素之一，通常包括仲裁机构收取的案件管理费及支付给仲裁员的报酬。大部分仲裁机构都采取了根据案件标的额叠加累进的计费方法，而LCIA则采取了灵活的计时收费制度。仲裁机构对仲裁程序的参与程度也会影响费用高低，像LCIA这类管理宽松的机构费用通常较低。

当事人选择仲裁地有时还会受到语言问题的困扰。值得注意的是，LCIA并不要求当事人使用英文，当事人完全可以根据需要约定仲裁语言。

2. 国内。

中国（重庆）自由贸易试验区（以下简称重庆自贸区）畅通人民法院、仲裁机构、调解机构对接渠道，构建涉外商事诉讼、仲裁与调解"一站式"纠纷解决机制，实现诉讼、仲裁、调解程序有序衔接，三位一体、多元共治，为国内外当事人提供高效便捷、灵活多样、自主选择的"一站式"诉讼服务。

（1）主要做法。一是专业化服务，保障自贸试验区"走出去""引进来"战略实施。发挥法院能动性，与专业机构开展合作交流，积极吸纳专业机构共建"一站式"纠纷解决平台，共同培养打造国际化、专业化法律人才队伍。将中国国际经济贸易仲裁委员会西南分会、中国（重庆）自由贸易试验区商事调解中心等机构的国内外仲裁员、调解员引入纠纷解决，联合建立商事争端解决平台，推进实施联合工作模式，进一步增强"一站式"纠纷解决机制专业性。

二是多元化选择，尊重当事人意思自治。打破诉讼、仲裁、调解程序之间的界限，实现诉调、诉仲、仲调程序有序对接，为当事人提供多样化的纠纷解决方式，满足不同主体解纷需求，从机制上保障当事人自主选择纠纷解决方式，自由处分程序或实体权益的权利。探索将商事调解中心出具的调解书纳入司法确认范畴，主动为非诉讼纠纷解决方式提供司法服务与保障，进一步增强"一站式"纠纷解决机制实效。

三是一体化管理，实现机构间协调联动。探索建立诉讼费、仲裁费与调解费的转付衔接机制，简化程序，扫清制度衔接障碍，实现案件全流程管控，对接程序一体化管理。由专人负责案件的对接与日常事务联络，建立联席会议制度、数据通报制度、联系协调制度，定期通报对接工作运行情况，及时协调解决困难，听取意见建议、总结经验做法，实现不同机构间的数据共享，不断优化改进工作模式，真正为当事人提供立体化、集约化的"一站式"诉讼服务。

（2）实践效果。

一是扩大诉调对接适用范围，实现调解功能全覆盖。完善诉调对接工作制度，与7家调解机构签订合作协议，实现诉前委派调解、诉中委托调解、诉中邀请调解，全流程覆盖。利用"一站式"纠纷解决机制优势，发挥仲裁机构调解商事纠纷更专业的功能，更好实现诉源治理。目前平台已累计委派、委托调解案件两千余件，成功调解了德国业纳公司与远东租赁公司买卖合同纠纷等11件涉外商事案件，更公平高效地保护国内外当事人合法权益，为优化营商环境作出贡献。

二是出台诉调对接工作规则，完成首例诉仲对接案件。在遵循合法、便民、自愿、公平、效率、保密、有利于解决纠纷原则基础上，制定出台《涉外商事纠纷诉仲对接工作规则(试行)》，明确案件类型及条件，厘清案件对接程序，严格案件管理职责，规范有序推进诉仲对接工作，切实提升矛盾化解质效。目前已成功将俄罗斯某国际旅行社有限公司诉某旅游集团重庆国际旅行社涉外委托合同纠纷案件移交至中国国际经济贸易仲裁委员会西南分会仲裁，完成重庆自贸试验区首例诉讼转仲裁案件。

（3）下一步工作思路。

一是加强"一站式"纠纷解决平台信息化建设。加快推进"一站式"

纠纷解决机制的信息化建设，实现平台智能化办事、办案、办公，为国内外当事人提供更加简洁、高效、智能的线上"一站式"解纷服务，做到当事人"一次办好，零跑腿"。充分利用大数据，实现对"一站式"纠纷解决机制的评测监管，精细化案件管理，确保平台建设实效。

二是加强"一站式"纠纷解决机制相关课题研究。扩大与仲裁机构、调解中心的合作交流，加强各方对"一站式"纠纷解决机制中立法、法律适用等相关问题的课题研究，加强理论与实践探索，为"一站式"纠纷解决机制的不断完善和优化提供智力保障。

三是加强"一站式"纠纷解决平台与其他机构的合作交流。针对诉讼中的不同类型案件，加强与政府机关、行业协会、基层组织等沟通交流，探索共同建立多样化、专业化的纠纷解决平台，回应不同当事人多元解纷诉求，实现诉源治理工作提质增效。

（二）纠纷解决机制的现状和建议

1. 现状。《关于以"五个重要"为统领加快临港新片区建设的行动方案（2020—2022年）》中指出，要建立一站式国际商事纠纷解决机制和国际法律服务中心。

2. 建议。

（1）推进金融审判机制的创新完善，提高金融审判的专业性、便捷性和公信力；依法平等保护中外当事人在国际金融交易中的合法权益；尊重当事人法院选择的约定，依法支持当事人协议选择上海金融法院审理与临港新片区相关的跨境金融交易、离岸金融交易等涉外金融纠纷案件，增强上海国际金融中心对金融市场规则的影响力；建设"一站式"涉外金融纠纷解决平台，协力打造诉讼、仲裁、调解有机衔接的"一站式"多元解纷新格局；建立由中外专家参与的特邀调解员制度，对涉众型金融纠纷，推行"示范判决+专业调解+司法确认"全链条纠纷多元解决机制；优化涉外金融案件诉讼程序规则，制定涉外金融审判指引，规范涉外金融案件审判程序，完善域外送达、证据远程认证、调查取证、在线庭审、域外法查明等机制，全面提高涉外金融审判的便利化程度。

（2）积极开展金融案件类型化研判，提供更加公正、高效和可预期的金融司法保障；要积极开展金融司法实践，对接临港新片区金融制度创新；营造良好的金融法治信息生态，加强互联网环境下的金融信息保护，依法支持金融交易数据跨境流动的合理使用；依法支持金融科技监管创新，贯彻合法性审查原则，支持监管部门确立"金融科技监管创新试点"机制的准入与退出条件并完善其实施流程；依法保护金融消费者自愿参与试点相关测试项目的知情权和选择权；探索建立"测试案例"机制，推动临港新片区内市场主体就对市场有重大影响的纠纷提起测试诉讼，通过"测试案例"确立市场规则，明确市场主体权利义务分界，有效引导和及时回应临港新片区金融开放与创新发展，起到"诉源治理"的效果。

（3）强化各方面保障，确保举措落实到位；加大司法协助执行力度，与证券登记结算机构建立线上司法协作机制，实现财产线上查询、冻结，助力案件执行；深化金融司法科技应用，运用"智助立案""智能诉讼风险提示""中小投资者保护舱""AI智审传译系统"等司法科技的最新成果，完善无纸化诉讼服务、电子化诉讼执行的系统集成，为全流程网上办案提供司法科技支撑，助力临港新片区跨境金融纠纷高效便捷化解。

媒体报道篇

"社会主义中国第一只股票"如何从上海到纽约，亲历者讲述中国资本市场风云

上观新闻（2021-01-22）

"中国金融发展的浪潮随着改革开放的进程涌动，随着我国市场化、法治化、国际化水平越来越高，中国的上市公司和资本市场将在经济发展过程中发挥越来越重要的作用。"2020年是上海证券交易所开业30年，30年里，中国资本市场从初创、起航到发展成为全球第二大资本市场，发生了许多足以记入史册并启迪未来的故事。1月22日，《证券兴起：我与中国资本市场》新书首发现场，该书作者中国证监会上海监管局原党委书记、局长，上海证券交易所原党委副书记、监事长张宁感慨："作为一名中国资本市场改革开放、蓬勃发展的参与者、亲历者，能在此时以个人视角回顾与上海证券市场相随相伴、共同成长发展的顺逆沉浮，深感荣幸和欣慰。"

张宁在金融业从业40余年，工作在金融监管的第一线。2020年12月19日，上海证券交易所开业30周年当天，她将自己珍藏的295件承载着证券历史的股票、债券、认购证、存托凭证等物品捐赠给了中国证券博物馆。

在《证券兴起：我与中国资本市场》一书中，她以亲历者的视角还原中国资本市场发展的真实历史，如社会主义中国第一只股票、上海证券交易所成立的背景过程、股权分置改革的缘由与过程、华安基金"雷曼事件"中的迷你债券问题等。

中国的资本市场是改革开放的产物。20世纪90年代初，在改革开放总设计师邓小平同志的倡导和推动下，上海证券交易所于1990年成立，1991年4月深圳证券交易所成立。以沪深交易所成立为标志，中国资本市场走过30年不平凡的历程，伴随着改革开放和社会主义市场经济建设的历史进程，从无到有、从小到大，快速发展成为全球重要资本市场。

中国资本市场受国际认可的"社会主义中国第一只股票"就是上海的飞乐音响股票。1986年11月，美国纽约证券交易所主席约翰·范尔霖到访中国，受到邓小平的接见。范尔霖赠送给邓小平同志一枚纽约证券交易所徽章，中方决定回赠给他一张中国的股票。当时，北京天桥发行股票的时间比上海的飞乐音响公司早几个月，但北京天桥发行的凭证设有五年期限，按现代证券市场的概念，更接近于债券或可转换债券。上海飞乐音响股票不论是股份期限还是股票印制，都相对比较规范。范尔霖获赠一张50元面值的记名式飞乐个人股票后，还专程来到上海最早的股票交易柜台办理过户登记。书中写到，当时的中国工商银行上海信托投资公司静安证券业务部，用来接待客户的面积只有10多平方米，由此产生了"全世界最大的证券交易所主席来到全世界最小的证券交易场所办理股票过户"的故事。范尔霖把这张股票带回美国后，将其挂在纽约证券交易所的大厅，标注为"社会主义中国的第一只股票"。

《证券兴起：我与中国资本市场》中还记录了"飞乐音响首例增资""东方明珠——文化上市第一股""中国第一单B股可转债""中国机场上市第一股""上海港上市发展""上海电气并购重组""海通证券'借壳上市'"等幕后故事，也有"宝延风波——深圳宝安收购上海延中实业""富友证券挪用国债回购资金风波""基金'老鼠仓'"等曾引发关注事件的解析。

在东方出版中心副总编辑、本书策划编辑刘佩英看来，这是一部难得的由中国资本市场的建设者、推动者、监管者讲述改革开放后资本市场风雨征程的作品，在上海加快建设国际金融中心之际，出版界有责任推出更多总结经验、分享从业者智慧的金融现实题材力作。

上海国际金融中心建设与法治保障国际研讨会今在沪举行

《新民晚报》 （2020-09-29）

今天，上海国际金融中心建设与法治保障国际研讨会在沪举行，全国人大宪法和法律委员会主任委员李飞、上海市政协副主席徐逸波出席并致辞。

上海国际金融中心建设与法治保障国际研讨会今在沪举行

金融是现代经济的核心，上海一大批企业界、金融界和法学法律界人士长期以来相互支持、相互协作，开展了卓有成效的产学研活动，为国家战略的实施作出了重大贡献。

上海市政协副主席徐逸波指出，上海国际金融中心建设需要立法、司法、执法、法治宣传和法律服务等多方面齐心协力，需要构建法治保障共同体。

研讨会上，黄浦区区长巢克俭、黄浦区政协主席左燕、著名金融专家张宁、著名法学家李昌道、中国政府友谊奖获得者黄柏兴、著名学者龚柏华、著名仲裁专家马屹和环太平洋律师协会会长李志强等，分别探讨了上海国际金融中心建设丰硕成果和法治保障前沿等法律问题。

与会人士探讨上海国际金融中心建设丰硕成果和法治保障前沿等法律问题

会上还举行了《外滩金融创新试验区法律研究（2020年版）》首发式和"一带一路"法律研究与服务中心古巴站、白俄罗斯站及巴布亚新几内亚站启幕仪式，近百位企业家、金融专家和法学法律专家出席。

"一带一路"法律研究与服务中心古巴站、白俄罗斯站及巴布亚新几内亚站启幕

《外滩金融创新试验区法律研究（2020年版）》首发式

　　研讨会由外滩金融创新试验区法律研究中心和上海股权投资协会、上海国际服务贸易行业协会主办。

上海律师业综合十强金茂凯德强势入驻新片区法律服务再添新活力

临港城投公众号（2020-12-17）

为促进临港新片区公共法律资源集聚，着力营造一流的法治化营商环境，今天临港新片区隆重举行全面提升临港新片区法治化营商环境系列改革创新举措发布会。

发布会上宣读了包含金茂凯德（临港新片区）律师事务所在内的上海市首批律师事务所同城分所。

现场颁发登记证书

金茂凯德（临港新片区）律师事务所近日在临港金融共享空间正式开业，成为首家正式入驻共享空间的法律服务机构。金茂凯德律师事务所多年名列上海律师业综合排名前十位，是一家为了更好地服务于境内外中高端客户而成立的综合性合伙制专业法律机构。

金茂凯德（临港新片区）律师事务所

2020年5月，临港新片区发布《中国（上海）自由贸易试验区临港新片区促进法律服务业发展若干政策》，鼓励境内外知名法律服务机构在这里设立总部或分支机构。

为响应临港新片区管委会促进新片区法律服务业发展号召，临港城投公司招商中心积极推进金茂凯德律师事务所入驻事宜。

11月5日晚，金茂凯德律师事务所提出亟须在11月6日上午取得租赁合同，用于办理执业证照，否则将影响律师事务所开展经营活动。

在了解到金茂凯德律师事务所的特殊情况后，招商中心第一时间汇报公司，并连夜与金茂凯德律师事务所沟通合同款项事宜。次日一早快速发起合同用印流程，经过全力配合，2周的烦琐流程在2个小时内完成。确保紧咬时间节点，完成租赁合同签订，帮助企业顺利取得执业许可证。

金茂凯德（临港新片区）律师事务所执业许可证（正本）

作为国内法律行业的"排头兵"、专业法律服务机构，金茂凯德律师事务所已连续三年服务进博会，此次金茂凯德律师事务所的加入为推进临港新片区国际法律服务中心建设注入了全新的活力。

未来，金茂凯德律师事务所将在新片区这片高水平开放的新热土上砥砺前行，提供更加专业全面、高质高效的法律服务，为临港新片区法律行业发展贡献力量。

金茂凯德（临港新片区）律师事务所题字

临港城投公司将坚决贯彻落实临港新片区管委会关于促进法律服务发展的相关政策措施，进一步推动公共法律资源集聚，吸引更多高端法律服务人才，共同助力临港新片区打造一流国际化、法治化营商环境！

上海高端金融服务机构登陆金家岭，
将促进青岛金融业与法律业交流互动

观海新闻公众号 （2020-12-20）

近日，上海金茂凯德（青岛）律师事务所、外滩金融创新试验区法律研究中心青岛分中心在金家岭金融区揭牌，由此上海高端金融服务机构正式登陆金家岭。

据悉，两家高端金融服务机构的到来，将在促进青岛金融业与法律业交流互动、助力金融业持续健康发展等方面发挥积极作用，为金家岭金融区乃至全市提升金融与法律服务能力、注入金融创新活力、优化金融业营商环境提供有力支撑。

金茂凯德律师事务所总部在上海外滩，是《国际商报》评选的"最具活力服务贸易50强"榜单中唯一入选律师事务所。金茂凯德律师事务所办理众多"首批"法律服务项目，包括中国创业板首批上市项目、首批外商投资企业A股上市项目、首批外资企业发行海外优先票据项目、全球首例世博债券上市项目。外滩金融创新试验区法律研究中心成立于2013年，自2016年起每年出版《外滩金融创新试验区法律研究》专著，每年组织评选金融市场经典案例，一批金融市场可复制、可推广的经典案例得到传播，助力实体经济的不断发展。

良好的金融生态离不开金融法治环境，金家岭金融区在金融创新、防范金融风险、保障金融安全等方面采取一系列措施，不断塑造金家岭金融区诚信、安全、自律、公平的发展环境，切实维护和保障企业、公民的合法权益。落户了以彭实戈院士领衔的中国金融风险量化研究协同创新中心；青岛市中级人民法院专门设立金融法庭，崂山法院专门设立金融审判庭；与青岛仲裁委等单位联合发起法治区块链链盟，搭建面向全国业务范围的区块链服务平台，有效解决经济纠纷取证难、认定难、非智能等痛点。

2020年前三个季度，金家岭金融区实现金融业增加值128.85亿元，占青岛市金融业增加值的20.5%，比青岛市金融业平均增速高5.6个百分点；金融业增加值增速14.1%。金融区在中基协登记的私募基金管理人有137家，备案私募基金达347只，管理基金规模达713亿元，分别占青岛市的41%、43%、70%。

相约崂山金融法治研讨会举行
金茂凯德律师事务所落户青岛

信网（2020-12-01）

相约崂山，筑梦崂山，梦圆崂山。冬日的胶东半岛风景如画，道教圣地崂山山势挺拔，奥运风帆之城青岛海风阵阵，荡涤心灵。

2020年12月19日上午，由青岛市司法局、青岛金家岭金融聚集区管委会指导，崂山区司法局、上海金茂凯德律师事务所主办，青岛市企业评价协会协办的相约崂山金融法治研讨会暨上海金茂凯德（青岛）律师事务所开业典礼隆重举行。

相约崂山金融法治研讨会暨上海金茂凯德（青岛）律师事务所开业典礼隆重举行

青岛市司法局党委书记、局长万振东，青岛金家岭金融聚集区管理委员会主任王孝芝，青岛市崂山区委常委、政法委书记王春，山东省律师协会副会长刘学信，青岛市崂山区司法局党组书记、局长矫双庆，青岛市律师协会副会长魏克泰等出席研讨会。

青岛市司法局党委书记、局长万振东，青岛市崂山区委常委、政法委书记王春为上海金茂凯德（青岛）律师事务所揭牌，青岛金家岭金融聚集区管委会主任王孝芝和山东省律师协会副会长刘学信为外滩金融创新试验区法律研究中心青岛分中心启幕。万振东局长和王孝芝主任发表热情洋溢的致辞，祝贺相约崂山金融法治研讨会顺利举行，祝愿金茂凯德落户青岛。

青岛市司法局党委书记、局长万振东发表讲话

青岛金家岭金融聚集区管理委员会主任王孝芝发表讲话

青岛市企业评价协会会长辛瑞芳，青岛蓝海股权交易中心有限责任公司副总经理雷洪志，青岛国投鼎成资产管理有限公司总经理董玉福，香港麦家荣律师行主任王巧莲，浙商银行股份有限公司青岛分行业务部总经理柴洪波，青岛市政空间开发集团有限责任公司纪委书记张明，青岛国际投资有限公司总经理万军，青特集团有限公司法务部崔腾飞，青岛平度控股集团有限公司党委书记、董事长杜西逢，青岛腾远设计事务所有限公司董事长赵广俊，青岛习远咨询有限公司董事长张晓，金山旅游董事局主席特别代表邓健廷，东方证券投行部董事、保荐代表人尤晋华及金茂凯德律师事务所合伙人崔源、张俊逸、欧龙等百余名企业家、金融专家和法学法律专家出席研讨会。

环太平洋律师协会会长、金茂凯德律师事务所创始合伙人李志强宣读著名法学家、上海市人民政府原参事室主任李昌道教授贺词，"金茂凯德入驻人杰地灵的胶东半岛，作为一名从事法学教学、科研、司法、执法、法治宣传和法律服务60多年的老法律人，我感到由衷的高兴。祝愿上海金茂凯德（青岛）律师事务所在青岛市司法局、崂山区司法局的指导和监督下，在崂山区委和区政府的扶持帮助下，依法依规诚信执业，认真履行社会责任，为中外当事人提供优质高效的精准法律服务，为实体经济和'一带一路'建设效力，为法治中国和法治山东的建设作出贡献。"

金茂凯德律师事务所创始合伙人李志强发表讲话

揭牌仪式

研讨会上，青岛金家岭金融聚集区管委会、青岛蓝海股权交易中心有限责任公司、青岛国投鼎成投资管理有限公司、香港麦家荣律师行和青岛企业评价协会等与金茂凯德律师事务所签署战略合作框架协议。

浙商银行股份有限公司青岛分行、青岛市政空间开发集团有限责任公司、青岛国际投资有限公司、青特集团有限公司、青岛平度控股集团有限公司等与金茂凯德律师事务所签署法律服务合作协议。

签署协议

研讨会上，东方证券投行部董事尤晋华、上海金茂凯德（青岛）律师事务所首任主任崔源、青岛国投鼎成总经理董玉福就企业境内外融资并购上市实务专题作分享，受到好评。

据悉，金茂凯德是山东省下放律师机构审批许可后青岛市首批获准设立分支机构的专业律师事务所。与会人士表示，习近平法治思想为专业律师机构展业发展提供了根本遵循，在服务经济社会发展和"一带一路"建设中，律师大有可为，也大有作为。

审批许可下放后青岛首个！
金茂凯德（青岛）律师事务所开业

《大众日报》（2020-12-22）

12月19日上午，由青岛市司法局、青岛金家岭金融聚集区管委会指导，崂山区司法局、金茂凯德律师事务所主办，青岛市企业评价协会协办的相约崂山金融法治研讨会暨上海金茂凯德（青岛）律师事务所开业仪式举行。

金茂凯德律师事务所是山东省下放律师机构审批许可后青岛市首批获准设立分支机构的专业律师事务所之一。环太平洋律师协会会长、金茂凯德律师事务所创始合伙人李志强宣读著名法学家、上海市人民政府原参事室主任李昌道教授贺词："金茂凯德入驻人杰地灵的胶东半岛，作为一名从事法学教学、科研、司法、执法、法治宣传和法律服务60多年的老法律人，我感到由衷的高兴。祝愿上海金茂凯德（青岛）律师事务所在青岛市司法局、崂山区司法局和金家岭金融聚集区管委会的指导和监督下，在崂山区委和区政府的扶持帮助下，依法依规诚信执业，认真履行社会责任，为中外当事人提供优质高效的精准法律服务，为实体经济和'一带一路'建设效力，为法治中国和法治山东的建设作出贡献！"

青岛市司法局党委书记、局长万振东，青岛金家岭金融聚集区管理委员会主任王孝芝，青岛市崂山区委常委、政法委书记王春，山东省律师协会副会长刘学信，青岛市崂山区司法局党组书记、局长矫双庆，青岛市律师协会副会长魏克泰等出席研讨会。

与上海金茂凯德（青岛）律师事务所揭牌同步，外滩金融创新试验区法律研究中心青岛分中心启幕；青岛金家岭金融聚集区管委会、青岛蓝海股权交易中心有限责任公司、青岛国投鼎成投资管理有限公司、香港麦家荣律师行和青岛企业评价协会等与金茂凯德律师事务所签署战略合作框架协议；浙商银行股份有限公司青岛分行、青岛市政空间开发集团有限责任公司、青岛国际投资有限公司、青特集团有限公司、青岛平度控股集团有限公司等与金茂凯德律师事务所签署法律服务合作协议。

研讨会上，青岛国投鼎成总经理董玉福、东方证券投行部董事尤晋华和上海金茂凯德（青岛）律师事务所首任主任崔源、副主任张俊逸和欧龙，就企业境内外融资并购上市实务专题作分享。

外滩高端法律机构登陆！
这是沪青联动下的"金家岭实践"！

凤凰网（2020-12-21）

2020年盛夏伊始，从东海吹来的开放之风不断涌动黄海，沪青的频繁互动格外引人瞩目，特别是在国内国际形势时刻变化之时，青岛先后派出两批干部赴上海进行专业实训，显然这一趟"取经"之旅弥足珍贵。

山东省委常委、青岛市委书记王清宪曾表示，"我们恳望上海把青岛作为发挥现代服务业辐射作用、推动国内大循环的重要'中转站'，通过在资本金融、航运贸易、高科技服务、文化旅游、商务服务等方面支持青岛，更有力地辐射黄河流域、辐射北方地区。"

黄海之滨的青岛，一直以来都有着深厚的金融资本，作为现代经济的核心，金融更是推动经济发展的重要力量。为了助力金融生态的有序发展，进一步规避金融风险造成的致命打击，完善法治营商环境成为青岛当下的重要任务之一。

优化营商环境是深化改革开放，驱动资本市场高质量发展的保障条件。社会主义市场经济本质上是法治经济，建设法治化营商环境是优化青岛资本市场的关键所在。

如何更好地助力青岛的法治化营商环境建设，青岛金家岭金融区充分学习借鉴上海先进经验，切实把"上海因子"转化成为"金家岭实践"。12月19日，上海金茂凯德（青岛）律师事务所、外滩金融创新试验区法律研究中心青岛分中心正式在青岛金家岭金融区揭牌成立。从申报到拿到执业证，仅仅用了11天。这体现的不仅仅是"崂山速度""金家岭服务"，更是金家岭金融区践行"法治是最好的营商环境"的重要体现。

对标陆家嘴！
践行"法治就是最好的营商环境"

金融，是实体经济的血脉，当下的中国，已经站在了历史发展机遇的风口。综观全国各地的发展态势，必须要经历和主动适应中国经济由体量迈向质量发展的阶段，要服务国家战略，不断扩大对外开放，加快与国际接轨的步伐，全力推动金融业高质量发展，从而为其他领域发展提供高质量的金融服务。

显然，上海浦东新区就是个成功的典型，在过去30年中，我们看到了中国飞速发展带来的华丽巨变，也看到了上海浦东新区的旧貌换新颜，尤其是辖区内陆家嘴金融城，正是抓住了国家战略带来的历史性发展机遇，乘势崛起。

如今的上海陆家嘴，汇集了中国人民银行上海总部、上海证券交易所、交通银行、上海银行等持牌金融机构884家，可以说是逐渐执掌全球财富，也是上海迈向世界金融中心的支撑。

当前，营商环境成为一个国家和地区的重要软实力，也是核心竞争力。营造良好的金融生态更离不开金融法治环境。中国人民银行行长易纲此前表示，"市场化、法治化、国际化的营商环境正在上海逐步形成，金融法院、金融仲裁等专业机构陆续成立，上海已成为创新金融运行规则和标准的最好实验场。"可以说，上海浦东开发开放30年来每走一步都是法治先行，而浦东始终在践行着"法治就是最好的营商环境"。

对于青岛来说，陆家嘴作为世界金融中心之一，已经为青岛树立起了一个优秀的国际级标杆。

既然有目标，势必就要有行动。作为青岛市财富管理金融综合改革试验区的核心区和主阵地，金家岭金融区在过去6年多的时间里，已聚集大型法人金融机构18家，占青岛市的80%；有银行机构65家、非银行金融机构8家、保险机构17家……虽然已经取得了一些喜人的成绩，但是这些成绩的背后绝不是简单的数字叠加，而是金家岭金融区致力于打造更优质金融生态环境的追求，始终在为营造让企业和企业家更舒心的营商环境而不懈努力。

当前，在沪青联动的加持下，"金家岭实践"不断上演。10月12日，上海国际金融学院与金家岭金融区就财富管理行业发展达成战略合作意向；12月8日，上海技术交易所赴青岛探讨在金融区成立上海技术交易所环渤海中心；12月16日，胡润百富总裁吕能幸一行到访金家岭金融区；12月19日，上海金茂凯德（青岛）律师事务所在金家岭金融区成立……

值得一提的是，总部在上海外滩的金茂凯德律师事务所也是"最具活力服务贸易50强"榜单中唯一入选律师事务所，办理过众多"首批"法律服务项目，包括中国创业板首批上市项目、首批外商投资企业A股上市项目、首批外资企业发行海外优先票据项目、全球首例世博债券上市项目……

外滩金融创新试验区法律研究中心自2013年成立以来，向国家最高立法机关建言《中华人民共和国证券法》修法建议并获得采纳，向全国政协提出的10多篇社情民意获得录用，自2016年起每年出版《外滩金融创新试验区法律研究》专著，每年组织评选金融市场经典案例，一批金融市场可复制、可推广的经典案例得到传播，助力实体经济的不断发展。

如今，在沪青联动的发展格局下，他们带着最专业的律师团队，为青岛资本市场铺垫最强基石。

青岛市司法局党委书记、局长万振东在致辞中说道："一直以来，崂山区、金家岭金融区高度重视法律服务业的发展。崂山区委区政府在青岛市率先出台了《关于鼓励法律服务业发展的若干政策》，这个政策在整个青岛市都起到了很好的示范引领带动作用。当前，在新发展格局中，中央赋予青岛双循环双节点定位，为适应自身定位需要，我们需要继续加快律师业发展，要支持包括金家岭金融区在内的各个功能区开展全流程制度创新。"

青岛金家岭金融区管委主任王孝芝在此次揭牌仪式上也表示，"金家岭致力于打造'金融法治'新名片，此次上海金茂凯德（青岛）律师事务所选择在金融区落户，是青岛连接上海现代服务业的贯彻落实，也是对青岛金家岭金融区营商环境的认可和信任。相信律师事务所的成立将在促进金融业与法律业交流互动、助力金融业持续健康发展等方面发挥积极作用，为金家岭金融区乃至全市提升金融与法律服务能力、优化营商环境提供有力支撑。"

法治赋能金融！用崂山速度全面夯实"青岛'金智谷'"

自12月1日申报，到12月11日拿到执业证，金茂凯德（青岛）律师事务所花费短短11天的时间就成功落地崂山区。据悉，金茂凯德是山东省下放律师机构审批许可后青岛市首批获准设立分支机构的专业律师事务所，这不仅代表着青岛司法系统的服务速度，也体现青岛这座包容开放的现代化城市为企业提供广阔的发展天地。

第30届环太平洋律师协会会长、金茂凯德律师事务所创始合伙人李志强表示，"11天的时间，这是我们做梦都没有想到的，足以可见青岛的营商环境是世界一流的。"

作为国际主要律师组织之一的环太平洋律师协会，现拥有来自70多个国家和地区的约1700名会员，李志强在与金家岭金融区管委相关负责人交流中提到，下一步，将充分发挥律师、律师事务所及律师事务所协会资源优势，探讨在金家岭金融区举办国际化论坛活动，进一步助力法治营商环境的建立。

青岛金家岭金融区管委副主任王振在接受媒体采访时说道："法治是最好的营商环境，信用是金融行业的生命线。金家岭金融区一直致力于打造产业链、资金链、人才链、技术链'四链合一'加优质高效政务服务环境的'4+1'发展生态。"

良好的金融生态离不开金融法治环境，金家岭金融区在金融创新、防范金融风险、保障金融安全等方面采取一系列措施，不断塑造金家岭金融区诚信、安全、自律、公平的发展环境，切实维护和保障企业、公民的合法权益。

目前，以彭实戈院士领衔的中国金融风险量化研究协同创新中心已落户运营；青岛市中级人民法院专门设立金融法庭，崂山法院专门设立金融审判庭；青岛仲裁委专门设立国际金融仲裁院，发起成立法治区块链链盟，构建多元化金融纠纷解决机制，搭建面向全国的区块链服务平台。

"完善的法律制度环境是'4+1'发展生态的题中应有之义。崂山区全面实施营商环境突破提升行动，优化法治保障环境，为开启再次创业新征程提供坚实保障。"崂山区司法局局长矫双庆介绍，崂山区在山东省县区一级率先出台了加快法律服务业发展的若干政策，欢迎全国各地的律师事务所和知名律师到崂山区这片热土来发展。

目前，崂山区委政法委牵头打造以法治金融、智慧金融示范区为目标，以建设金融与法治、科技、人才、市场、管理、信息等要素的关联互动、深度耦合、共生共荣的新高地为抓手，谋划规划打造青岛"金智谷"。青岛"金智谷"项目将整合区内律师事务所、会计师事务所、信用评估、仲裁机构等专业力量，通过法治赋能金融，打造服务保障金融产业发展智慧平台，为青岛金融市场注入新活力、激发新动能、创造新业态。

金家岭引"金"入城
为金融创新注入活力

作为"青春之岛"，青岛是山东对外开放的桥头堡，更拥有"一带一路"主要节点和战略支点的"双定位"优势。当开放之风盛起，青岛必须乘势而为，落实宽松的行业政策，以打造创新创业的优良营商环境为指引，铺垫最舒适的"温床"。

作为现代经济的核心，金融业是时代对青岛提出的"必答题"，作为必选选项，完善法治营商环境是青岛金融走向未来的重要支撑，也为金融市场注入了新的活力。

今天的中国正迈入一个激动人心的新金融时代，这也是青岛发展的新风口；在青岛市、崂山区、金家岭等各级战略任务的背景下，打造青岛版"陆家嘴"的机遇已经到来。

功能区体制机制改革的大幕已经拉开，金家岭金融区站在时代的前沿，始终不会停下追逐先进、谋求变革的决心，金岭先锋、业界共治、金家岭发布……一系列改革创新举措将会逐步推出。这次上海金茂凯德（青岛）律师事务所成功落地，也是一次上海专业实训的"金家岭实践"。相信未来，会有更多的企业选择青岛，相信青岛，将这座城市拼凑出最完美的模样。

下一步，金家岭金融区也将立足"南有陆家嘴，北有金家岭"品牌塑造，运用平台思维、生态思维，结合上海先进发展经验，助力青岛"打造推动国内大循环重要的北方枢纽"。

8.25万人次收看金茂凯德律师国际破产法形势变化授课直播

金茂凯德公众号（2021-02-05）

2021年新年伊始，中国贸促会法律事务部和中国贸促会青年理论学习小组继续开启周五讲堂，大兴互学之风，大开互鉴之门。

2021年2月5日下午，一场聚焦"新冠肺炎疫情下的破产法律变化、跨境破产司法协助形势变化"的专题讲座在互联网上展开，主讲人是环太平洋律师协会会长、国家农业农村部对外合作法律专家组成员、中国贸促会联合国贸法会观察员专家团成员、金茂凯德律师事务所创始合伙人李志强一级律师。

本次讲课围绕新冠肺炎疫情背景下的世界部分主要经济体的破产制度变革，剖析了世界各国的立法趋向，即给予债务人喘息之机，并给予债务人纾困、重生机会的价值取向，诠释了当下跨境与国际破产法律体系、破产跨境司法协助最新动态，并对我国跨境破产法律变革的展望和未来立法提出建议。新华社新华丝路全程直播，听众达到8.25万人次。

跨境破产立法改革有利于树立我国被国际社会广泛认可的良好营商环境，有利于我国企业对外投资与贸易，有利于增强世界各国投资者和经营者对我国法治环境的信心，有利于推进中国特色社会主义法治体系的日臻完善，有利于传播弘扬习近平法治思想。

据悉，自2021年以来，中国贸促会法律事务部已先后邀请最高人民法院知识产权审判庭原副庭长、一级高级法官、中国知识产权法学研究会副会长金克胜和中石油国际勘探开发有限公司高级经济师叶研分别就"新发展格局下的知识产权保护""'大变局'之下的中国阻断法问题研究"等题目举办专题讲座。

后　记

中国的和平崛起和发展离不开成熟发达的金融市场，改革开放42年来，我国金融市场发展迅速，包括外滩金融创新试验区在内的上海国际金融中心建设已经成为国家战略。

《外滩金融创新试验区法律研究（2021年版）》一书点评2019年金融市场12例经典案例，在金融控股与创新金融、企业融资与投资贸易、并购重组与争端解决、"一带一路"研究等多领域理论联系实际，提出了不少真知灼见，还对中央和地方相关立法进行了颇有价值的研究和建言，其中多篇中外文论著宣传和传播了中国法律制度和法律文化。

本书在编撰过程中承蒙全国人大宪法和法律委员会主任委员李飞百忙中作序，上海市人民政府副市长汤志平、上海市政协副主席周汉民和徐逸波担任总指导，中国佛教协会副会长觉醒题写书名，上海市司法局党委书记、局长陆卫东担任总策划，一批著名的金融专家、法学家和企业家担任本书指导。本书的编委由外滩金融创新试验区法律研究中心、两岸投资金融法律研究中心、港澳投资金融法律研究中心、"一带一路"法律研究与服务中心及中拉金融法律研究中心的研究员和知名金融专家、企业家和法律专家担任，环太平洋律师协会候任主席、著名律师李志强等担任撰稿人。中国金融出版社贾真编辑为本书的出版给予了细致的指导，在此一并致谢！

由于金融市场发展很快，本书的总结也是阶段性的。书中疏漏不当之处还请领导、专家和同仁批评指正。

李昌道

2021年2月13日

Postscript

China's peaceful rise and development is inseparable from mature and developed financial markets. In the past 42 years of reform and opening up, China's financial market has developed rapidly. The construction of Shanghai International Financial Center including the Bund Financial Innovation Pilot Zone has become a national strategy.

Legal Research on Financial Innovation in the Bund Pilot Zone (2021 Edition) reviews 12 classic cases of 2019 financial market in financial holding and innovative finance, corporate finance and investment trade, mergers and acquisitions and dispute resolution, and the "Belt and Road" study. When multi-domain theory is linked to practice, many insights have been put forward, and valuable research and suggestions have been made on relevant central and local legislation. Many Chinese and foreign languages have publicized and disseminated the Chinese legal system and legal culture.

In the process of compilation, Li Fei, director of the Constitution and Law Committee of the National People's Congress, wrote the preface in spite of his quite busy work. Tang Zhiping, deputy mayor of the Shanghai Municipal People's Government, Zhou Hanmin and Xu Yibo, vice chairman of the CPPCC Shanghai Commission, served as general directors. Jue Xing, the vice president of the Chinese Buddhist Association wrote the title of the book. Lu Weidong, the secretary of CPC and director of the Shanghai Bureau of Justice, served as the chief planner. A group of well-known financiers, jurists and entrepreneurs served as directors. The editorial board of this book is composed of researchers from the Bund Financial Innovation Pilot Zone Law Research Center, the Cross-Strait Investment & Finance Law Research Center, the Hong Kong and Macao Investment & Finance Law Research

Center, the "Belt and Road" Legal Research and Service Center, Sino-Latin America Financial Law Research Center and well-known financiers, entrepreneurs and legal experts. Li Zhiqiang, President-Elect of the Inter-Pacific Bar Association and the famous lawyer, served as one of the writers of this book. Editor Jia Zhen from China Financial Publishing House gave meticulous guidance for the publication of this book, and I would like to extend my thanks as well!

Due to the rapid development of the financial market, the summary of this book is only that of the present. Thank you, leaders, experts and colleagues for your criticism and correction.

Li Changdao

Feb.13, 2021